中等职业学校重点建设项目系列规划教材

直播电商

王红娟　主　编
刘卫新　苏春丽　李斌傲　陈　萍　副主编

天津大学出版社
TIANJIN UNIVERSITY PRESS

图书在版编目（CIP）数据

直播电商 / 王红娟主编 ; 刘卫新等副主编. 天津 : 天津大学出版社, 2025. 1. -- (中等职业学校重点建设项目系列规划教材). -- ISBN 978-7-5618-7867-5

Ⅰ. F713.365.2

中国国家版本馆CIP数据核字第202423AX92号

出版发行	天津大学出版社
地　　址	天津市卫津路92号天津大学内（邮编：300072）
电　　话	发行部：022-27403647
网　　址	www.tjupress.com.cn
印　　刷	北京虎彩文化传播有限公司
经　　销	全国各地新华书店
开　　本	787mm×1092mm　1/16
印　　张	10.75
字　　数	268千
版　　次	2025年1月第1版
印　　次	2025年1月第1次
定　　价	35.00元

前　言

随着互联网技术的飞速发展，直播电商作为一种新兴的商业模式，正以破竹之势席卷全球商业市场，深刻地改变着人们的消费方式以及企业的营销模式。它将直播的互动性、直观性与电商的便捷性、高效性完美融合，为消费者带来了前所未有的购物体验，也为商家开辟了更为广阔的销售渠道。

本教材的编写旨在全面、系统地阐述直播电商这一领域的知识与技能体系，无论是即将踏入直播电商行业的初学者，还是已经在该领域有所实践、渴望进一步提升专业水平的从业者，都能从本书中获取丰富且实用的信息与指导。

本书内容涵盖直播电商的各个关键环节。从直播电商的基础概念与发展历程讲起，详细介绍直播平台的类型与特点，深入分析直播带货的运营策略，包括商品选品技巧、直播间营销策略、粉丝运营与维护等核心要点；同时，还对直播电商的法律法规、数据分析等方面进行了深入解读，以帮助读者构建起完整的直播电商知识框架，培养其在实际业务中所需的综合能力。

在编写过程中，我们始终秉持理论与实践相结合的原则。通过实际案例分析、操作步骤演示以及经验总结，力求使教材内容生动易懂、易于上手。

希望通过本教材的学习，读者能够对直播电商有深入透彻的理解与认识，熟练掌握直播电商的运营技巧与实战技能，在这个充满机遇与挑战的新兴领域中崭露头角，收获属于自己的成功与辉煌。

本书由新疆生产建设兵团第一师阿拉尔职业技术学校王红娟担任主编，由新疆生产建设兵团第一师阿拉尔职业技术学校刘卫新、苏春丽、李斌傲、陈萍担任副主编。

由于编者水平、经验和掌握的资料有限，加之编写时间仓促，书中难免存在不妥或错误之处，请广大读者不吝赐教，提出宝贵意见。

编者

2024 年 12 月

目　　录

项目一　直播电商认知

任务1.1　直播电商的概念与起源

1.1.1　直播电商的概念

在互联网飞速发展的今天，静态的图片和文字已经难以吸引消费者的注意力，通过直播电商这种全新的内容表现形式，可以全方位、立体式地向消费者进行产品展示，为企业实现快速地消费引流和变现，这种直观、全面的销售形式受到越来越多消费者的青睐。

直播电商是一种通过网络平台进行产品售卖的销售方式，通过直播现场事件的发生过程，同时进行制作、播出的一种互动式的营销和销售模式，它以直播平台为载体，达到为企业获得品牌提升或增长销量的目的。

直播电商能够为企业或品牌商带来新的营销机会。作为一种新兴的网络营销模式，直播电商具有以下三个特点。

1. 实时互动性强

相较于传统的电视销售，直播电商以视频的形式向消费者传递信息，具有更强的实时互动性，也更容易吸引消费者的注意力。在直播过程中，不仅仅是互联网用户的单向观看，还能实现信息的双向沟通，甚至还能动用民意的力量改变节目进程。这种互动的真实性和立体性也只有在直播的过程中能够完全展现。

2. 场景真实性

直播电商的真实性主要体现在场景真实，同时这种真实性也是企业或品牌商赢得消费者信任的第一步。虽然传统销售方式下的图文广告和电视广告制作精良，但是它们在制作的过程中经过大量人为的剪辑和美化，真实性没有保障。反观直播电商，不仅可以展示商品的生产环境和生产过程，还可以展示商品的玩、吃、用等过程，带给消费者更加直观的体验感，获得消费者的信任，从而激发消费者的购买欲望。

3. 效果直观性

直播本身是一种带有仪式感的内容播出形式，能让一批具有志趣相同的人聚集在一起，聚焦在共同的爱好上，这样消费者的情绪可以相互感染，达到情感上的互通。企业或品牌商再抓住这种氛围做一些恰到好处的推波助澜，销售效果一定能够达到最初的预期效果。同时在直播过程中，主播对商品进行现场展示和介绍，以及直播间消费者争相购买的氛围也很容易刺激其他消费者直接下单购买。此时，直播运营团队可以在后台看到直播间的实时数据以及商品的售卖情况，及时掌握直播活动带来的销售业绩。

1.1.2 直播电商的起源

直播电商起源于互联网技术飞速发展的时期，特别是移动互联网的普及和直播技术成熟之后。随着智能手机和5G网络的广泛应用，人们获取信息的方式发生了深刻的变革，视频直播成了一种新的社交和娱乐方式。在这一背景下，商家开始尝试将直播与电商相结合，通过直播的形式展示商品，并且与消费者进行实时互动，从而推动销售额的增长。

近年来，直播电商在全球范围内迅速兴起，特别是在中国，其市场规模和影响力更是达到了前所未有的高度。据统计，中国直播电商市场规模在过去几年中呈现出爆发式的增长，年复合增长率超过100%。这一增长主要得益于消费者对直播购物的接受度不断提高，以及直播平台和电商平台的深度融合。

直播电商的兴起背景中还包括消费者购物习惯的变化。随着生活节奏的加快，消费者越来越注重购物的便捷性和体验性。直播电商通过实时互动、场景化展示等方式，为消费者提供了更加直观、生动的购物体验，满足了消费者对购物便捷性和体验性的需求。

此外，直播电商的兴起还受到了社交媒体和网红经济的影响。社交媒体平台为直播电商提供了广阔的传播渠道，网红和明星的加入则进一步提升了直播电商的吸引力和影响力。他们通过直播的形式与粉丝互动，分享购物心得并推荐商品，从而带动了直播电商的快速发展。

总之，直播电商的起源与背景是多方面因素共同作用的结果。随着技术的不断进步和消费者需求的不断变化，直播电商将继续保持快速发展的态势，成为未来电商领域的重要趋势之一。

1.1.3 直播电商的作用

直播本身具有很强的社交性质，消费者通过在直播中留言、发送弹幕的方式，与企业或品牌商进行直接对话，实现了消费者与品牌的社交；消费者还可以通过观看其他人的留言和弹幕，实现消费者与消费者之间的社交。

在销售的过程中，直播电商发挥了以下作用。

1. 强大的自主性

一般情况下，销售需要商家主动联系消费者，但是直播则打破了企业或品牌商在市场中的被动地位。在信息呈现爆炸式增长的当下，作为观众的消费者寻找感兴趣的内容已经成为一种本能。当他们在直播平台上看到自己感兴趣的内容时，自然而然会从各个端口进入界面进行浏览观看。在互联网中拥有了观众就等于拥有了流量，拥有了流量就等于打开了销售市场，最终逆转了销售活动的被动地位。让作为观众的消费者们主动参与到销售活动中，这不仅加深了消费者对品牌的良好印象，而且能够起到品牌带动市场的效果。

2. 强力的掩盖性

目前直播在网络中的社交地位逐渐显现出来，消费者可以通过直播平台观看丰富多彩的销售活动，甚至在很多情况下，他们并不会认为这些活动是一种营销行为，他们更多的是带着娱乐的眼光观看直播。只是当他们聚精会神地观看直播并参与到讨论中的时候，企业的品牌印象已经不知不觉地深入部分消费者的内心深处，使他们成为企业或品牌商的潜在客户。因此，直播将企业或品牌商带有营销性质的活动完美地用娱乐的方式掩盖，让消费者在不经意间对品牌形成了深刻的印象。

3. 实现快速变现

企业或品牌商可以通过直播电商的方式将聚拢来的流量直接变成利润。直播采用“一对多”的模式，即让一位销售员面对上百甚至上万的客户，不仅节约了人力成本，而且让消费者通过直播窗口边看边买，用最直接的方式实现流量变现。这种变现模式与一般意义上依靠“打赏”的直播流量变现不同，直播电商变现的最大来源是产品。在变现的过程中，将产品大量销售出去并且扩大品牌的影响力，才是直播电商为企业和品牌商带来的真正收益。

直播电商通过强力的社交互动不仅为观众带来美好的感受，而且聚拢了互联网中的大批流量，成为目前最有传播效果的营销模式。正因为直播电商利用了最新的传播媒介——直播平台，且通过平台汇聚了网络中消费偏好相同的客户，建立了一个具有黏性的受众群体，因此才能够开启一个新的营销时代，并逐渐发展成为这个时代的主流营销模式。

任务 1.2　直播电商的兴起与发展

直播电商的兴起与发展，无疑是近年来电商领域最引人注目的现象之一。随着互联网的普及和移动设备的智能化，以及直播技术在电商领域的应用，这为消费者带来了全新的购物体验。据统计，近年来直播电商的交易额呈现出爆发式的增长，越来越多的消费者开始通过直播了解产品、参与互动，并最终完成购买。

1.2.1　直播电商的发展历程

直播电商作为直播与电商的有机融合物，是技术、媒体、平台、资本、企业和主播等因素协同驱动的结果。直播电商销售模式最早诞生于 2016 年，2019 年由于直播电商的快速发展被称为“直播电商元年”，2020 年至今，直播电商逐渐向规范化、成熟化、稳定化方向发展。因此，要研究直播电商销售模式，首先就要了解它的发展历程。

直播电商的发展历程大致可以分为萌芽期、发展期、爆发期和成熟期四个阶段，如图 1-1 所示。

（一）萌芽期（2016 年）

2016 年随着直播行业的发展，直播电商初露头角，新的产业链逐渐搭建。电商平台与短视频平台纷纷上线直播功能。2016 年 1 月，快手上线直播功能；3 月，淘宝直播试运营，5 月正式推出淘宝直播平台；2016 年 3 月，蘑菇街也上线直播业务，并且成为首个推出直播购物的电商平台；2016 年 9 月，京东商城也上线直播功能，进入直播电商领域。

在直播平台端，电商平台与短视频平台从拓展自身属性出发，尝试将直播、电商、内容三种要素相结合，探索新的效益增长渠道。很多平台进入以内容建设与流量变现为目的的直播电商起步阶段。在此阶段，主播以“淘女郎”为主，销售的商品以服装和美妆为主，当时的蘑菇街直播就是这样的经营模式。

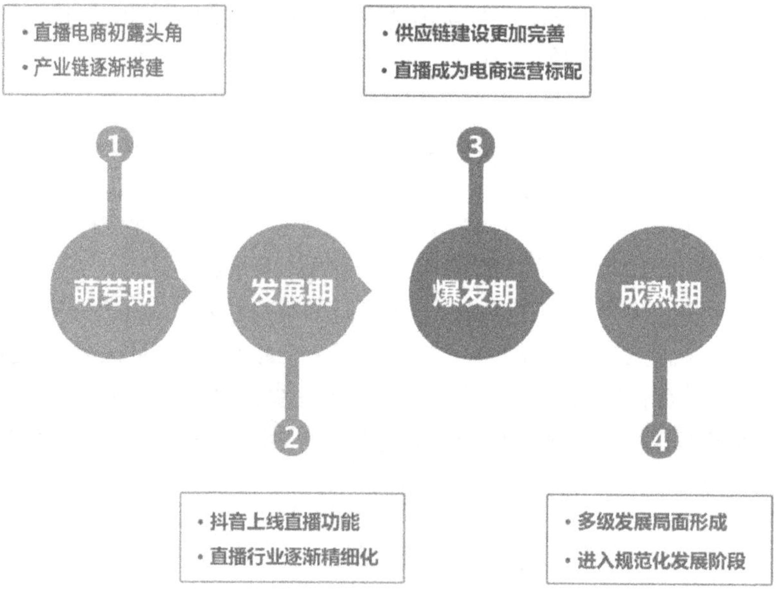

图 1-1 直播电商的四个发展阶段

（二）发展期（2017 年）

2017 年直播行业逐渐精细化。在蘑菇街、淘宝网、京东商城尝试直播后，2017 年 7 月电商平台苏宁正式上线直播功能。2017 年 11 月，抖音上线直播功能。直播电商产业链中的角色开始丰富起来，多频道网络（Multi-Channel Network，MCN）机构、供应链企业纷纷入局，直播电商行业在探索中逐步发展。在此阶段，主播的身份更加多元化，名人和各领域“达人”均可成为直播电商的主播，同时直播中销售的商品品类也更加丰富，行业角色逐步细分，行业发展逐渐走向精细化。

（三）爆发期（2018—2019 年）

此阶段供应链建设更加完善，直播成为电商运营的标配。同时，直播平台纷纷搭建自有供货平台，构建完整的电商产业链，缩短产业周期，使用户在观看直播过程中直接购买商品并实现交易，无须跳转至第三方平台，极大地推动了直播电商的发展。

2018 年 3 月，抖音尝试直播电商，开始在百万级大号中添加购物车链接，12 月“购物车”功能正式开放申请。2018 年 6 月，快手与有赞合作推出“短视频电商导购”解决方法，并新增快手小店。2018 年双十一全天，淘宝直播成交金额超过 3 亿元，淘宝网双十一正式引爆直播带货模式。

2019 年，直播行业格局从“百花齐放”向“巨头争霸”过渡，流量、主播和资本开始向头部平台聚拢，直播电商获得爆发式增长，直播电商供应链的建设更加完善，各平台通过直播产生的交易额高涨，直播在电商运营中的作用越来越重要。

（四）成熟期（2020 年至今）

2020 年以后，多极发展局面形成，直播电商进入规范化发展阶段。2020 年，在全球新冠疫情大暴发的背景下，我国直播电商市场规模达 9 610 亿元，整个直播电商市场呈现出淘宝直播、抖音直播、快手直播三足鼎立的格局，蘑菇街、拼多多、小红书、京东、视频号等多极发展的局面，如图 1-2 所示。与此同时，各平台也提出了电商模式的新概念，如抖音兴趣电商、快手信任电商。

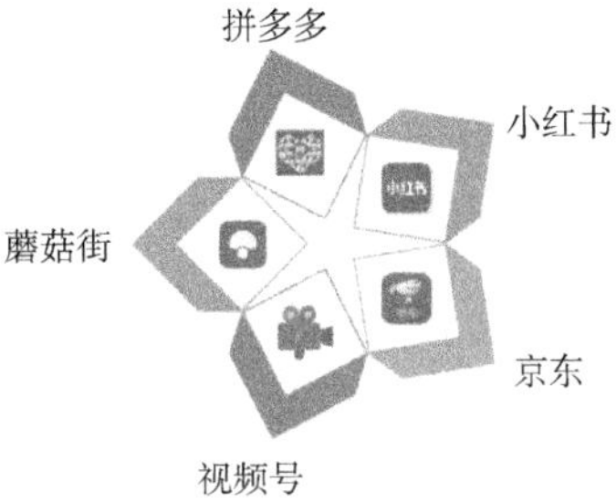

图 1-2 直播电商多级发展

随着直播行业的快速发展，不仅是个人，企业也加入直播电商的行业，纷纷开始直播带货，直播销售的商品更加丰富，越来越多的店铺开始进行商家直播。此外，很多主播凭借自身魅力和带货的专业度形成了独特的个人品牌，让用户愿意购买他们推荐的商品。

此时，主播的身份更加多元化，大量名人、企业家参与到直播电商中，政府机构、电视台也加入直播带货中。直播销售的商品不仅有服装、食品、美妆等品类，甚至还有房子、汽车等，商品的种类更加丰富。

1.2.2 直播电商的本质

直播电商销售模式为传统电商赋予了新的发展功能，各电商平台纷纷增加直播模块，探索电商内容化，通过直播为平台导流，同时通过直播实现流量变现。

1. 直播电商是一种新型营销形式

直播电商销售模式是一种“货找人”的营销形式，本质是将内容化的交互形式大幅提升，带来“种草”效率与转化效率的提升。简单地说，直播电商的本质就是以主播为载体，以内容为介质，商品通过主播生产的内容触达用户，基于用户的需求，通过人格化的认同与信任促成商品的销售。

2. 直播电商是传统电商的再提升

直播电商模式是传统电商模式的升级，它的核心要素是“人、货、场”。在直播电商平台通过消费者的收藏、购买、浏览等动作记录来了解他们的状态，这些数据能够帮助平台对消费者做出明确的判断，知道消费者最近需要什么以及最可能购买什么，从而推荐最合适的产品给消费者；“货”的身上被打满了标签，每一件货跟消费者之间是通过平台的数据进行精准的匹配，这样可以让企业或品牌商的效率最大化；“场”是指在直播电商里给大数据匹配出的合适的消费者搭建一个购物的场景。这与传统的电商都有明显的区别，具体区别详细内容见表 1-1。

表 1-1 直播电商模式与传统电商模式对比

对比项目	直播销售模式	传统电商模式
与消费者关系	货找人	人找货
商品呈现方式	通过视频全方位展示商品，具有真实性	通过处理过的图片、文字、短视频剪辑展示商品，无法保证真实性
交易时间	带货主播的选品能力和详细介绍，能帮助消费者降低交易的时间成本	消费者需要自行搜索、对比做出购买决策，此过程花费的时间成本高
消费者需求	通过主播介绍和营销内容刺激消费	消费者本身的刚性需求
消费者体验	主播与消费者实时互动，易产生情感共鸣	通过客服了解产品，无情感交流
消费路径	消费者—主播—商品	消费者—商品

1.2.3 直播电商的合作模式

1. 网络达人带货模式

这是一种付费推广的模式，通过与带货主播合作来实现产品的销售。在找主播带货的时候，一定要搞清楚主播的相关背景资料，尤其是主播的粉丝群体，如果自己的产品与主播粉丝的画像不重合，销售量会因此受到影响。

2. 产品孵化模式

在这种模式下，MCN 机构组织利用自身的成本优势，寻找优质产品进行孵化，最终参与销售分成。除了线上主播佣金，厂商还需要支付代理佣金服务费。这种模式的优势可以大大降低前端的成本，同时对于机构来说，不再局限于靠差价盈利，而是可以积极参与运营过程，享受直播的红利。

3. 店家直播模式

商家入驻电商平台后，利用各电商平台提供的直播功能，在自己的账号里进行直播，这种模式更多地考验店家自身的资源质量。

4. 坑费提成模式

这种方式比较常见，给主播一定的费用加上实际销售的佣金，佣金比例为 10%~30%，由各商家根据产品类别来定。关于坑位费有不同的说法，有的机构以广告费名义收费，有的以服务费名义收费。

5. 纯佣金模式

这是商家最喜欢的一种方式。目前纯佣金模式只接受有淘宝店铺的厂家，店铺综合评分必须在 4.6 分 / 4.8 分以上。产品价格必须是全网最低价，同时还需要一定的基础销量和品牌知名度。对于普通卖家和刚开网店的卖家来说，这个要求还是比较难以达到的。

在直播模式的选择上，不建议把“砍价”作为主要卖点，一个粉丝因为价格进来，也会因为价格离开，我们可以选择做专家模式，解决垂直领域用户的问题，提高客户转化率。这样每个商家都可以利用直播模式推销自己的产品，沉淀更多的精准流量，拓展市场空间。

1.2.4　直播电商的特点

直播电商的兴起，得益于其独特的优势。首先，直播具有实时性、互动性和真实性的特点，能够让消费者在购物过程中获得更加直观、生动的信息。主播通过直播展示产品，与消费者进行实时互动，解答疑问，有效提升消费者的购买决策效率。其次，直播电商打破了传统电商的时空限制，消费者可以在任意时间、任意地点观看直播，享受购物的乐趣。最后，直播电商还通过社交化的方式，将购物与娱乐相结合，为消费者带来更加丰富的购物体验。

以淘宝直播为例，作为国内领先的直播电商平台之一，淘宝直播通过引入明星、网红等优质主播资源，吸引了大量消费者的关注。主播们通过直播展示商品、分享购物心得、与粉丝互动等方式，有效提升了商品的曝光度和销售量。同时，淘宝直播还通过算法推荐等技术手段，实现了精准营销和个性化推荐，进一步提升了消费者的购物体验。

在直播电商的发展过程中，也面临着一些挑战和问题。例如，如何保证直播内容的真实性和可信度；如何提升主播的专业素养和表达能力；如何优化直播间的购物体验等。为了解决这些问题，直播电商平台需要不断完善自身的技术和服务体系，加强监管和审核力度，提升主播的培训和选拔标准，为消费者提供更加优质、安全的购物环境。

任务 1.3　直播电商的现状与未来趋势

直播电商作为近年来迅速崛起的商业模式，其发展现状令人瞩目。据统计，直播电商的销售额实现了年均超过 50% 的增长，成为电商领域的新宠，如图 1-3 所示。这一趋势的背后，是消费者对直播购物体验的高度认可和直播平台的不断创新。未来，随着技术的不断进步和消费者需求的日益多样化，直播电商将迎来更加广阔的发展空间。

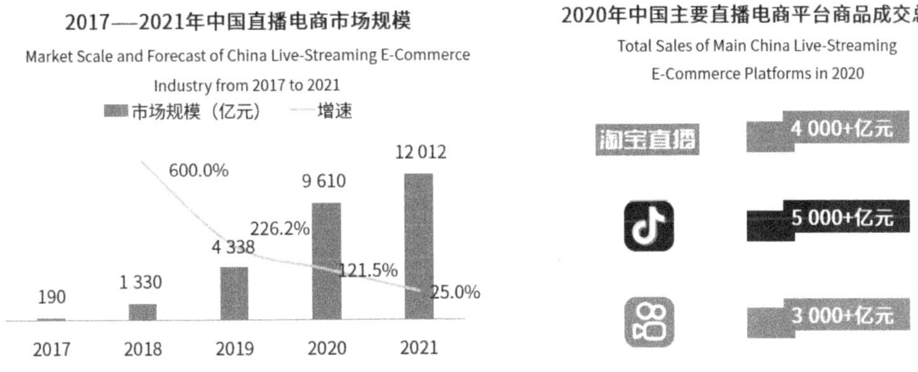

图 1-3　2017—2021 年直播电商发展现状

1.3.1　直播电商产业链的现状

当前，直播电商已经渗透到各个行业，各大电商平台纷纷推出直播功能，吸引众多主播和消费者参与。同时，一些专业的直播电商平台也崭露头角，如淘宝直播、快手电商等，它们凭借独特的运营模式和丰富的直播内容，赢得了市场的广泛认可。此外，随着 5G、AI 等技术的不断发展，直播电商的交互性和智能化水平将得到进一步提升，形成产业链规模发展，为消费者带来更加优质的购物体验。

（一）直播电商产业链结构

在直播所有参与者中，平台方处于核心地位，服务商为主要参与方。服务商的前台部分为达人主播，他们凭借自身的流量和影响力为品牌进行产品销售；服务商中的MCN机构为主播提供全链条服务，包括选品、直播间流程管理以及投流等，并从商家处收取服务费。此外，大量商家会把店铺直播进行外包，大多通过合作协议或按照时长付费的方式寻求专业代运营服务。从产业链的核心平台方看，平台主要通过提供产品曝光、交易保障、商品管理以及需求对接、流量分配等功能获取收入，收入主要来源于买卖收入和交易服务佣金。

直播电商产业链由供应端、平台端和消费者构成。供应端主要包括商品供应方（生产商、品牌商、经销商、批发商）及内容创作方（主播/MCN）；平台端包括电商平台（淘宝、京东、拼多多、蘑菇街、快手电商等）和直播平台（快手、抖音、淘宝直播等）。

直播产业链的整个运作流程如图1-4所示：企业或品牌商对接电商平台提供货源，对接MCN机构或主播，确定直播内容方案，引入直播平台进行内容输出，最终引导消费者在电商平台实现变现转化。电商平台、直播平台、MCN为主要受益者，其收益一般来自按成交额的一定比例收取的佣金。

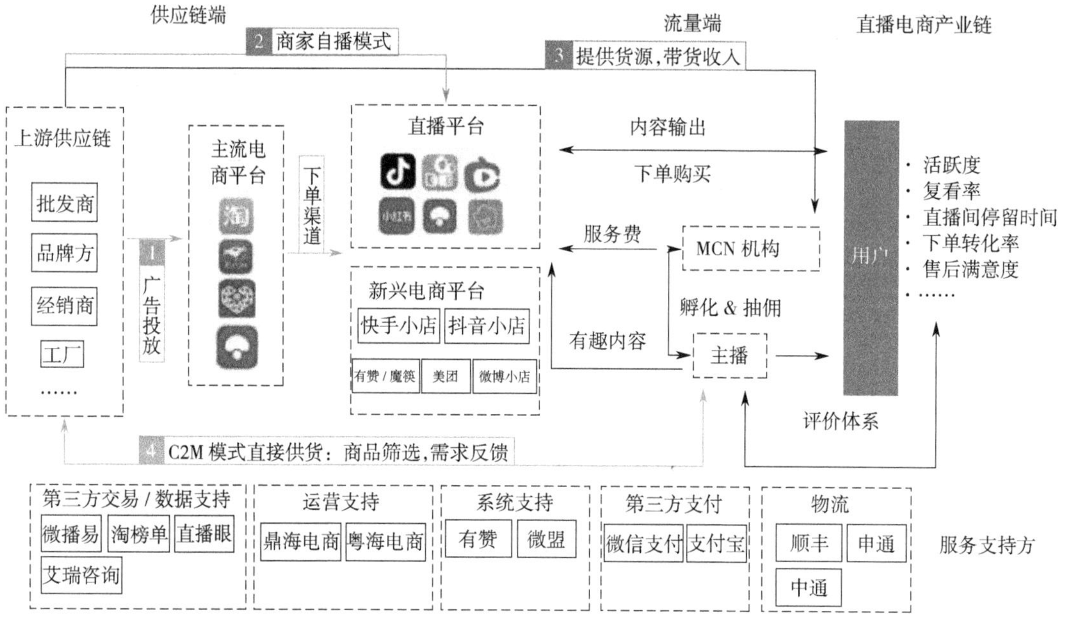

图1-4 直播产业链运作流程图

（二）直播电商产业链的主要参与者

1. 主播

主播作为整个直播过程中的主导人物，发挥着至关重要的作用。一场直播销售活动中，最先让消费者看到的就是主播，主播形象的好坏，就像短视频直播封面一样，直接影响消费者是否愿意进入直播间观看和下单。所以,选择合适的主播对直播销售的企业或品牌商来说尤为重要。

直播销售中的主播需要具备一定的专业技能,比如人设塑造能力、自我管理能力、选品能力、议价能力、商品讲解能力、直播控场能力和心理承受能力等。

主播在直播过程中的工作内容包括以下几方面:

①详细讲解商品,试穿、试用商品;

②介绍直播间的优惠活动,为用户发放福利;

③与用户进行互动,活跃直播间氛围;

④回答用户提出的问题;

⑤引导观看直播的用户关注和分享直播间。

2. 品牌商

除了主播带货的销售模式外,越来越多的企业或品牌商开启了自主直播模式。如食品类的官方旗舰店采用现场生产式的方式直播,向消费者现场展示出商品真实的生产环境、生产过程等场景,利用干净、卫生、现代化的加工环节展示食品的安全,从而吸引消费者下单购买;还有一些如服装鞋帽、电子科技类的企业,利用自己企业的直播间展示商品的性能和特点,销售产品的同时起到宣传品牌形象的作用。

企业或品牌商采取什么类型的直播方式需要依据企业或品牌定位、企业品牌知名度、商品种类来确定。企业或品牌定位影响着品牌对直播的布局,知名度不同,直播对企业或品牌商产生的价值也有所不同。

3.MCN 机构

源自美国的 MCN 全称为多频道网络,原本是指存在于内容生产者与 YouTube 间的中介。进入中国市场后 MCN 行业进行了衍生和本土化的成长,逐渐发展成为通过内容聚合、制作和运营,以不同商业化服务变现并按照约定进行收入分成的机构。

直播电商行业中的 MCN 机构是帮助签约达人进行内容持续输出和变现的公司。专业的 MCN 包括网红的筛选、孵化,内容的开发,自我内容平台技术性支持、持续性的创意,用户的管理,平台资源对接,活动运营,商业化变现和合作, IP 的开发等系列的链条和繁杂的工作。MCN 机构的本质是经纪中介公司,负责传播生态新变化带来的新事物,也是互联网专业化分工的必然结果,MCN 产业链如图 1-5 所示。

以抖音为例,入驻抖音 MCN 机构可以获得巨量的账号流量扶持,另外还有以下其他优势:

①获得巨量的流量扶持,让作品获得更多曝光量,入驻前后获得单作品曝光量差异高达 5 倍;

②能够获得 MCN 机构对自身的品牌溢价提升;

③入驻 MCN 直播公会,与抖音的直播分成最高可达 70%;

④抖音达到 30 万粉丝的达人可以开通星图的权限,星图是抖音官方的广告发布平台,开通星图权限可以使企业或品牌商的直播内容获得大量的广告投放,这种基于全媒体的广告投放矩阵会让粉丝变得更有价值;

⑤全平台的达人流量扶持及补贴策略,让达人轻松有收益;

⑥利用媒体资源进行企业品牌包装、IP 价值提升、给予企业或品牌商专业的运营指导建议;

⑦平台专属一对一运营指导,帮助 MCN 快速和持续变现。

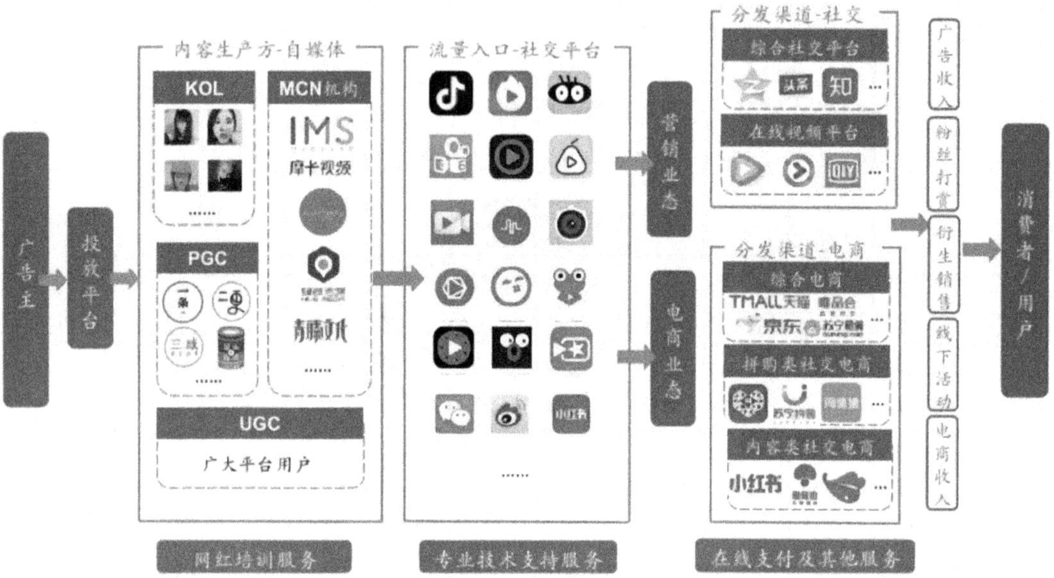

图 1-5 MCN 产业链示意图

4. 电商直播供应链

供应链是综合型的服务机构,电商直播供应链是从采购原材料开始,包括采购商,运输商和生产商以及中间环节,围绕核心企业,通过对信息流、物流、资金流的控制,制成中间产品及最终产品,最后通过互联网销售把产品送到消费者手中。换句话说,直播电商,始于直播,终于供应链。不论直播间多绚,主播口才多棒,消费者最终还是看商品好不好,价格贵不贵。

直播电商的供应链搭建需要确定目标市场和消费者需求,选择合适的供应商,建立库存管理系统。供应链管理需制定合理的采购策略,优化物流配送,强化售后服务。直播供应链具有柔性和敏捷性双重特性,不同的直播供应链服务模式给直播供应链的管理带来诸多挑战,如需求难以预测、不确定性增加、产品的生命周期极短等。

(三)直播电商产业链的收益分配

在直播电商产业链中,直播电商平台、MCN 公司和主播之间主要采取合作分成的模式。

1. 合作定价及利益分配方式

在付费主播模式下,企业或品牌商与 MCN 公司或主播协商确定合作定价及利益分配方式,主要的合作定价及利益分配方式为线上佣金和线下费用(包括线下坑位费用及线下差额费用),头部或腰部主播一般由所属 MCN 公司管理,企业或品牌商与 MCN 公司就产品、价格、主播、利益分成、直播平台、直播日期等进行协商沟通,并与 MCN 公司直接签署直播电商推广合同和订单;大众主播一般为个人主播,无 MCN 公司管理,企业或品牌商与该等主播沟通后直接达成直播合作意向和方案并通过线上平台结算线上佣金。

在直播销售的过程中，主播在约定的直播时段对企业或品牌商的具体产品进行介绍与推广，消费者可通过直播页面中的商品链接跳转至相应电商平台进行下单购买，企业或品牌商则负责备货、发货、退换货、售前、售后等事宜。

2. 合作定价及利益分配的公允性及依据

企业或品牌商与 MCN 公司或带货主播之间基于直播电商行业的惯例协商确定合作定价及利益分配方式。公司线上佣金费率、线下费用的分析如表 1-2 所示。

表 1-2 公司线上佣金费率、线下费用分析

合作定价及利益分配	企业或品牌商	公允性分析
线上佣金	主要主播的线上佣金率一般为 20%	行业一般为 20%
线下坑位费	头部主播或明星主播的坑位费为几万到几十万元	行业中头部主播除了分佣外还有几万元到几十万元不等的额外坑位费
线下差额费	基于直播单价、佣金、供货价、税费、结算销售数量等因素来确定	采用了行业一贯的利益分配方式

（四）直播电商产业链“人”“货”“场”

直播电商经历了从“人找货”到“货找人”的过程，正是直播让已经发展了 10 年的电商行业找到了新的发力点。随着 5G 网络环境逐渐变好，主播的专业素养逐渐成熟，直播电商行业“百花齐放”。直播电商主要包含“人”“货”“场”三个维度，并且在直播电商的销售时代，“人”“货”“场”已经被重新定义了，展现出了不同的内容，具体如图 1-6 所示。

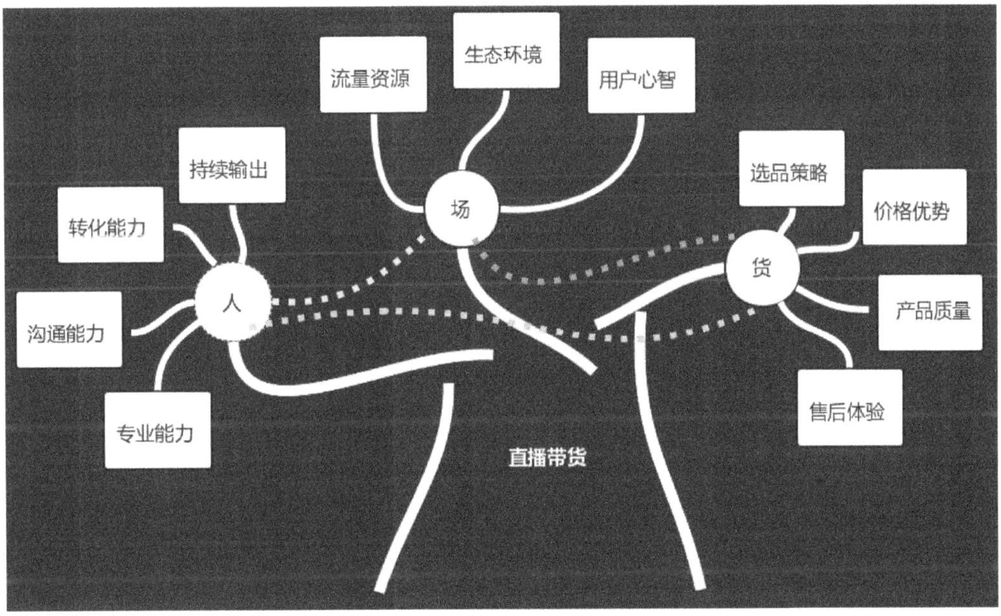

图 1-6 直播销售树状图

1.“人”

“人”指的是主播，在直播销售的模式下，主播变成商品和消费者沟通的桥梁，消费者的购物习惯由搜索变成了主播的推荐，如图 1-7 所示。直播销售电商平台会挖掘消费者的潜在购物需求，在直播间里，主播可以通过话术的引导，商品的展示，让消费者在直播间里迅速形成“下单购买”的欲望，极大地提高了传统电商的转化效率，同时主播的存在也完全改变了传统电商的购物模式。

图 1-7 直播销售图

就目前发展来看，主播行业还处于红利期，主播增量也一直在上涨。但是，通过分析腰部甚至尾部的主播行情会发现，粉丝增长已经变得越来越难。对于主播来说竞争非常激烈，淘汰率也很高，随着各路明星和企业名人纷纷加入，也让这片红海荡起了更多水花，要想在这片汪洋里扬起一帆小舟，就必须具备一定的技巧。

2.“货”

直播电商把传统电商里的“人找货”演变成“货找人”，甚至有人提出这其实更多的就是人与人之间的行为。一时之间，“人”似乎成了直播带货的核心竞争力，千万网红主播都涌向了电商，希望从中获利，然而事物的本质从来都不能只看表面，在表面的背后隐藏着的产业链才是真正的关键。

在直播销售电商模式中，“货”多了一层含义，即给优秀的商品匹配更加有竞争力的供应链。“货”是为了提升消费者的购物体验而生的，直播间里的“货”有相对应的引流款、爆款、平销款、利润款等，通过各种“货”的组合可以达到直播间销售的目的。在直播销售电商时代，直播间里对供应链的要求会比传统电商更严苛，谁能够拿到最优质的货源，谁就能够拥有最优质的供应链，谁就在直播销售电商里占据了优势，这一点在实践的过程中体现得淋漓尽致。

3.“场”

直播电商升级了购物场景，极大地发挥了直播间的优势。在直播销售电商模式中，通过主播的展示，能够让消费者有更强的体验感和参与感，直播电商在新的环境里也延展出了更多的营销模式，如秒杀直播、现场砍价订购模式、店铺式产品介绍、基地产地户外走播、专家问诊直播等，呈现了不同品类的商品特点。除此之外，直播销售的展示也更加真实，可以帮助消费者更直观地了解商品；通过和主播的互动，可以针对性地了解商品的特性，从而满足消费者的个性需求，在提升购物体验的同时也大幅提升了转化率。

1.3.2　直播电商未来发展趋势

未来，直播电商将呈现以下几种发展趋势。首先，内容创新将成为直播电商的核心竞争力。随着消费者需求的日益多样化，直播内容需要更加丰富多彩、具有吸引力。主播们需要不断提升自己的专业素养和创新能力，为观众带来更加有趣、实用的直播内容。其次，社交化将成为直播电商的重要发展方向。通过引入社交元素，直播电商可以加强主播与观众之间的互动和联系，提高用户黏性和转化率。此外，随着跨境电商的不断发展，直播电商也将迎来更加广阔的国际市场。

没有规矩不成方圆，目前，直播平台为了保证自身能够绿色、健康、有序、长久地发展下去，平台制定了相关规则来约束商家和主播。这对直播从业人员来说非常重要，如果在直播过程中不小心违反了平台的规定，轻则警告、中断直播间，重则永久封停直播间，甚至会追究当事人相应的法律责任，直播电商平台应遵循以下规则。

1. 传播正确价值观念

做正向能量的传播者，网络直播营销行业是互联网文化行业的新兴领域，作为网络内容的生产者和传播者，应当履行主体责任，遵循公序良俗，遵守商业道德，坚持正确导向，大力弘扬社会主义核心价值观。传播积极向上的网络文化，带来更多有内涵、有品质、有创新的直播产品，维护良好的网络生态环境。

2. 展现全新形象风采

做行业典范的引领者，不断增强专业性与原创性，提供有深度、有价值的网络直播营销产品，要积极发挥拉动文化消费升级、促进创业就业的正向作用。搭建政府与公众沟通的桥梁，充分发挥润滑社会、普及知识、传承文化、丰富生活、增强归属的积极作用，展现新时代、新气象、新作为的面貌。

3. 抵制违法违规行为

网络空间不是法外之地，网络直播营销行业从业人员要带头遵守相关法律法规，依法规范自身的网络直播营销行为，自觉履行纳税义务。坚决抵制含有低俗淫秽色情、宣扬赌博、危害社会公德等禁止内容的网络表演，坚决抵制虚假宣传、套路促销、数据流量造假、假冒、仿冒、侵权违约和侵犯消费者权益等违法违规行为，打造持续清朗的网络空间。

未来十年，新零售、新制造、新金融、新技术和新能源将深刻改变世界。直播电商作为新零售的重要组成部分，将在未来发挥越来越重要的作用。

项目二　流量的价值与特性

任务 2.1　流量在直播电商中的核心地位

在直播电商的蓬勃发展中，流量无疑占据着核心地位。流量不仅是直播电商的生命线，更是衡量其成功与否的关键指标。据统计，某知名直播平台在短短一年内，通过精准流量推送，实现了销售额的翻倍增长，充分证明了流量在直播电商中的巨大价值。

尽管 2023 出台了一系列有关直播电商的政策法规，但促进直播电商规范健康发展是政策的基本取向。在广州举行的 2024 广东数字贸易产业大会暨首届湾区直播电商年度盛典上，中国国际电子商务中心研究院院长解读在 2024 年政策监管风向时表示：直播电商能够赋能实体经济更快更好地发展，所以不用担心未来的政策在直播电商领域会出现重大的调整，政策的基本取向依然是要保持这个行业更好更快地发展，发挥出这个行业更大的价值。

随着直播电商不断地在每个行业渗透，其份额也在不断扩大，现在店播基本成了货架电商的标配。未来，除了达人主播之外，可能会有更多的店播、厂播、村播涌现，它的渗透率会更高，赋能作用、赋能价值也会更强。但即便如此，直播电商的规模无论是超过 3 万亿还是 5 万亿，这只是行业发展过程中的一个阶段性的进展。将来直播电商、即时零售和货架电商会形成三分天下的局面。尽快发展速度很快，尽管产业链各个环节不断地涌现出新的市场主体，但是在活跃的生态背后，不少数据却反映出，每一年的流量成本都在上涨，转化率可能都在降低，关注度、粉丝的增速也在放缓。直播电商正进入一个转型发展的新阶段。谦寻控股 CEO 在发言中也提出了相同的观点，“此前都认为直播电商是个红利行业，但如今看来，它可能也要慢慢进入野蛮生长后的一种平稳进步的状态。”

2.1.1　流量的多元化

在直播电商领域中，流量的多元特性是其成功与否的关键因素之一。流量，作为连接商品与消费者的桥梁，其来源的广泛性和多样性不仅反映了市场的复杂性与活力，也对直播电商的运营策略提出了更高要求。多元化的流量包括以下几种。

1. 自然流量

自然流量是通过搜索引擎等自然搜索结果进入直播间的用户，是直播电商不可忽视的宝贵资源。搜索引擎优化（Search Engine Optimization，SEO）作为提升自然流量的核心手段，要求直播电商团队在内容创作、关键词布局、网站结构优化等方面下足功夫。通过精准定位目标用户群体，优化直播预告、商品详情页及品牌官网的 SEO 设置，可以有效提升在搜索引擎中的排名，吸引更多潜在客户在搜索相关商品或服务时自然流入直播间，自然流量的影响如图 2-1 所示。这种流量虽然获取成本相对较低，但需要长期积累和维护，对内容质量和用户体验有较高要求。

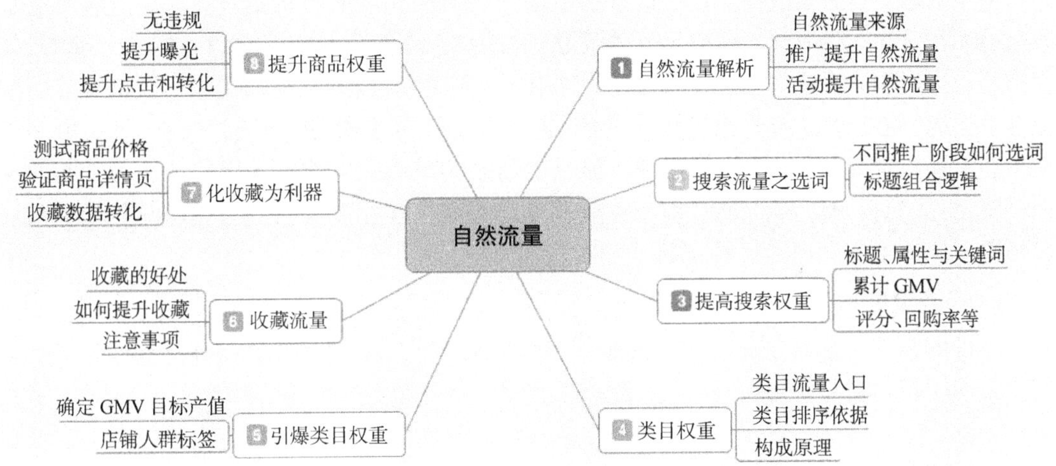

图 2-1　自然流量的影响

2. 付费流量

付费流量则是通过广告投放直接购买的流量，包括社交媒体广告、搜索引擎广告、短视频平台信息流广告等多种形式。相较于自然流量，付费流量具有更强的针对性和可控性。直播电商可以根据产品定位、目标受众特征及营销预算，选择合适的广告平台和投放策略，实现精准触达潜在客户。通过数据分析不断优化广告内容和投放时机，可以达到最大化的效果，快速提升直播间曝光度和用户转化率，然而付费流量的成本相对较高，需要精细管理投放预算，确保投资回报率（Return On Investment，ROI）最大化。

3. 社交流量

社交流量是指通过社交媒体、社群等渠道获取的流量。在直播电商中，社交流量的重要性日益凸显。通过关键意见领袖（Key Opinion Leader，KOL）、网红主播推荐、用户口碑传播、社群互动等方式，可以迅速扩大品牌影响力和用户基础。社交流量不仅能够有效提升直播间的观看人数量和互动率，还能增强用户黏性和忠诚度。因此，直播电商应重视社交媒体的运营和社群建设，积极构建与用户的深度连接，促进口碑传播和裂变式增长。

4. 内容流量

内容流量是基于高质量的内容创作而吸引的流量。在直播电商中，内容质量直接决定用户的观看体验和购买意愿。通过打造独特且富有吸引力的直播内容，如产品介绍、使用演示、互动游戏等，可以吸引大量忠实粉丝并激发他们的购买欲望。内容流量不仅有助于提升直播间的整体氛围和活跃度，还能增强用户对品牌的认同感和归属感。因此，直播电商应加大在内容创作方面的投入和创新力度，不断提升内容质量和用户体验。

流量在直播电商中的多元特性要求直播电商在运营过程中必须深入了解各种流量的特性并制定相应的策略。通过综合运用自然流量、付费流量、社交流量和内容流量等多种方式，实现流量的高效利用和转化率的持续提升。同时，还应注重数据分析和用户反馈的收集与整理工作，不断优化运营策略和服务质量，以满足用户需求并赢得市场竞争优势。

2.1.2 获取流量的方法

为了获取并且高效地利用流量，直播电商需要借助先进的流量推荐算法。这些算法是通过分析用户的行为数据、兴趣偏好等信息，为用户推荐符合其需求的直播内容。例如，某直播平台通过引入深度学习技术，实现了对用户兴趣的精准预测，从而提高了流量推荐的准确性。同时，直播间也需要通过优化内容、提升互动性等手段，提高推荐权重，吸引更多流量。在直播电商领域，获取并高效利用流量是商家实现业绩增长的关键一环。为了实现这一目标，直播电商平台和商家们越来越依赖先进的流量推荐算法，这些算法如同智能导航，引领着用户探索并发现他们真正感兴趣的直播内容。

（一）流量推荐算法的核心原理

流量推荐算法是基于大数据和机器学习的技术，通过深度分析用户的行为数据、历史观看记录、购买行为、点击偏好、浏览时长、互动情况（如点赞、评论、分享）等多维度信息，构建用户画像。这些画像反映了用户的兴趣、需求和消费习惯，为后续的个性化推荐提供了坚实的数据基础。

（二）流量推荐算法的具体应用

1. 个性化内容推荐

根据用户画像，流量推荐算法能够精准匹配用户可能感兴趣的直播内容。例如，对于经常观看美妆类直播的用户，算法会优先推荐最新的美妆教程、产品评测或品牌活动直播；而对于热衷于科技产品的用户，则可能推送科技新品发布会或技术分享直播。这种个性化推荐不仅提高了用户的观看体验，也增加了用户在直播间的停留时间和参与度。

2. 实时互动与反馈优化

流量推荐算法还能实时监测用户的观看行为和互动情况，根据用户的实时反馈调整推荐策略。比如，当用户频繁点击某个类型的直播预告或表现出对某类商品的浓厚兴趣时，算法会相应地增加这类内容的推荐权重。同时，通过分析用户的退出行为（如快速划过、未观看完即退出）等负面反馈，算法也能及时调整推荐策略，避免无效推荐。

3. 跨平台与跨场景整合

现代流量推荐算法还具备跨平台和跨场景整合的能力。它们能够整合来自不同社交媒体、电商平台、搜索引擎等多渠道的用户数据，形成更全面的用户画像。同时，算法还能根据用户当前所处的场景（如工作、休闲、购物等）智能调整推荐内容，使推荐更加贴心和实用。

4. 智能预测与预热

通过分析历史数据和用户行为模式，流量推荐算法还能进行智能预测。例如，预测即将到来的热门节日或活动期间用户可能感兴趣的直播内容，并提前进行预热推荐。这种预测性推荐不仅能帮助商家提前布局营销策略，还能有效激发用户的购买欲望和参与度。

（三）高效利用流量的策略

1. 优化直播内容质量

无论推荐算法多么先进，优质的直播内容始终是吸引用户的核心。因此，直播电商应不断提升直播内容的质量和创新性，以满足用户日益增长的多元化需求。

2. 加强用户数据分析

深入分析用户数据是优化推荐算法和提升流量利用效率的关键。直播电商应建立完善的数据分析体系，不断挖掘用户数据的潜在价值，为个性化推荐和精准营销提供有力支持。

3. 强化用户互动与反馈

积极促进用户之间的互动和反馈是提升用户黏性和忠诚度的有效途径。直播电商应鼓励用户在直播间发表评论、提问、分享等互动行为，并根据用户反馈及时调整直播内容和推荐策略。

4. 整合营销资源

通过整合社交媒体、短视频平台、电商平台等多种营销资源，形成多渠道、多场景的营销矩阵。利用流量推荐算法实现跨平台、跨场景的精准营销和推广，提升品牌知名度和用户转化率。

流量推荐算法在直播电商领域的应用极大地提升了流量的获取和利用效率。通过个性化推荐、实时互动与反馈优化、跨平台与跨场景整合以及智能预测与预热等策略的应用，直播电商能够更好地满足用户需求、提升用户体验并实现业绩的持续增长。

2.1.3　流量在直播电商中的重要性

流量在直播电商中的重要性不仅体现在销售数据上，更在于其对品牌形象的塑造和消费者忠诚度的培养。一个拥有稳定流量的直播间，往往能够吸引更多消费者的关注，形成品牌效应。同时，通过与消费者的互动和沟通，直播间还能够建立起与消费者的深厚情感联系，提高消费者的忠诚度和复购率。因此，对于直播电商而言，流量不仅是销售的动力源泉，更是品牌建设和消费者关系维护的重要支撑，具体体现在以下几个方面。

1. 用户基础与曝光度

流量是直播电商获取用户关注和参与的基础。在竞争激烈的电商市场中，高流量意味着更广泛的用户基础和更高的曝光度。通过吸引大量用户进入直播间，商家能够展示自己的商品和服务，提高品牌知名度，为后续的销售转化打下坚实基础。

2. 销售转化与业绩增长

流量直接关联到直播电商的销售转化率和业绩增长。在直播过程中，通过主播的讲解、演示和互动，能够激发用户的购买欲望。而足够的流量则能确保有足够的潜在消费者被吸引到直播间，从而增加销售转化的机会。因此，获取高质量的流量并且有效转化，是直播电商实现业绩增长的关键。

3. 用户互动与黏性提升

流量还促进了直播电商中的用户互动和黏性提升。用户在观看直播的过程中，可以通过评论、点赞、分享等方式与主播和其他观众进行互动。这种互动不仅增强了用户的参与感和归属感，还提高了用户对直播内容的黏性和忠诚度。而高黏性的用户群体更容易形成口碑传播，进一步吸引更多潜在用户进入直播间。

4. 数据分析与精准营销

流量数据是直播电商进行数据分析和精准营销的重要依据。通过对用户行为数据的收集和分析，商家可以深入了解用户的兴趣偏好、购买习惯等信息，从而制定更加精准的营销策略。同时，流量数据还能帮助商家评估直播效果、优化直播内容和推荐算法，提高流量的利用效率和销售转化率。

5. 市场竞争与品牌塑造

在直播电商市场中，流量也是商家竞争力和品牌塑造的重要资本。拥有高流量的直播间往往能够在众多竞争对手中脱颖而出，吸引更多用户和品牌商的关注。这不仅有助于商家提升市场份额和品牌影响力，还能为未来的合作与发展创造更多机会。

流量在直播电商中扮演着至关重要的角色。它是商家获取用户、提升销售、增强用户互动和黏性、进行数据分析与精准营销以及塑造品牌竞争力的关键要素。因此，对于直播电商而言，不断探索和优化流量获取和利用策略，将是其持续发展的关键所在。

任务 2.2 流量的多元特性与分类

直播电商的繁荣发展中，流量的多元特性与分类扮演着至关重要的角色，见表 2-1。

2.2.1 流量的多元特性

流量的多元特性存在于多个领域，尤其是直播电商中，显得尤为突出。这些特性不仅反映了市场环境的复杂性和多样性，也对商家在运营过程中提出了更高的要求和挑战。以下是对流量多元特性的详细阐述。

1. 来源的多样性

流量的来源极为广泛，包括但不限于以下几个方面。

表 2-1 流量的分类与多元特性

序 号	流量分类	流量特性
1	静态流量	群体相对固定，用户黏性高
2	文娱流量	相对游离，用户范围广，但开发价值高
3	社交流量	相对固定，“点对点”“点对多”特性共存
4	搜索流量	游离，不确定性高，但用户范围巨大，可以通过技术手段筛选意向用户
5	定向流量	有针对性、高精准度、有明确消费意向，开发价值高

（1）自然流量：通过搜索引擎优化（SEO）、社交媒体的自然传播、用户口碑推荐等方式获得的流量。这类流量通常基于用户主动搜索或兴趣推荐，具有较高的精准度和用户黏性。如抖音、快手等平台通过智能推荐系统，将直播间推荐给潜在观众，实现流量的自然增长。

（2）付费流量：通过广告投放、购买关键词排名、合作推广等方式获得的流量。尽管商家需要支付一定的费用来获取这些流量，但通常能够更快速地提升曝光度和用户量。

（3）社交流量：利用社交媒体平台（如微信、微博、抖音等）的社交属性，通过分享、转发、点赞等互动行为带来的流量。这类流量具有较强的传播性和裂变效应。

（4）内容流量：通过高质量的内容创作（如直播、短视频、图文等）吸引用户关注和访问的流量。内容流量的关键在于内容的独特性和吸引力，能够持续吸引用户的关注和留存。

2. 行为的差异性

不同来源的流量在行为上表现出显著的差异性，主要体现在以下几个方面。

（1）访问目的：自然流量和付费流量往往具有明确的购买意向或信息获取需求，而社交流量和内容流量则更多是基于兴趣、娱乐或社交需求。

（2）互动程度：社交流量和内容流量通常具有较高的互动性和参与度，用户更愿意在直播间或社交媒体上留言、评论、分享；而自然流量和付费流量则可能更倾向于静默浏览或快速跳转。

（3）转化效率：不同来源的流量在转化效率上也存在差异。一般来说，自然流量和付费流量的转化效率相对较高，因为它们往往具有更明确的购买意向；而社交流量和内容流量则需要通过更多的互动和引导才能转化为实际购买。

3. 价值的层次性

流量的价值不仅体现在数量上，更体现在其质量和潜在价值上。不同来源和行为的流量在价值上呈现出层次性。

（1）高质量流量：具有明确购买意向、高互动性和高转化率的流量被视为高质量流量。这类流量对于商家来说具有极高的商业价值，能够直接带动销售和业绩增长。

（2）中等质量流量：虽然具有一定的互动性和潜在购买意向，但转化效率相对较低或需要更多引导和转化的流量被视为中等质量流量。商家需要通过优化产品和服务、提升用户体验等方式来提高这类流量的转化效率。

（3）低质量流量：缺乏明确的购买意向、互动性差且难以转化的流量被视为低质量流量。这类流量对于商家来说价值较低，甚至可能带来负面影响，如增加服务器负担、降低用户体验等。

4. 动态的变化性

流量的变化性体现在其数量、质量和来源的不断变化上。这种变化受到多种因素的影响，包括市场环境、竞争态势、用户需求、技术进步等。因此，商家需要密切关注流量的动态变化，及时调整运营策略以适应市场变化。

5. 数据的可分析性

随着大数据技术的发展和应用，流量的数据化特征越来越明显。商家可以通过数据分析工具对流量进行深度挖掘和分析，了解用户的兴趣偏好、购买行为、转化路径等信息。这些数据为商家提供了宝贵的决策依据和优化方向，有助于提升运营效率和商业价值。

2.2.2　流量的分类

流量的分类是理解和优化用户行为的关键环节，它有助于企业更精准地把握用户需求和行为模式。根据用户来源、兴趣点、行为模式以及价值贡献等多个维度，可以将流量细分为潜在流量、活跃流量和忠诚流量三大类。

（一）潜在流量

1. 定义与特征

潜在流量指的是那些尚未与品牌或产品建立直接联系，但有可能在未来转化为实际用户的访问者。这些访问者可能通过搜索引擎、社交媒体、广告投放等渠道了解到品牌或产品的信息,但尚未表现出明确的购买意向或进行深入互动。

2. 来源分析

潜在流量一般有以下几个来源。

(1)搜索引擎:用户通过关键词搜索找到相关信息,这些关键词可能与品牌、产品类别或特定需求相关。

(2)社交媒体:品牌在社交媒体平台上的内容传播可能吸引潜在用户的关注,他们通过点击链接或查看推荐内容进入品牌页面。

(3)广告投放:在线广告(如搜索广告、展示广告、视频广告等)能够直接触达目标受众,吸引潜在用户点击访问。

3. 价值与策略

潜在流量是品牌拓展市场、增加用户基数的重要基础。为了有效转化这部分流量,企业可以采取以下策略。

(1)优化内容:提供有价值、有吸引力的内容,以满足潜在用户的需求和兴趣。

(2)提升用户体验:确保网站或应用界面友好、加载迅速、易于导航,提升用户的访问体验。

(3)精准营销:利用数据分析工具了解潜在用户的特征和偏好,进行精准营销和个性化推荐。

(二)活跃流量

1. 定义与特征

活跃流量指的是那些经常访问品牌网站、应用或社交媒体平台,并与品牌进行频繁互动的用户。这些用户不仅关注品牌动态,还可能参与讨论、分享内容、留下评论等。

2. 行为模式

(1)高频访问:活跃用户会定期访问品牌网站或应用,查看新品发布、优惠活动等信息。

(2)积极互动:乐于在社交媒体上分享品牌内容、参与话题讨论,并与其他用户交流意见。

(3)购买意向明确:部分活跃用户已经对品牌产生了一定的信任和认可,具有明确的购买意向。

3. 价值与策略

活跃流量是品牌忠诚度提升和业绩增长的重要推动力。为了保持并提升这部分流量的活跃度,企业可以采取以下策略。

(1)持续提供优质内容:定期更新高质量的内容,保持用户的关注度和兴趣。

(2)增强互动体验:通过举办线上活动、开展用户调研、回复用户评论等方式增强与用户的互动。

(3)个性化推荐:利用数据分析技术了解用户的偏好和需求,提供个性化的产品和服务推荐。

（三）忠诚流量

1. 定义与特征

忠诚流量指的是那些对品牌具有高度忠诚度和依赖性的用户。他们不仅经常购买品牌产品，还愿意为品牌进行口碑传播和推荐新用户。忠诚用户是品牌最宝贵的资产之一。

2. 行为模式

（1）重复购买：忠诚用户会定期购买品牌产品，成为品牌的主要消费者。

（2）口碑传播：他们愿意向亲朋好友推荐品牌和产品，成为品牌的自然传播者。

（3）高参与度：忠诚用户通常会积极参与品牌组织的各类活动，为品牌贡献自己的力量。

3. 价值与策略

忠诚流量对于品牌的长期发展至关重要。为了培养和保持这部分流量，企业可以采取以下策略。

（1）提供卓越的产品和服务：确保产品质量可靠、服务周到，满足用户的期望和需求。

（2）建立会员制度：通过会员制度提供专属优惠、积分兑换等福利，增强用户的归属感和忠诚度。

（3）关注用户反馈：积极收集并处理用户的反馈意见，不断优化产品和服务以满足用户的期望。

流量的分类有助于企业更精准地把握用户需求和行为模式。通过针对不同类型的流量采取不同的策略和措施，企业可以更有效地提升用户满意度、忠诚度和转化率，从而推动品牌的长期稳定发展。以某知名美妆主播为例，主播通过精心策划的直播内容和与粉丝的深入互动，成功吸引大量潜在流量。同时，她利用社交媒体平台分享直播预告和精彩瞬间，进一步扩大了直播间的影响力。在直播过程中，她通过限时优惠、抽奖活动等手段激发活跃流量的购买欲望，并通过会员专属优惠和定期回访等方式维护忠诚流量的忠诚度。这些策略不仅提高了直播间的流量转化率，也为主播带来了可观的收益。

2.2.3　数据分析和数据挖掘

在流量分类的基础上，运用数据分析工具对直播间流量进行深度挖掘，是直播电商领域实现精细化运营和精准营销的关键步骤。这一过程不仅能够帮助企业更全面地理解用户行为，还能为策略制定和优化提供数据支撑，从而显著提升直播电商的整体效益。

（一）数据分析在直播间流量管理中的应用

1. 用户来源分析

首先，通过数据分析工具，可以追踪并分析用户的来源渠道。这包括但不限于搜索引擎、社交媒体、广告投放、合作伙伴推荐等。了解不同渠道来源的用户占比和特征，有助于评估各渠道的引流效果，识别出高效和低效的流量入口。其次，结合用户来源与后续行为（如观看时长、互动频率、购买转化率等）的关联分析，可以进一步判断哪些渠道的用户更具潜力和价值，从而优化广告投放和渠道合作策略。

2. 观看时长与兴趣偏好分析

观看时长是衡量用户对直播内容兴趣程度的重要指标。通过数据分析，可以统计不同用户群体的平均观看时长、观看时段分布以及观看内容偏好等信息。这些信息有助于了解用户的兴趣点和需求变化，进而调整直播内容、节奏和形式，以更好地吸引和留住用户。例如，如果发现用户在某个时间段内观看时长显著下降，可以考虑在该时段增加互动环节或调整直播内容以吸引用户注意力。

3. 互动行为分析

互动行为是用户参与直播的重要体现，包括点赞、评论、分享、购买等。通过数据分析工具，可以详细记录并分析用户的互动行为数据，如互动频率、互动内容、互动时间等。这些数据不仅能够帮助评估直播的吸引力和用户黏性，还能揭示用户的潜在需求和购买意向。例如，通过分析用户的评论内容，可以发现用户对产品的关注点、疑虑或建议，从而及时调整产品介绍和营销策略。

（二）精准营销与流量优化

1. 精准营销策略制定

基于对用户来源、观看时长和互动行为等数据的深度挖掘，可以制定更加精准的营销策略。例如，针对高价值用户群体（如忠诚流量），可以提供专属优惠、定制化服务或邀请其参与品牌活动，以增强其忠诚度和购买意愿。对于潜在流量和活跃流量，则可以通过定向广告投放、个性化推荐等方式引导其转化为高价值用户。

2. 流量获取策略优化

通过对比不同流量来源的转化率和 ROI 等指标，可以评估各渠道的流量质量和成本效益。对于转化率高且 ROI 良好的渠道，可以加大投入力度以获取更多优质流量；而对于转化率低或 ROI 不佳的渠道，则需要进行调整或优化以减少资源浪费。此外，还可以通过 A／B 测试等方法不断优化广告投放策略、直播内容和互动环节等，以提升整体流量获取效率和转化效果。

运用数据分析工具对直播间流量进行深度挖掘是直播电商实现精准营销和流量优化的重要手段。通过全面分析用户来源、观看时长和互动行为等数据，可以更准确地把握用户需求和行为模式；同时结合精准营销策略和流量获取策略的优化调整，可以显著提升直播电商的整体效益和市场竞争力。未来随着大数据和人工智能技术的不断发展应用，数据分析在直播电商领域的作用将更加凸显，为企业带来更多创新和发展机遇。

任务 2.3　流量获取与高效利用

在直播电商的竞争中，流量获取与高效利用是成功的关键。流量不仅是直播电商的生命线，更是推动销售增长的核心动力。随着直播电商的兴起，各大平台纷纷推出各种流量获取策略，如社交媒体推广、短视频引流、KOL 合作等。然而，如何高效利用这些流量，将其转化为实际购买力，成为摆在每个直播电商从业者面前的难题。

2.3.1　流量获取

随着直播电商行业的迅速崛起，市场竞争愈发激烈，流量获取的难度也在不断攀升。各大直播电商平台为了在这片红海之中抢占先机，纷纷使出浑身解数，推出了琳琅满目的流量获取策略。其中，社交媒体推广凭借其广泛的用户基础和强大的传播力，成为众多直播电商从业者的首选策略之一。通过在社交媒体平台上发布吸引人的内容，如产品预告、直播片段、用户评价等，可以快速吸引大量用户的关注，并引导他们进入直播间。

1. 短视频引流

短视频引流是一种极具潜力的流量获取方式。短视频以其简洁直观、生动有趣的特点，能够在短时间内吸引用户的注意力，激发他们的兴趣。通过制作与直播产品相关的优质短视频，展示产品的亮点、使用场景、用户案例等，可以有效地吸引潜在用户，并将他们引流至直播间。例如，一些美食直播电商会制作精美的美食制作短视频，展示各种美味佳肴的制作过程，吸引美食爱好者关注，并引导他们观看直播购买相关食材和厨具。

2.KOL 合作

KOL 合作也是一种行之有效的流量获取策略。KOL 在社交媒体上拥有大量的粉丝和较高的影响力，他们的推荐往往能够赢得粉丝的信任和追捧。与 KOL 合作，可以借助他们的影响力和粉丝基础，快速扩大直播的知名度和影响力，吸引大量粉丝进入直播间。例如，某时尚直播电商与知名时尚博主合作，邀请博主在其社交媒体账号上推荐直播活动，并展示直播产品的穿搭效果，成功吸引了大量时尚爱好者关注直播，实现了流量的大幅增长。

3. 精准定位目标用户群体

在众多流量获取策略中，精准定位目标用户群体才是最为关键的环节。如果流量获取缺乏精准性，即使吸引了大量的流量，也难以将其转化为实际的购买力，导致资源的浪费。通过数据分析，直播电商从业者可以深入了解用户的兴趣偏好、购买习惯、消费能力等多维度信息，从而绘制出清晰的用户画像，为制定有针对性的流量获取策略提供有力依据。

以某美妆品牌为例，该品牌通过大数据分析发现，其目标用户主要集中在 18~35 岁的年轻女性群体，她们对时尚美妆资讯关注度高，热衷于在社交媒体上分享自己的美妆经验，且具有较强的消费能力和购买意愿。基于这些精准的用户洞察，该品牌在社交媒体平台上精准投放了针对年轻女性的广告，广告内容围绕年轻女性关注的美妆潮流、明星同款美妆产品等热点话题展开，并结合了有趣的互动元素，如美妆试用分享、抽奖活动等。这种精准定位的广告投放策略成功吸引了大量潜在用户的关注，为直播活动带来了源源不断的流量。

2.3.2　高效利用流量

当成功获取流量后，如何高效利用这些流量，将其转化为实际购买力，成了直播电商从业者面临的又一重大挑战。在这一过程中，直播内容的策划与呈现起着至关重要的作用。

1. 直播内容

优质的直播内容是吸引用户注意力、提高用户留存率的核心要素。在直播过程中，主播作为直播内容的核心创作者和传播者，需要充分展示产品的特点和使用方法，以生动形象、通俗易懂的语言向观众介绍产品的功能、材质、品质等关键信息，让观众对产品有全面深入的了解。例如，在手机直播中，主播可以详细演示手机的各项功能，如拍照效果、运行速度、智能语音助手等，并与其他同类产品进行对比分析，突出所售手机的优势和特色。

2. 与观众进行实时互动

主播与观众的互动环节也是直播内容的重要组成部分。通过与观众进行实时互动，解答观众的疑问，回应观众的需求和关切，可以增强观众的参与感和归属感，进而提升他们的购买意愿。主播可以通过提问、抽奖、发放优惠券等方式鼓励观众积极参与互动，营造出活跃热烈的直播氛围。例如，在服装直播中，主播可以询问观众对服装款式、颜色的喜好，根据观众的反馈及时调整展示内容，并抽取幸运观众赠送服装优惠券，刺激观众下单购买。

3. 直播间的装修和布局

直播间的装修和布局也不容忽视。一个舒适、专业的购物环境能够给观众留下良好的第一印象，提升观众的购物体验。直播间的装修风格应与直播产品的定位和品牌形象相契合，色彩搭配协调，灯光效果明亮柔和，道具布置合理有序。例如，高端美妆直播间可以采用简约时尚的装修风格，搭配精致的美妆展示架和柔和的灯光，营造出优雅高端的购物氛围；而家居用品直播间则可以布置成温馨舒适的家居场景，让观众更直观地感受到产品在家居环境中的实际效果。

2.3.3 持续优化

流量获取与高效利用并非一劳永逸的过程，而是需要结合数据分析进行持续优化。直播电商平台提供了丰富的直播数据，如用户的观看时长、互动频率、购买转化率、流量来源等指标，这些数据就像是直播电商运营的“晴雨表”，能够直观反映直播效果的优劣，帮助从业者发现存在的问题，并制定相应的优化策略。

以某服装品牌的直播为例，通过对直播数据的分析发现，该直播间在周末的观看人数较多，但购买转化率较低。进一步深入分析数据后发现，周末观众的互动频率较高，但由于直播过程中优惠活动不够突出，导致观众的购买意愿不够强烈。针对这一问题，该品牌决定在周末直播时增加互动环节和优惠活动的力度。例如，设置更多的抽奖环节，奖品包括服装单品、优惠券、时尚配饰等；推出限时折扣、满减优惠、买一送一等促销活动，并在直播过程中反复强调优惠信息，引导观众下单购买。通过这些优化措施的实施，该直播间在后续的周末直播中购买转化率得到了显著提升，实现了流量的高效利用和销售的增长。

总之，在直播电商的运营中，流量获取与高效利用是一个相辅相成、有机统一的整体。精准定位目标用户群体是流量获取的前提和基础，优质的直播内容策划与呈现以及舒适专业的直播间环境是高效利用流量的关键手段，而结合数据分析进行持续优化则是确保流量获取与高效利用效果持续提升的重要保障。只有全面把握这三个方面的要点，并不断创新和优化，直播电商从业者才能在激烈的市场竞争中立于不败之地，实现直播电商业务的可持续发展。

项目三　直播平台流量推荐算法

任务 3.1　流量推荐算法的基本原理

在直播电商繁荣的背后，流量推荐算法发挥着至关重要的作用。这一算法基于大数据和机器学习技术，通过深度分析用户的行为、偏好和兴趣，实现精准的内容推送。具体来说，流量推荐算法会收集用户在直播平台上的浏览记录、点击行为、购买历史等数据，利用协同过滤、内容过滤等算法模型，为用户推荐最符合其需求的直播内容。

以抖音直播平台为例，其流量推荐算法不仅考虑了用户的静态属性（如年龄、性别、地域等），还深入分析了用户的动态行为（如观看时长、互动频率、分享次数等）。通过构建复杂的用户画像和兴趣模型，该平台能够为用户呈现出高度个性化的直播内容推荐列表，极大地提升了用户的体验感和满意度。

（一）抖音算法的操作

1. 冷启动流量池曝光

冷启动流量池曝光即当发布的作品通过平台审核后，系统会分配一个初始流量池，大概有 0~500 的用户数量，当然如果账号权重比较高，可能有上千个曝光，流量池推荐机制如图 3-1 所示。

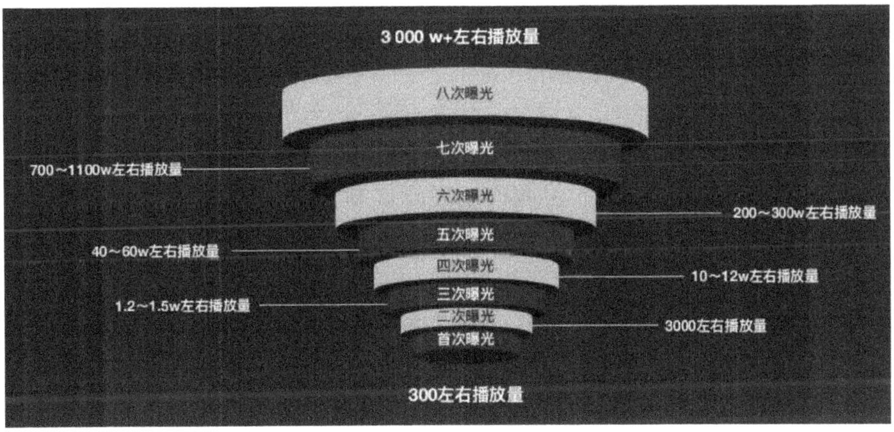

图 3-1　流量池推荐机制

2. 增加推荐

增加推荐就是将初始流量数据比较好，在主抓点赞、关注、评论、转发等各个维度的数据中，挑选出各项指标都超过 10% 的视频，平台算法会将其判断为优质内容，自动增权，把视频放到更高的流量池中。

3. 数据挑选

数据挑选即给数据好的作品加大推荐，同时强化人群标签，将视频分发给更精准的用户。这类似于猜测用户喜欢的内容，视频是有标签的，用户也是有标签的，只需整合两者之间做标签匹配。

4. 精品流量池

精品流量池指如果视频经过系统的评估，视频的点赞量、播放量、转发量、评论量都比较高，平台就会给层层加权，最终进入抖音的精品推荐池中。平台认为这样的视频是经过了大量用户检验过的，因此就有资格接受更多大流量的洗礼。

5. 叠加推荐

叠加推荐是指视频经过综合权重评估被判定为受欢迎后，会自动为内容加权。叠加推荐的评价指标包括点赞数、评论数、转发数和完播率。

例如新视频会智能分发 100 左右的播放量，如果转发量达到 30，算法会判断为受欢迎的内容，叠加推荐会给 3 000；转发量达 300，算法持续叠加推荐到 30 000，以此类推。

（二）影响流量池的因素

1. 完播率

完播率代表着用户停留的时长。很多人为了追求完播率，盲目缩短视频时长，这个并不可取。虽然视频时长较短，利于用户看完视频，但也有一定弊端，如不利于详细介绍产品和服务，缺乏深度和高质量的内容表现，且容易被遗忘。

要知道一个七八秒的视频被看完，和一个一分钟的视频被看完，其权重是不一样的。新手在做短视频时，不要为了完播盲目删减视频内容，需要做的是优化内容，通过精彩的内容留住用户。

2. 评论率

评论率是指用户看完视频有没有产生共鸣，愿不愿意在视频下留言？一般情况下，评论互动越多，视频越容易被系统推上热门。

3. 点赞率

点赞率就是用户看了视频后，愿意点赞的比例。

4. 转发率

转发率是指如果短视频内容能够与用户产生共鸣，自然有人愿意转发分享。

5. 转粉率

转粉率是指路人转变为粉丝的比例，单条视频带来的新增粉丝，是冲击高级流量池的关键数据。

你的视频有哪些问题，可以针对性进行优化。短视频的算法讲究的是 2 秒跳失率越低越好，5 秒完播率越高越好，平均时长越久越好。短视频的“短”不在于是拍半分钟、五分钟还是十分钟，而是能高频输出几个抓住人眼球的“5 秒”。

制作短视频就好比参加一场比赛，想要拔得头筹，就要懂得大赛规则。而进行短视频创作，最基本的就是站在平台角度去分析把控，把握平台的特性与机制，才能突出重围。每个短视频平台都有其自己的“算法”机制，通过了解机制性的规则，把握核心数据，在不同时期都需要格外注意“流量算法”。流量推荐算法的核心在于其精准性和实时性。一方面，算法需要不断学习和优化，以适应用户兴趣的变化和市场的动态发展；另一方面，算法需要快速响应，确保在用户需要时能够及时推送相关内容。因此，直播平台需要投入大量资源研发和维护流量推荐算法，以确保其持续为用户提供优质的服务。此外，流量推荐算法还面临着一些挑战和问题。例如，如何平衡推荐内容的多样性和准确性？如何避免过度依赖算法而导致的内容同质化？这些问题需要直播平台不断探索和创新，以寻求最佳的解决方案。

总之，流量推荐算法是直播电商成功的关键因素之一。通过精准地推送符合用户需求的直播内容，直播平台能够吸引更多的用户流量，提升用户黏性和转化率，从而实现商业价值的最大化。

任务 3.2　主流直播平台的推荐策略

在直播电商的浪潮中，主流直播平台的推荐策略扮演着至关重要的角色。这些策略不仅决定了直播间在平台上的曝光度，还直接影响着用户的观看体验和购买决策。以某知名直播平台为例，其推荐算法是基于用户行为数据、内容质量以及直播间互动情况等多个维度进行精准推荐。具体来说，平台会通过分析用户的观看历史、点赞、评论等行为数据，为用户推荐与其兴趣高度匹配的直播间。同时，平台还会对直播间的内容质量进行评估，包括主播的表达能力、直播内容的丰富度和创新性等，以确保推荐给用户的内容具有高质量和吸引力。

淘宝直播主要依靠主播的“经验 + 专业”分级运营，其中经验包括直播场次、时长、平台活动完成率、粉丝留存率等，而专业则涉及单场直播栏目设置、有效宝贝投放、月直播订单、进店转化率、订单退货及差评售后服务能力等方面。主播被分为 TOP 主播、MCN 机构、艺人、大咖、KOL 等不同级别。

抖音平台的流量推荐策略侧重于垂直化内容，通过其复杂的推荐算法，根据用户标签和短视频内容匹配，给予出色内容更多曝光机会。抖音的推荐算法会根据视频的完播率、点赞率、互动率、收藏率、转发率和转粉率等因素来决定是否将视频推荐给更多用户。如果播放量一直卡在 500，就需要改变策略，如确定账号定位、模仿热门视频或精简视频时长来鼓励观众互动。

小红书的流量主要来源于关注页、发现页、本地页和搜索页四个部分，其中搜索页的算法机制根据关键词匹配度和最近时间互动率来分配流量。因此对于那些进行信息搜索的用户来说，小红书成为一个重要的流量入口。

不同平台的流量推荐策略各有侧重，但共同点是都强调内容的质量、用户的互动以及算法对内容的匹配和推荐。主播的专业能力和用户互动在淘宝直播中尤为重要，而抖音和小红书则更侧重于通过算法匹配和用户互动来推动内容传播。在直播间互动方面，平台会关注直播间的观众参与度、弹幕数量、点赞量等指标，这些指标反映了直播间的活跃度和用户黏性。对于互动表现优秀的直播间，平台会给予更高的推荐权重，从而增加其曝光机会。此外，平台还会根据用户的反馈和投诉情况，对直播间进行动态调整和优化，以确保推荐策略的有效性和准确性。

值得一提的是，主流直播平台的推荐策略并非一成不变，而是会根据市场变化和用户需求进行持续迭代和优化。例如，随着短视频的兴起，一些直播平台开始将短视频与直播相结合，通过短视频引流和直播转化的方式提升用户黏性和购买转化率。这种创新的推荐策略不仅丰富了用户的观看体验，也为商家带来了更多的销售机会，以下是抖音流量逻辑和快手流量逻辑的简要介绍。

（一）抖音的流量逻辑

抖音重算法轻粉丝的流量逻辑来自今日头条的成功，作为区分搜索和社交的信息推荐模型，将内容和用户进行匹配，通过系统进行精准推荐是这个算法的核心，所以又将这个逻辑称为内容导向的计划经济。

抖音和头条推荐算法背后有一个简单的函数公式：

$$y = F(X_i, X_u, X_c)$$

这个函数包括三个维度的变量，即用户、环境和内容。

①第三个维度：环境，用户在哪里，什么场合，工作还是旅游。

②第二个维度：用户，包括兴趣、职业、年龄、性别等。

③第一个维度：内容，每种内容都有很多标签，什么类别、属于什么领域、播放量、评论数、转发数等，需要考虑怎样提取内容特征来推荐。

简单来说就是我是谁、我在哪儿、我想看什么。要将这三者匹配起来，是一个很复杂的数学问题，常用的模型就有好几种。像抖音这种数据量大、实时性强的平台，一般是多种模型混合使用。最终系统会根据多个因素加权计算得出一条视频的指数，然后根据指数来分步骤推荐。

1. 冷启动

视频通过审核后，系统会分配一个初始流量池，初始流量池由两部分组成：一是该账号的粉丝，但并不是所有粉丝都能推送，要服从算法优先原则；二是可能喜欢该视频的用户。冷启动推荐有 300 左右播放量。系统会根据数据来给视频加权计算，最核心的数据有四条：播放率；评论率；点赞率；完播率。

然后做加权计算：权重的排序是完播率 > 点赞率 > 评论率 > 转发率。道理很简单，也许是视频开头吸引了用户，也许是标题吸引了用户，也许是封面吸引了用户，但这些都不能证明整个视频质量高，只能证明某一部分吸引人。

如果用户可以把视频看完，那说明该视频是真的优质，所以把完播率的权重放在第一位也就不足为奇。

除了这四个数据外，账号的权重也是考虑因素。根据今日头条的算法经验来看，如果两个账号发同样的消息（文字可以抓取内容来分析），算法会优先采信权重高的账号，但是视频应该较难遇到这类情况。

2. 被再次推荐

加权计算后，符合第二次推荐的要求，视频会被推荐到第二个流量池 3 000 左右。然后重复第一步的操作。统计数据，再推荐，每一次推荐都会获得更大的流量。如果某一次数据不达标，那就会暂停推荐，视频的流量也就止步了，最终形成倒三角推荐机制。

以上是抖音短视频的流量逻辑，而且直播电商多半也会延续这个流量推荐算法。只不过直播电商还会涉及转化率、复购率等电商的参数，这些将是抖音面临的新的流量分发挑战。

（二）快手的流量逻辑

快手是基于社交＋兴趣进行内容推荐，采用去中心化的“市场经济”。平台以瀑布流式双栏展现为主，发布内容粉丝到达率为30%~40%。

快手优先基于用户社交关注和兴趣来调控流量分发，主打“关注页”推荐内容。快手的弱运营管控直接链接内容创作者与粉丝，加深双方黏性，沉淀私域流量，形成了信任度较高的“老铁关系”。

快手推荐“互粉”的规则和路径如下：平台限制每天的关注上限是20人，并且当关注数到达1 500的上限之后就不能再添加了。当然，平台这样设计的目的并不是为了让人互粉。推荐机制有以下几种类型：根据关注的人推荐；有N位好友共同关注；可能认识的人；他在关注你。通过互粉得来的粉丝，一般也比较关注“互粉”，他可能会做粉丝管理，如经常查看自己关注的人是否也在关注自己，如果对方不再关注自己，那么就取关。

据QuestMobile统计，快手活跃用户7日留存率达到84.4%，位居短视频App之首，留存率仅次于微信。

综上所述，主流直播平台的推荐策略是直播电商成功的关键之一。通过精准推荐、内容质量评估和互动优化等手段，平台能够为用户提供更加优质、个性化的观看体验，同时也为商家带来更多的流量和销售机会。因此，对于想要在直播电商领域取得成功的商家来说，了解和掌握主流直播平台的推荐策略至关重要。

任务3.3　直播间优化提升推荐权重

在直播电商的激烈竞争中，直播间优化提升推荐权重成为吸引用户、提高曝光率的关键。首先，需要深入了解直播平台的推荐算法，这些算法通常基于用户行为、内容质量、直播间活跃度等多个维度进行权重分配。通过精准的数据分析，可以发现哪些因素在推荐算法中占据较大比重，从而有针对性地进行优化。

3.3.1　内容质量是核心

直播间的内容质量是提升推荐权重的核心。高质量的内容能够吸引用户的注意力，提高用户停留时间和互动率，进而提升直播间在推荐系统中的权重。例如，某知名美妆主播在直播中不仅展示了产品效果，还分享了化妆技巧、护肤知识等有价值的内容，吸引了大量用户观看和互动，其直播间在平台上的推荐权重也随之提升。

直播电商发展潜力巨大，但企业要想做好直播电商并不是一件轻而易举的事。现在是内容营销时代，好的内容是营销的灵魂，优质的直播电商内容要依据用户接收内容的不同反应进行创作生产，由此创作出的内容更契合用户的需求，更能赢得用户的支持与认可。内容为王，创意取胜，即在竞争日益激烈的直播行业中，有创意、有价值的直播内容才能受到观众的关注和喜爱。当下需用创意直播内容来提高观众的黏性,企业直播运营者要掌握直播内容策划才能使直播获得事半功倍的效果。

(一)提升内容吸引力和关注度

直播是一种内容呈现方式,要想吸引观众、聚拢人气,最重要的是提升直播内容对观众的吸引力。提升直播内容吸引力的策略,主播可以从以下三个方面入手。

(1)坚持直播内容的原创性。直播内容策划要遵守创作内容的趣味性、实用性、独特性等原则。

(2)注重直播内容的真实性。虽然主播策划直播内容时可以充分发挥自己的创意,但直播的内容最好能够与观众产生联系。也就是说,主播要用真实的信息、真实的情感来打动观众,而不是策划一些无中生有的内容,或者虚情假意地表达自己对某些事物的看法。比如作为户外徒步旅行主播,可以在直播中呈现自己出发前的各种准备工作和旅游目的地的风景、人文特色,还可以在直播中讲述自己在旅途中的所见所感,为观众创造身临其境地观看体验,体现出直播内容的真实性。

(3)提升直播内容的文化内涵。随着直播行业内容运营的不断细化,观众对直播内容质量的要求不断提高。直播行业已经不再是单纯拼颜值的时代,高质量、有内涵的直播内容更受观众青睐。主播要精心创作有深刻文化内涵、具有艺术审美性的、积极健康的直播内容,让观众能够通过观看直播得到艺术的熏陶和精神的升华。尤其是对于通过直播开展营销活动的企业来说,更需要在提升直播内容的文化内涵上下一番功夫。

某主播农产品直播内容策划案例

①欢迎各位朋友来到直播间(欢迎语)。

②产品口感特点。

a. 春笋:脆嫩甘甜的口感,富含营养的“森林蔬菜”, 3 月是吃笋的季节,又嫩口感又好,一定要尝个鲜(还有一个星期左右笋就会变老,口感变差,下周不再主推)。

b. 小香薯:口感细腻紧密、纤维少、无丝、软糯粉甜(蒸着、煮着都好吃)。

c. 库尔勒香梨:色泽悦目、味甜爽滑、香气浓郁、皮薄肉细、酥脆爽口、汁多渣少、落地即碎、耐久储藏、营养丰富。

③根据自己的需求去拍。人多拍大份更实惠,人少拍小份,够吃不浪费(体现亲和力,进行场景带入,不要夸大描述)。

④包邮到家,原产地现挖现发,新鲜直达,不含保鲜剂。

⑤好吃不贵(地头价),健康实惠,直播间产品都是保质保量的。

⑥想买想拍的朋友,从下方购物车的链接直接下单就可以啦,今天下单的朋友,店铺 48 小时之内承诺发货,能拍就能发哦。

⑦坏果包赔,售后无忧,收到货有坏果先拍照,直接联系在线客服,都会给大家处理的,放心拍,放心买。

⑧直播话术禁忌:不夸大产品,贴合实际,主播尽量面向镜头,少做无关直播的事宜,直播话术要真诚、亲切。

⑨每场直播的重点:欢迎语 + 产品口感特点 + 诱人样品展示 + 核心卖点 + 注意事项。

（二）内容策略的要点

主播要结合“消费者行为路径”理论，围绕用户接收内容后的六重反应——了解（Aware）、深入（Vertical）、吸引（Appeal）、问询（Ask）、行动（Act）和拥护（Advocate）确定内容策划要点，如图3-1所示，有针对性地进行创作，帮助品牌方全链路、分场景追踪内容营销效果。

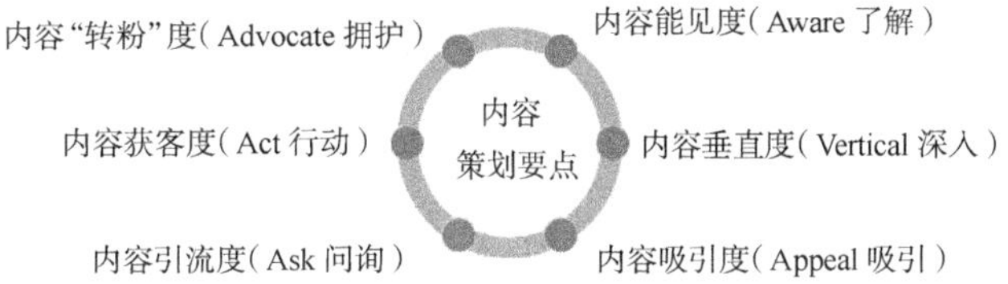

图3-1 消费者行为路径

1. 内容能见度

内容能见度代表内容覆盖用户的广度，即直播能被多少人看到，可用于衡量内容营销的第一重效力。衡量内容能见度的关键指标为内容浏览人数。内容浏览人数是指在统计时间内，直播后浏览商品内容的人数，一个人浏览多次按一人计算。浏览包括图文阅读、直播观看、短视频播放等多种形式。内容覆盖渠道分为网店内和网店外。主播要进行多渠道投放，增加流量，即在各个平台进行直播，以获取最大的内容能见度效果。

2. 内容垂直度

内容垂直度指直播内容的专业度和纵向深度。垂直度越高，专业性越强。技能类直播的内容可以分为生活技能和工作技能。生活技能又可分为居家收纳、厨房技巧等；工作技能又可分为数码类技巧、办公软件应用技巧等细分类型。在各个细分的选题下进行策划创作，不仅能避免选题重复，还能增加自身选题的专业化、垂直度。

3. 内容吸引度

内容吸引度是判断直播内容是否受用户欢迎的重要指标。内容吸引度越高，说明越能吸引更多用户的关注，直播内容有影响用户情绪和行为的能力，是品牌方增强用户记忆的重要手段。

内容吸引度的关键指标为内容互动人数。内容互动人数是指在统计时间内与本直播商品相关内容进行互动的人数。无论是淘宝直播，还是抖音直播，用户可以通过评论、点赞、打赏、分享等行为来评判。为了提升互动效果，主播在策划直播内容时要融入趣味、情感，以吸引用户观看，激发用户共鸣。

4. 内容引流度

内容引流度主要是指直播内容激发用户主动了解商品的程度。内容引流度越高，说明内容对用户行为产生的影响越明显。内容引流度的关键指标为引导用户搜索浏览商品信息的人数或线下进店人数，即在统计时间内，用户浏览内容后通过内容详情页进入店铺访问的人数。

直播效果好不好，引流是最好的检验工具。主播可以通过提高直播受众内容偏好匹配度来提高直播内容引流度，使引流更加精准；同时要构思传播的关键词，关键词是一个内容最重要的搜索源，如果关键词有偏差、歧义，引流过来的效果自然就大打折扣。主播要做好用户口碑建设，直播内容要实事求是，避免大量用户退货或投诉。

5. 内容获客度

内容获客度主要是指内容对用户购买行为产生引导转化的能力，可用于评估内容营销的“种草”效用。内容获客度的代表性指标是引导收藏、加购、支付人数，分别指统计时间内用户浏览内容后产生商品收藏、加购、支付行为的人数。

为了提高内容获客度，主播要加强私域内容建设和活动权益引导。私域内容建设就是提高内容的原创能力，“人无我有，人有我优”，在内容垂直度、差异化等方面下工夫。活动权益引导是指引导用户按照内容指引有序地进行变现，通过二维码、射频识别（Radio Frequency Identification，RFID）等技术进行引流。

6. 内容“转粉”度

内容“转粉”度是指直播内容为品牌沉淀用户资产的能力。内容“转粉”度越高，说明内容越能引导用户对品牌产生强烈兴趣。内容“转粉”度的代表性指标是新增粉丝数，其指统计时间内新增的关注网店或店铺的人数。

统计分析用户的消费行为，用户的思维主要分为三个等级：一是客户思维，初步了解产品性能，理解公司的做法；二是用户思维，认同公司处理方式和流程制度，接受公司产品和公司行为；三是粉丝思维，主动维护产品及公司形象、声誉，践行公司价值观。只有用户达到粉丝思维的等级，才算是真正实现了用户转化。

为了提高内容“转粉”度，主播可以通过大数据刻画用户画像，深度了解粉丝的内容偏好，重点对粉丝关注的内容进行分析，策划更贴近粉丝内心世界的内容，满足粉丝的多样化需求。

3.3.2 提升直播间活跃度

除了内容质量，直播间的活跃度也是提升推荐权重的重要因素。活跃度高的直播间能够吸引更多用户参与，形成良好的互动氛围。为此，主播可以通过设置抽奖、互动问答等环节，提高用户的参与度和黏性。同时，直播间内的弹幕互动、点赞等用户行为也会被推荐算法捕捉，成为提升推荐权重的有力支撑。提升直播间活跃度的方式是直播预热和直播引流。

近年来，直播的竞争越来越激烈，很多新手主播要想占有一席之地，就必然要经过一番苦战。很多主播在开播后发现直播间没有人，或者是来了人留不住，这到底是自己的直播间被限流了还是违规了呢？其实都不是，想要直播间源源不断地有人进来，就必须了解直播预热与引流的规则与技巧。如果主播觉得自己的直播间人气不高，可以使用付费推广模式为直播间“引流”。以淘宝直播付费推广、抖音直播付费推广和快手直播付费推广为例简要概述。

（一）淘宝直播付费推广

淘宝直播付费推广主要采用超级推荐。超级推荐是指在手机端淘宝 App 的“猜你喜欢”等推荐场景中穿插原生形式信息的信息流推广商品，基于阿里巴巴大数据推荐算法，赋能全方位定向体系，从商品、店铺、类目、内容、粉丝等多维度帮助商家精准地找到潜在消费者。

直播推广是超级推荐的一项功能，通过直播推广，直播间可以被推送到“猜你喜欢”“微淘”和“直播广场”等资源位，实现直播间的引流。超级推荐的主要付费方式为点击成本（Cost Per Click，CPC），即每产生一次点击所花费的成本。也就是说，只要不点击，就不扣费。这一付费方式的优势在于成本可控。

1.“猜你喜欢”资源位

“猜你喜欢”资源位主要拥有的流量是公域流量，可以覆盖大量潜在用户，流量较大，非常适合为直播间引流、拉新等。“猜你喜欢”资源位的创意展现样式包括卡片样式、短视频样式和长图样式，如图 3-1 所示。

表 3-1　“猜你喜欢”资源位展现样式及说明

创意展现样式	说　明
卡片样式	可以与商品绑定，能够呈现推广商品的标题、价格等；推广的针对性更强，投放效果较好，创意图片可以配上商品利益点（如活动优惠）进行展示
短视频样式	动态的展现形式，可以迅速吸引淘宝用户的注意，但比较考验内容创作能力，短视频的前 5 秒是否足够精彩，能不能抓住用户的注意力至关重要
长图样式	可以最大化展示图片场景，使用的图片一定要足够吸引眼球，服饰穿搭、商品实拍等

2.“微淘”“直播广场”资源位

“微淘”“直播广场”资源位拥有的流量主要是私域流量，广告只展现给粉丝，适合进行粉丝转化收割、粉丝维护等运营操作，但流量相对来说要少一些。这两个资源位的展现形式为原生展现形式，与直播后台同步，不用自行上传创意。

（二）抖音直播付费推广

如果抖音直播间的人气不高，主播可以付费使用“DOU+ 直播上热门”功能。该功能可以助力直播间迅速上热门，增加直播商品的曝光率。投放 DOU+ 时，既可以选择在开播前投放预热视频，也可以在直播过程中根据实时数据定向投放。

如果在开播前投放，则点击开始直播页面右侧的“DOU+ 上热门”，选择下单金额、“加热”方式、期待曝光时长等维度，支付对应金额后开始投放。如果在直播过程中投放，则点击直播页面右下角的“...”，选择“DOU+ 直播上热门”，选择维度后支付对应金额即可投放。

要想高效地投放 DOU+，主播要做到以下几点。

1. 明确投放目的，精准投放

投放 DOU+ 之前，主播要先想清楚投放的目的是什么，是“涨粉”还是带货？明确投放目的之后，才能选择合适的维度，分析如何投放。直播过程中投放 DOU+ 主要是提升用户进入直播间后的互动数据，数据维度主要包括给用户“种草”、与用户互动、为直播间涨粉、提高直播间人气等，其中给用户“种草”这一维度只出现在带货直播中。

2. 直接“加热”直播间

直播“加热”方式有两种，分别是直接“加热”直播间和选择视频“加热”直播间。主播尽量使用直接“加热”直播间这一方式，其优势在于利用这种方式“加热”直播间后，用户进入直播间后无法进行上滑操作，只能点击"关闭"才能返回推荐页面，这就提升了用户的留存率。

（三）快手直播付费推广

快手平台直播时，如果直播间的人气不高，也可以进行付费推广。快手的直播推广功能于 2019 年 11 月开通，主播在开播前点击小火苗，设置参数（期望增加观众人数和每位观众推广费）后即可开启推广。

期望增加观众人数是推广可能引入的最多观众数量，但实际上观众数可能会比预计数量要少，所以主播要适当降低心理期待。快手直播的每位观众推广费为 1 快币，即 0.1 元，主播在选择想要获取的人数后，就可以看到支付成本。主播的出价越高，观众数量就越多，引入速度也就越快，所以在直播高峰期时可以适当调高出价，以快速提升直播间的人气值。

快手直播推广的付费方式为 CPC，按照点击进入直播间的人数扣费，每位观众多次点击只扣除一次费用。当然，如果自己的粉丝非常多，可以在直播前将直播信息推广给粉丝，对本次直播进行预热。主播可以拍摄一条预热短视频，详细说明直播的时间和直播主题，并在直播前为该短视频购买"推广给粉丝"功能，这条短视频就会出现在粉丝关注页的第一位，从而增加被看到的概率。为了进一步增加被粉丝看到的概率，主播开播时要在"开始直播"页面开启"开播时通知粉丝"功能。如果主播的粉丝不多，可以在直播前 1~2 小时使用"推广给更多人"功能，将预热短视频推广给更多的潜在粉丝，为直播间增加人气的同时还可以顺便涨粉。

此外，还可以借助数据分析工具，对直播间的用户行为进行深入挖掘。通过分析用户的观看时长、互动频率、购买转化率等数据，可以发现用户的偏好和需求，进而调整直播内容和策略，提高直播间的吸引力和推荐权重。例如，某服装品牌通过数据分析发现，用户在观看直播时更关注新品发布和搭配建议，于是加大了这两方面的直播内容，成功提升了直播间的推荐权重和销售额。

总之，直播间优化提升推荐权重需要从多个方面入手，包括提高内容质量、增强直播间活跃度、借助数据分析工具等。只有不断优化和改进，才能在激烈的直播电商竞争中脱颖而出。

项目四　直播电商的前期准备

任务 4.1　明确直播电商的目标与定位

在直播电商的浪潮中，明确目标与定位是成功的关键。首先，需要明确直播电商的核心目标，是提升品牌知名度、增加销售额，还是建立用户忠诚度。以某知名美妆品牌为例，其直播电商的目标是通过直播形式，向消费者展示产品特性，提升品牌认知度，并直接促成购买行为。通过专业主播的演示和推荐，成功吸引了大量潜在消费者。

"完美日记"成熟的美妆品效直播模式案例

"完美日记"成立于2017年，它从新锐品牌一跃成为国内品牌翘楚的重要因素之一，就是抓住了直播带货的流量红利。截至2018年的"双十一"，短短18个月，"完美日记"就通过小红书推广和直播带货，成为天猫彩妆类销量第一的品牌，超越众多国际大牌。2020年的"双十一"，"完美日记"凭借直播带货再次登顶天猫彩妆榜首，进一步稳定了行业龙头地位。"完美日记"的成功可以说是直播带货的成功，其秘诀主要表现在以下几个方面。

1. 公域流量平台布局

"完美日记"最初选择小红书作为品牌流量的主阵地，以"种草"笔记和美妆教程为主吸引流量，以内容的形式做推广，"内容带动产品，产品即内容"的新型营销模式推动"完美日记"开始了从0到1的发展。继小红书之后，"完美日记"在淘宝直播和哔哩哔哩重点投放，打开品牌知名度后，引流到"双微一抖"，完成品牌的全平台布局。"完美日记"从小红书到抖音、微信公众号、淘宝直播、哔哩哔哩，抓住了每一波流量红利。

2. 定位明确，目标用户精准

"完美日记"的商品定位为"大牌平替"，高质低价，拥有极致性价比。"完美日记"为了在商品质量方面做到与大牌相同，选择与全球顶级彩妆代工厂合作，包括意大利的莹特丽、韩国的科丝美诗等，这当中有很多是Dior、YSL等知名国际品牌的生产工厂，很大程度上保证了商品的质量。"完美日记"拥有大牌的质量、实惠的价格，以及适合受众的设计，成就了用户眼中的极致性价比。

"完美日记"将目标用户群精准定位为18~28岁的年轻女性，主要是"95后"和"00后"，女性占比85%，男性占比15%。"完美日记"以"一切围绕目标用户人群"为核心原则进行产品开发，研究"Z世代"人群的个性特点，及时调整开发新产品。

3. 注重直播选品，打造爆款商品

"完美日记"初期的商品以眼部、唇部相关商品为主，属于彩妆里规模较大的品类，其色彩度、时尚感、新鲜感是主要特质。"完美日记"直播带货的热卖单品有口红、眼影、卸妆等，在营销上侧重底妆、眼妆及唇妆类商品，这三类商品每种占比都超过了20%，这个与"完美日记”自身品牌定位“大牌平替”相吻合。

4. 多方位进行引流

“完美日记”会发布直播预热短视频，预热短视频有的是说明直播时间，“剧透”直播中会有哪些商品；有的是重点强调直播间巨大的优惠力度，直播间“秒杀”商品、红包及平台提供的超值奖品等，用超强的福利吸引用户进入直播间；有的是一个配有背景音乐的信息长图，展示直播中将会出现的商品；有的是对某款重点商品进行介绍，讲解并展示该款商品的卖点，用商品吸引用户进入直播间，或者展示“完美日记”在直播开始前的准备状态、工作场景等。无论是哪种预热短视频，“完美日记”都会为其添加具有吸引力的文案，文案或突出直播商品的巨大优惠，或强调品牌专场、商品类型丰富等。同时，每条文案中都会明确写明直播的时间，提醒用户准时观看。

良品铺子视频号直播运营经验

随着平台持续赋能视频号，视频号直播成为越来越多品牌商家的选择，持续赋能品牌发展。良品铺子是业内最早在视频号加入外卖端口的品牌，私域布局较为完整，利用视频号直播为线下门店引流。公司致力于通过完善的全渠道网络满足消费者多样化购物需求，通过在抖音商场开设店铺、搭建自播账户、与 MCN 机构及达人主播合作等方式在抖音平台进行业务布局。良品铺子直播运营的具体策略如下。

（1）私域布局。良品铺子直播运营通过企业微信、公众号及官方商店小程序直接跳转直播间，关注社群会发放优惠券，每一场直播开播都会在群里推送直播间链接及直播产品预告，提升粉丝参与度。

（2）直播选品。良品铺子直播运营会结合目标人群进行针对性选品，货盘结构如下：主推品 2~3 个，次推品 3~5 个，秒杀品 2 个，挂车品 10+，福袋奖品 15 分钟一个，整点抽奖每小时一个。

（3）场景设置。良品铺子直播运营会设置视频号固定直播时间段，引导用户预约最新直播，添加企业微信，进群享粉丝专属福利。

（4）直播间引流。良品铺子直播运营打通流量跳转渠道，关注公众号可以跳转视频号，视频号主页有直播预约，通过官方商店小程序、企业微信、微信社群皆可直接跳转直播间。

（5）直播间促销活动。良品铺子直播运营通过福袋抽奖，每隔 15 分钟一次弹幕参与福袋抽奖，奖品为腾讯会员周卡等小礼品；每小时整点下单参与抽奖，奖品为荣耀手环、口红等产品；每隔几个推品间就会插入超值秒杀品，通常为特价促销的超值单品或限量发售的新品。

（6）直播间转化。良品铺子直播运营团队有良好的直播转化策略，从商品数量入手，采用饥饿营销方法，设置库存有限，最后 ×× 单，下单赠送 ×× 份赠品；从优惠入手，满 ×× 送价值 ×× 的产品（赠送时令礼品，如敦煌扇子），比线下门店购买优惠了整整 ×× 元；从心理入手，只有直播间有此优惠，一个小伙伴扣 1 上一个库存，只有扣 1 的小伙伴享有福利。

良品铺子尝试了小程序直播，但直播间用户来源受限，还是以老客为主，最后转战视频号直播，借助视频号公私域流量互通的特点，通过公私域联动，实现视频号直播间高转化，有效实现直播间流量增长、商品交易总额（Gross Merchandise Volume，GMV）增长。

在明确目标的基础上，定位同样至关重要。直播电商的定位应基于目标受众的需求和偏好，以及品牌自身的特点和优势。以某农产品电商为例，其目标受众主要是追求健康、天然食品的消费者。因此，该电商在直播中强调产品的原产地、种植方式、营养价值等，通过真实、生动的直播场景，让消费者感受到产品的品质和特色。同时，该电商还利用数据分析工具，对直播观众的行为和偏好进行深入分析，不断优化直播内容和策略，提高直播的转化率和用户满意度。

农产品类目的短视频运营

抖音短视频平台的某生鲜旗舰店，在抖音平台利用直播与短视频来进行土鸡、鸡蛋等产品的销售与推广，目前通过账号短视频运营，做到了鸡肉、鸡蛋类目的头部领域，目前抖音加辨识标签“新农人”，该生鲜旗舰店由 CCTV、AHTV 进行了报道，主打标签放心产品、美味高山散养原生态土鸡、皖南山区、万亩基地。

从“人、货、场”来分析一下农产品类目的短视频账号。首先，短视频账号主角是一个养鸡人，是一个博士，这里形成反差，博士养鸡，必有不同，仅通过这一点，便可以吸引用户停留、关注，激发他们的购物热情，并且可以建设好品牌形象；其次，该农产品类目的短视频账号所销售的产品是土鸡、鸡蛋类目的产品，产品选择的是 30 年育种的皖南土鸡，而不是普通的鸡苗，依托地方优势，产地优势，来增强产品的信任背书，增加产品的辨识度与提升独特性。最后，分析一下场，该账号的短视频作品拍摄场地是大山深处，云雾缭绕，为粉丝展现美丽迷人的生态画卷，让粉丝感受到该店铺的产品更自然、更健康，环境好，鸡肉、鸡蛋的品质才好。

这个农产品类目的短视频账号标签精准、垂直，该账号的市场细分与定位是合理和精准的！短视频账号要获得这样的效果，就需要在拍摄短视频之前给账号定位，然后根据账号定位做基础的账号搭建方案。

明确直播电商的目标与定位，还需要结合市场趋势和竞争环境进行综合考虑。例如，在竞争激烈的电商市场中，品牌可以通过差异化定位，突出自身产品的独特性和优势。同时，还可以利用社交媒体等渠道，加强与消费者的互动和沟通，提高品牌影响力和用户黏性。

任务 4.2 选择合适的直播电商平台

在选择合适的直播电商平台时，商家需要综合考虑多个因素。这些因素包括但不限于平台定位、用户基础、商家政策、技术支持、流量获取能力以及费用结构等。首先，平台的用户规模和活跃度是评估其市场潜力的重要指标。例如，淘宝直播作为国内领先的电商平台之一，拥有庞大的用户基数和高度活跃的用户群体，为商家提供了广阔的营销空间。其次，平台的行业定位与商家产品是否契合也是选择的关键。例如，快手平台以短视频和直播为主要内容形式，适合时尚、美妆、食品等行业的商家进行直播营销。此外，商家还需关注平台的流量分配机制、技术支持、服务费用等因素。通过深入分析不同平台的数据和用户反馈，结合自身的产品特点和营销策略，商家可以选择最适合自己的直播电商平台。

4.2.1 平台定位与受众匹配

在数字化时代,选择合适的直播电商平台成为商家实现品牌增长和业务拓展的关键一步。而平台定位与受众匹配,则是这一选择过程中至关重要的考量因素。

1. 明确目标受众

商家需要清晰地界定自己的产品或服务所面向的目标受众。这涉及对市场进行细分,即根据消费者的年龄、性别、地域、收入水平、消费习惯、兴趣爱好等多个维度进行划分。通过市场细分,商家可以更加精准地了解目标受众的需求、偏好以及购买行为模式,为后续选择合适的直播电商平台奠定坚实的基础。

2. 平台定位

每个直播电商平台都有其独特的定位和特点,这些定位往往与平台的目标用户群体、内容生态、商业模式等方面紧密相关。商家在选择平台时,需要深入了解各个平台的定位,包括它们所倡导的价值观、所追求的市场定位以及所服务的用户群体等。同时,商家还需要对不同的平台进行对比分析,评估它们与自身产品或服务的匹配度。

3. 受众匹配

在明确了目标受众和平台定位之后,商家需要寻找那些与自身受众群体高度匹配的平台。这种匹配不仅体现在用户画像的相似性上,更体现在平台内容生态、社区氛围以及用户行为模式等方面。一个与受众群体高度匹配的平台,能够更好地吸引目标用户的关注,提高直播的曝光率和观看量。同时,由于受众群体的相似性,商家在直播过程中也更容易与观众产生共鸣,促进互动和转化。

4. 案例分析与趋势洞察

为了更好地理解平台定位与受众匹配的重要性,商家可以借鉴成功案例进行分析。这些案例通常展示了商家如何根据目标受众的特点选择合适的平台,并通过精准的内容策划和营销策略实现高效转化。此外,商家还需要关注行业趋势和平台动态,及时调整自己的策略以适应市场的变化。

5. 实践策略与持续优化

在实际操作中,商家可以采取以下策略来确保平台定位与受众的精准匹配。

(1)市场调研:定期进行市场调研,了解目标受众的需求变化和市场趋势。

(2)内容创新:根据平台定位和目标受众的特点,创新直播内容,提高吸引力和互动性。

(3)数据分析:利用数据分析工具对直播数据进行深入挖掘,了解用户行为模式和转化路径,为策略调整提供依据。

(4)多渠道布局:在多个平台上进行布局,以扩大受众覆盖范围并提高品牌曝光度。同时,根据各平台的表现进行资源优化和策略调整。

总之,平台定位与受众匹配是商家选择直播电商平台时需要重点考量的因素。通过明确目标受众、深入理解平台定位、精准对接受众群体以及持续优化实践策略,商家可以更加高效地利用直播电商平台实现品牌增长和业务拓展。

4.2.2　用户基础与活跃度

在直播电商的激烈竞争中,平台的用户基础与活跃度成了衡量其生命力与商业价值的重要标尺。这两个维度不仅直接关联到商家直播的曝光度与潜在顾客数量,还深刻影响着直播内容的传播效果与转化效率,下面从几个方面对这两个维度之间的关系进行介绍。

1. 用户规模

用户规模是衡量一个平台市场影响力的重要指标。一个拥有庞大用户基数的平台,意味着其市场覆盖范围广,能够触及更多的潜在消费者。对于商家而言,这意味着在直播过程中,将有更多的机会接触到目标受众,从而增加品牌曝光度和产品认知度。此外,庞大的用户规模也为平台提供了丰富的数据资源,有助于商家更精准地分析用户行为,优化营销策略。

2. 活跃用户数量

活跃用户数量反映了平台用户的参与度和黏性。一个活跃用户数量高的平台,意味着其用户群体不仅数量庞大,而且质量上乘,用户愿意在平台上花费更多的时间参与互动和交易。对于商家而言,这意味着在直播过程中,将有更多的观众积极参与讨论、提问和购买,从而提高直播的互动性和转化率。同时,活跃用户也是平台口碑传播的重要力量,他们的好评和推荐能够吸引更多新用户加入平台,形成良性循环。

3. 用户黏性

用户黏性是衡量用户对平台忠诚度的重要指标。一个用户黏性高的平台,能够持续吸引用户回归并产生消费行为。对于商家而言,这意味着在平台上进行直播营销不仅能够获得即时的销售收益,还能够建立起稳定的用户关系,为未来的长期销售奠定基础。此外,高黏性的用户群体还有助于商家进行精准营销和个性化推荐,提高营销效率和用户体验。

4. 用户基础与活跃度的相互作用

用户规模和活跃用户数量之间并非孤立存在,而是相互依存、相互促进的关系。庞大的用户规模能够吸引更多优质内容和商家的加入,从而提升平台的活跃度和用户黏性;而高活跃度和用户黏性则能够进一步吸引新用户加入平台,扩大用户规模。这种良性循环使得平台能够持续保持强大的生命力和市场竞争力。

5. 商家如何利用用户基础与活跃度

商家在选择直播电商平台时,应重点关注平台的用户基础与活跃度。一方面,商家可以通过平台提供的数据分析工具了解用户画像和行为模式,以便制定更加精准的营销策略;另一方面,商家还可以积极参与平台举办的各类活动,提高品牌曝光度和用户参与度。此外,商家还可以通过优化直播内容、提升互动体验等方式增强用户黏性,促进长期销售增长。

4.2.3　商家政策与支持

在直播电商的广阔舞台上,商家政策与支持是驱动商家成功不可或缺的关键因素。一个优秀的直播电商平台,不仅需要拥有庞大的用户基础和活跃的社区氛围,更需要为商家提供全面、细致的政策支持和服务保障。

1. 入驻政策

入驻政策是商家与平台建立合作关系的第一步。一个友好且高效的入驻流程，能够大大降低商家的进入门槛，吸引更多优质商家加入平台。平台应明确入驻条件、所需资料及审核流程，确保流程简单、透明、公正。同时，平台还可以为符合条件的商家提供快速通道或优惠政策，以加速商家的入驻进程。

2. 费用结构

费用结构是商家在选择平台时需要重点考虑的因素之一。平台应提供清晰、透明的费用说明，包括佣金比例、广告费用、技术服务费等各项费用。商家需要了解这些费用的具体计算方式和支付方式，以便在经营过程中合理控制成本。同时，平台还可以根据商家的经营状况和市场表现，提供灵活的费用优惠政策或奖励机制，以激励商家更好地经营和发展。

3. 技术支持

技术支持是直播电商平台为商家提供的重要服务之一。平台应提供功能强大、易于操作的直播工具和数据分析系统，帮助商家轻松开展直播活动并实时监控经营数据。直播工具应具备高清画质、流畅播放、互动性强等特点，以满足观众对高质量直播内容的需求。数据分析系统则应提供详尽的数据报表和分析工具，帮助商家深入了解用户行为和市场趋势，为经营决策提供有力支持。

4. 售后服务

售后服务是保障商家权益、提升商家满意度的重要环节。平台应建立完善的售后服务体系，为商家提供及时、专业的技术支持和问题解决服务。当商家遇到技术难题或经营困难时，平台应能够迅速响应并提供有效的解决方案。同时，平台还可以为商家提供定期培训、交流活动等增值服务，帮助商家不断提升经营能力和市场竞争力。

5. 全方位支持

除了上述具体的政策支持和服务保障外，一个优秀的直播电商平台还应为商家提供全方位的支持和帮助，这包括市场推广、品牌建设、供应链优化等多个方面。平台可以利用自身的资源和优势，为商家提供定制化的市场推广方案和品牌建设策略，帮助商家扩大知名度和影响力。同时，平台还可以与供应商、物流公司等合作伙伴建立紧密合作关系，为商家提供高效、便捷的供应链服务。这些全方位的支持措施将助力商家在平台上快速成长并取得成功。

商家政策与支持是直播电商平台为商家提供的重要服务之一。一个优秀的平台应该能够为商家提供友好高效的入驻政策、合理透明的费用结构、功能强大的技术支持、及时专业的售后服务以及全方位的支持和帮助。这些措施将共同推动商家在平台上取得更好的经营成果和发展前景。

4.2.4 流量获取能力

在直播电商领域，流量是商家实现销售增长和品牌影响力提升的关键要素。强大的流量获取能力，不仅能够显著提升直播的观看量，还能有效促进转化率的提升。以下是对平台如何帮助商家获取流量的介绍，包括自然流量和付费流量两个方面。

1. 自然流量获取机制

自然流量是指商家无需额外付费，通过平台自身的推荐算法、搜索排名等机制获得的流量。一个优秀的直播电商平台应具备以下自然流量获取机制。

（1）平台推荐算法：平台会根据商家的直播内容质量、用户互动情况、商品热度等多个维度，通过智能算法为商家推荐合适的流量。这要求商家在直播过程中注重内容创新、提升用户互动，并不断优化商品策略，以吸引平台算法的青睐。

（2）搜索排名优化：平台应提供搜索排名优化工具或指导，帮助商家提升直播间或商品在搜索结果中的排名。商家可以通过优化标题、关键词、描述等信息，提高搜索曝光率，从而吸引更多潜在用户。

（3）内容生态构建：平台应构建丰富多样的内容生态，包括短视频、图文、直播等多种形式，为商家提供更多展示机会。商家可以通过发布高质量的内容，吸引用户关注并转化为直播间的观众。

（4）社交裂变传播：平台应支持社交裂变传播功能，如分享直播间、邀请好友观看等。商家可以利用这些功能，鼓励用户将直播内容分享给更多人，从而扩大流量来源。

2. 付费流量获取机制

付费流量是指商家通过投放广告等方式，主动获取的流量。一个完善的付费流量获取机制，能够为商家提供更加灵活多样的流量获取方式。

（1）广告投放工具：平台应提供多种广告投放工具，如 DOU+、巨量千川等，支持商家根据需求进行精准投放。商家可以根据目标受众、预算等条件，选择合适的投放方式和策略，实现高效引流。

（2）数据驱动投放：平台应提供详尽的数据分析功能，帮助商家了解广告投放效果和用户行为特征。商家可以根据数据分析结果，不断优化投放策略，提高广告转化率和 ROI。

（3）合作推广资源：平台应拥有丰富的合作推广资源，如 KOL、网红、明星等。商家可以通过与这些资源合作，借助其影响力和粉丝基础，快速获取大量流量。

（4）流量套餐与优惠：平台应定期推出流量套餐和优惠活动，降低商家获取流量的成本。商家可以根据自身需求选择合适的套餐，实现性价比最高的流量获取。

3. 综合流量获取策略

在实际操作中，商家应综合运用自然流量和付费流量获取机制，制定综合流量获取策略，以下是一些建议。

（1）注重内容质量：无论是自然流量还是付费流量，内容质量都是吸引用户的关键。商家应不断提升直播内容的质量和创新性，以吸引更多用户关注和留存。

（2）精准定位目标受众：商家应明确自身产品或服务的目标受众群体，并根据其特征和需求进行精准定位。在投放广告时，应选择与目标受众高度匹配的投放渠道和策略。

（3）优化用户体验：商家应关注用户在直播间的体验感受，包括直播画质、音质、互动流畅度等方面。通过优化用户体验，提高用户满意度和忠诚度，从而促进口碑传播和流量增长。

（4）数据分析与调整：商家应定期分析直播数据和用户行为特征，了解流量来源和转化情况。根据数据分析结果，及时调整流量获取策略和优化直播内容，以实现更好的效果。

一个强大的流量获取能力对于直播电商商家来说至关重要。商家应充分利用平台的自然流量和付费流量获取机制,制定综合流量获取策略,不断提升直播的观看量和转化率。

4.2.5 内容生态与社区氛围

在直播电商的蓬勃发展中,内容生态与社区氛围成了决定平台吸引力和用户黏性的核心要素。一个健康、多样且积极向上的内容生态,不仅能够丰富用户的观看体验,还能促进观众对直播内容的深度接受与积极参与。良好的社区氛围,则是维护这一生态稳定与繁荣的基石。

(一)内容生态

1. 内容健康性

健康的内容生态是直播电商平台发展的首要前提。平台应严格审核直播内容,确保其符合国家法律法规、社会公序良俗及平台规定。对于低俗、暴力、虚假宣传等不良内容,平台应坚决予以打击和清理,以维护良好的网络环境。同时,平台还应鼓励正能量、有价值的内容创作,引导商家和主播传播积极向上的信息。

2. 内容多样性

多样化的内容生态能够满足不同用户的个性化需求,提高平台的吸引力和用户黏性。平台应鼓励商家和主播在直播内容上进行创新尝试,涵盖美妆、服饰、家居、教育、科技等多个领域,形成多元化的内容矩阵。此外,平台还可以通过举办主题活动、挑战赛等形式,激发创作者的积极性和创造力,推动内容生态的持续繁荣。

3. 内容创新性

在内容生态中,创新性是不可或缺的一部分。平台应鼓励商家和主播不断探索新的直播形式、互动方式和营销手段,以提升直播的趣味性和吸引力。例如,引入 AR / VR 技术、打造沉浸式直播场景、开展直播带货 + 互动游戏等创新模式,都能为用户带来全新的观看体验。

(二)社区氛围

1. 正面引导

积极向上的社区氛围需要平台的正面引导和管理。平台应制定明确的社区规则和行为准则,对用户的言行进行规范。同时,平台还应通过官方账号、客服团队等渠道,积极回应用户的问题和反馈,传递正能量信息,引导用户形成正确的价值观和行为习惯。

2. 互动机制

良好的互动机制是营造积极社区氛围的关键。平台应提供多种互动方式,如弹幕评论、点赞打赏、连麦互动等,鼓励用户积极参与直播过程。此外,平台还可以设立用户等级、积分奖励等机制,激励用户积极参与社区建设,提升用户的归属感和参与感。

3. 社区文化

社区文化是社区氛围的重要组成部分。平台应挖掘和培育具有特色的社区文化,如粉丝文化、网红文化等,形成独特的品牌标识和社区认同。通过举办社区活动、推广优秀创作者等方式,增强用户对社区的认同感和归属感,进一步巩固积极向上的社区氛围。

（三）内容生态与社区氛围的相互作用

内容生态与社区氛围是相互依存、相互促进的关系。健康多样的内容生态能够吸引更多用户参与并产生高质量的互动内容，从而形成良好的社区氛围；而积极向上的社区氛围又能进一步激发创作者的积极性和创造力，推动内容生态的持续繁荣。因此，平台在发展过程中应注重两者之间的平衡与协调，共同推动直播电商平台的健康发展。

内容生态与社区氛围是直播电商平台不可或缺的灵魂所在。平台应致力于构建健康多样、积极向上的内容生态和社区氛围，为用户提供优质的观看体验和参与机会，同时也为商家和主播创造更加广阔的发展空间。

4.2.6　技术稳定性与创新能力

在直播电商这一快速发展的领域，技术不仅是支撑平台稳定运行的基石，更是推动行业创新、提升用户体验的关键力量。技术稳定性与创新能力，两者相辅相成，共同塑造着直播电商平台的竞争力。

（一）技术稳定性

1. 高并发处理能力

直播电商活动往往伴随着高并发访问量，尤其是在大促、节日等关键节点。平台必须具备强大的高并发处理能力，确保在大量用户同时观看直播时，仍能保持直播画面的流畅不卡顿。这要求平台在架构设计、服务器部署、网络优化等方面做出充分准备，以应对高并发的挑战。

2. 负载均衡与容灾备份

负载均衡技术可以将用户请求分散到多个服务器上处理，有效避免单点故障导致的服务中断。同时，容灾备份机制能够在主服务器出现故障时，迅速切换到备用服务器，保障服务的连续性。这些措施共同构成了平台技术稳定性的重要保障。

3. 实时监控与快速响应

平台应建立全面的监控系统，对直播过程中的各项指标进行实时监控，包括直播质量、带宽占用、用户行为等。一旦发现异常情况，能够迅速定位问题并采取相应的解决措施，确保直播活动的顺利进行。

（二）技术创新能力

1. AR／VR 直播技术

增强现实（AR）和虚拟现实（VR）技术为直播电商带来了全新的沉浸式体验。通过 AR 技术，观众可以在直播中看到虚拟商品与现实环境的融合效果；而 VR 技术则能让观众仿佛置身于直播现场，与主播进行更加亲密的互动。这些技术的应用不仅提升了直播的趣味性，还增强了观众的购买欲望。

2. 智能推荐算法

智能推荐算法是提升用户体验的重要手段。通过分析用户的观看历史、购买记录、行为偏好等数据，平台可以为用户推荐更加个性化的直播内容和商品。这种精准推荐不仅提高了用户的满意度和黏性，还促进了商品的转化和销售。

3. 大数据与人工智能

大数据和人工智能技术的应用为直播电商带来了更多的可能性。平台可以利用大数据技术收集和分析用户数据，为商家提供更加精准的市场分析和用户画像；同时，人工智能技术可以应用于语音识别、自然语言处理等领域，提升直播的交互性和智能化水平。

（三）技术稳定性与创新能力的关系

技术稳定性和创新能力是直播电商平台不可或缺的两个方面。稳定性是平台运行的基础和保障，只有确保技术的稳定可靠，才能为用户提供流畅的直播体验；而创新能力则是平台发展的动力和源泉，只有不断引入新技术、新应用，才能满足用户日益增长的多元化需求，保持平台的竞争力和领先地位。

因此，在直播电商平台的建设和发展过程中，应高度重视技术稳定性和创新能力的协同作用。一方面，要不断投入资源加强技术基础设施的建设和维护，确保平台在高并发等极端场景下的稳定运行；另一方面，要紧跟技术发展趋势和市场需求变化，积极引进和研发新技术、新应用，为用户带来更加丰富的直播内容和更加优质的购物体验。

4.2.7 竞争环境

在直播电商领域，竞争环境日益激烈，同类商家之间的竞争不仅体现在产品、价格、服务等多个维度，还深入到营销策略、技术创新、用户体验等更深层次，下面从三个方面对同类商家竞争情况进行介绍。

1. 产品与价格竞争

在直播电商平台上，同类商家之间的竞争首先体现在产品种类和价格上。商家们纷纷推出多样化的商品以满足不同消费者的需求，并通过价格战吸引用户。然而，单纯的低价策略已难以持续，商家开始注重产品质量和性价比，力求在价格与品质之间找到最佳平衡点。

2. 营销策略竞争

营销策略是商家吸引用户、提升销量的重要手段。在直播电商平台上，商家通过创意直播内容、限时折扣、优惠券发放、直播带货等多种方式吸引用户关注。同时，社交媒体营销、KOL、网红合作等也成为商家常用的营销策略。商家不断创新营销方式，以求在众多竞争者中脱颖而出。

3. 技术与服务竞争

随着技术的发展，直播电商平台上的商家也开始注重技术和服务方面的竞争。一方面，商家不断提升直播技术，提高直播画质、音效等用户体验；另一方面，商家还加强售后服务，提供快速响应、退换货无忧等保障措施，以增强用户信任度和忠诚度。

4.2.8 成功平台商家案例分析

1. 抖音电商

抖音电商凭借其强大的内容生态和算法推荐能力，在直播电商领域取得了显著成绩。抖音通过短视频和直播相结合的方式，为商家提供了丰富的营销场景和流量入口。同时，抖音还注重培养网红和 KOL 资源，通过他们的影响力带动商品销售。成功案例如抖音电商大家电品类在2023年的表现，GMV商品交易总额同比增长高达198%，动销商家同比增长高达74%，这得益于抖音平台强大的生态势能和全域兴趣电商模式的成功应用。

以某知名美妆品牌为例，某品牌在选择直播电商平台时，首先分析了各大平台的用户画像和购买行为数据。发现抖音平台的用户以年轻女性为主，且对美妆产品具有较高的购买意愿和购买力。同时，抖音平台还提供了丰富的营销工具和数据分析支持，有助于商家更好地进行直播营销。因此，该品牌最终选择了抖音平台作为主要的直播电商平台，并取得了显著的营销效果。这一案例充分说明了选择合适的直播电商平台对于商家的重要性。

2. 淘宝直播

淘宝直播作为传统电商平台进行直播电商业务布局的主要代表，其成功之处在于高转化率和头部主播的集中优势。淘宝直播通过丰富的商品资源、完善的供应链体系和专业的运营团队，为商家和消费者提供了优质的购物体验。成功案例如某头部主播的直播带货活动，他们凭借专业的产品知识和强大的带货能力，吸引了大量消费者关注和购买。

3. 快手电商

快手电商在直播电商领域也取得了不俗的成绩。快手通过“三农”创作者服务体系等举措，深入农村市场，培育乡村红人，推动农产品上行。同时，快手还注重内容创新和用户互动，通过短视频和直播等形式为用户提供丰富的娱乐和购物体验。成功案例如快手发布的“快手三农红人计划”和“快手三农耕耘计划”，通过投入流量和现金资源，助力乡村创作者成长和农产品销售。

除此之外，还有以下一些当前较为热门的直播电商平台可供参考。一是京东直播：依托京东电商平台，注重品质和服务。适合销售高品质商品或服务的商家。二是微信小程序直播：基于微信生态的直播工具，便于利用微信的用户基础和社交属性进行推广，适合希望构建私域流量的商家。

在选择直播电商平台时，商家还可以借鉴一些分析模型。例如，SWOT（态势分析法）分析模型可以帮助商家评估自身在直播电商领域的优势、劣势、机会和威胁。通过深入分析不同平台的优劣势和自身产品的特点，商家可以更加准确地选择适合自己的直播电商平台。同时，商家还可以参考行业内的成功案例和专家意见，以获取更多的参考信息和建议。

任务 4.3　准备直播所需硬件与软件

在直播电商的实战策略中，准备直播所需的硬件与软件是至关重要的一环。首先，在硬件方面，高清摄像头、稳定的三脚架、专业的麦克风和照明设备是不可或缺的。高清摄像头能够确保直播画面的清晰度，提升观众的观看体验；三脚架则能确保直播过程中画面的稳定性，避免晃动；专业麦克风能够捕捉主播的清晰声音，减少噪声干扰；而照明设备则能营造出良好的直播氛围，提升直播间的整体视觉效果。

为了确保直播的顺利进行，在开始直播前，直播运营团队需要筹备必要的硬件，包括场地选择、直播设备、直播辅助设备等。

1. 直播场地选择

直播营销活动的场地分为室外场地和室内场地。常见的室外场地有公园、商场、广场、景区、游乐场、商品生产基地等，常见的室内场地有店铺、办公室、咖啡馆、发布会场地等。直播运营团队要根据直播营销活动策划的需要选择合适的直播场地，选定场地后要对场地进行适当的布置，为直播营销活动创造良好的直播环境。

2. 直播设备

直播筹备阶段，直播运营团队要将直播使用到的手机、摄像头、灯光、网络等直播设备调试好，防止设备发生故障影响直播活动的顺利进行。

常见的直播所需设备有：高配置的电脑（含视频录制直播软件）；内存充足、摄像头像素高、性能稳定的手机；外置声卡选择适合自己音质的处理效果，让声音多元化；麦克风分为动圈麦克风和电容麦克风；监听耳机及时地调整直播内容；摄像头选择高清的，自带美白、瘦颜、嫩肤等效果；背景利用布景墙、彩灯等，打造出一个场景式的直播间；补光灯进行补光以及镜头美颜，自由调节镜头的亮度；支架配件用于支撑手机、话筒、补光灯等设备；高速稳定的无线或有线网络是开展直播的基础保障。具体如图 4-1 至图 4-6。

图 4-1　视频录制直播软件工作界面

图 4-2　高清摄像头

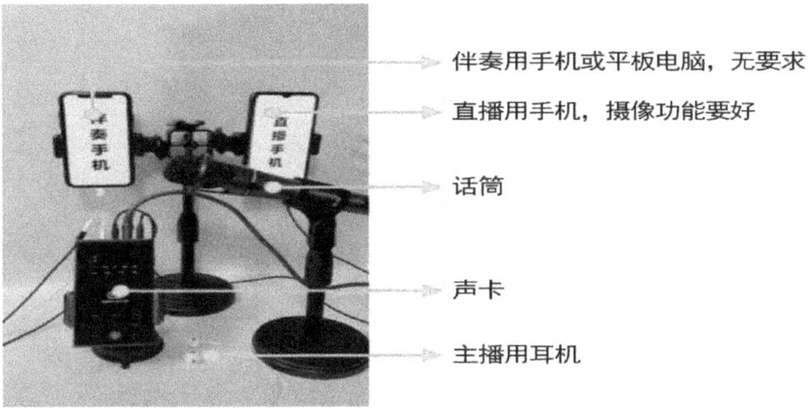

图 4-3　声卡及连接设备

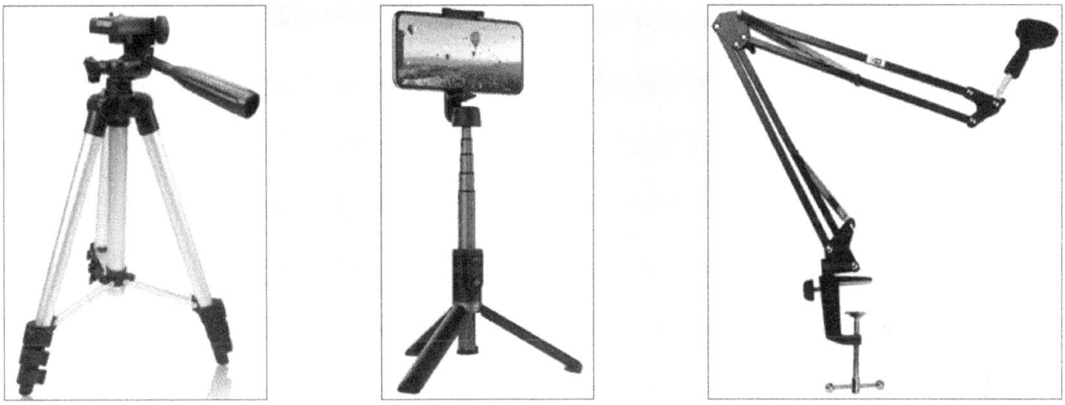

（a）　（b）　（c）

图 4-4　支架

（a）摄像头三脚架　（b）手机支架　（c）话筒支架

（a）　（b）

图 4-5　稳定器

（a）手持稳定器　（b）自拍杆

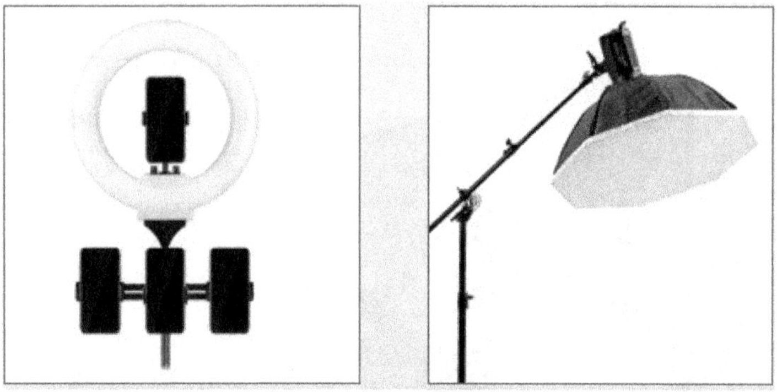

(a) (b)

图 4-6 灯光设备

(a)环形补光灯 (b)八角补光灯

3. 直播辅助设备

直播辅助设备包括直播商品、直播活动宣传物料、直播中需要用到的辅助道具等。

商品作为直播营销活动的主角,在直播开始前就应当准备好,以便直播过程中主播能够快速地找到并进行展示。直播活动宣传物料包括直播宣传海报、直播宣传贴纸等各种能够在直播镜头中出现的宣传物料。

辅助道具包括商品照片、做趣味实验要用到的工具、计算器等,巧妙地使用辅助道具能够帮助主播更好地展示商品,让用户理解直播内容和商品特性。

以某知名美妆博主为例,她在直播中使用了高清摄像头和专业的照明设备,使她的妆容和产品展示都清晰可见,吸引了大量观众的关注。同时,她还配备了稳定的三脚架和麦克风,确保了直播画面的稳定性和声音的清晰度,进一步提升了观众的观看体验。

其次,在软件方面,选择一款功能强大、操作简便的直播软件至关重要。这类软件通常具备实时互动、弹幕评论、商品展示等功能,能够满足直播电商的各种需求。例如,某知名电商平台推出的直播软件,不仅支持高清直播、实时互动,还具备商品展示、优惠券发放等功能,为商家提供了全方位的直播电商解决方案。

此外,为了确保直播的顺利进行,还需要对硬件和软件进行充分的测试和优化。在直播前,可以模拟直播场景,测试摄像头、麦克风等设备的性能,确保它们在直播过程中能够正常工作。同时,还可以根据直播内容的需求,对直播软件进行个性化的设置和优化,提升直播的观看体验。

总之,准备直播所需的硬件与软件是直播电商成功的关键环节之一。只有选择了合适的硬件和软件,并进行充分的测试和优化,才能确保直播的顺利进行,提升观众的观看体验,从而实现直播电商的最终目标。

项目五　直播电商策划与实施

任务 5.1　直播主题的创意与策划

在直播电商的策划与实施中，直播主体的创意与策划是至关重要的一环。一个成功的直播主题不仅能够吸引目标受众的眼球，还能有效传达品牌信息，提升用户参与度和购买意愿。在策划直播主题时，需要结合市场趋势、目标用户群体以及产品特性，进行深入的调研和分析。

首先，通过数据分析了解目标用户的喜好和需求。例如，通过社交媒体监测工具收集用户对于某一类产品的讨论热点和关注点，或者通过电商平台的数据分析了解用户的购买行为和偏好。这些数据将提供宝贵的参考，帮助确定直播主题的方向和重点。

其次，借鉴成功案例和经典营销模型来策划直播主题。例如，可以参考"故事营销"的理念，通过讲述一个引人入胜的故事来串联整个直播过程，使观众在享受故事的同时，对产品产生浓厚的兴趣和购买欲望。同时，还可以运用"情感营销"的策略，通过触动观众的情感点，引发共鸣，提升直播的互动性和传播力。

在具体实施时，可以结合产品特性和目标用户群体，设计具有创意和吸引力的直播主题。例如，针对年轻女性用户群体，可以策划一场以"时尚穿搭"为主题的直播，邀请知名时尚博主或明星进行分享和推荐，同时结合产品展示和优惠活动，吸引用户关注和购买。此外，还可以结合节日、热点事件等时机，策划具有时效性和话题性的直播主题，提升直播的曝光度和参与度。

总之，直播主题的创意与策划是直播电商成功的关键之一，需要结合市场趋势、目标用户群体以及产品特性进行深入分析和策划，设计出具有创意和吸引力的直播主题，以吸引用户的关注和参与，提升直播的效果和转化率。

直播主题的确定与策划是直播成功的关键步骤，直接影响到观众的兴趣度、参与度和直播的整体效果。以下是一个详细的流程，帮助确定并策划一个吸引人的直播主题。

5.1.1　目标受众分析

在直播内容的策划过程中，目标受众分析是至关重要的第一步，因为它直接决定了直播内容的方向、风格以及传播策略。以下是在了解受众和调研喜好两个方面的详细介绍。

（一）了解受众

1. 明确目标观众

（1）年龄与性别：不同的年龄和性别对内容的偏好有着显著的差异。例如，年轻群体可能更倾向于时尚、娱乐、游戏等内容，而中年或老年群体可能对健康、养生、家庭等内容更感兴趣。性别差异也会影响内容的偏好,如男性可能更关注科技、体育,而女性则可能更偏爱美妆、时尚、育儿。

(2)兴趣爱好:受众的兴趣爱好是内容策划的重要参考。通过了解受众的兴趣所在,可以设计出更加贴近他们需求的内容,从而增加观众的黏性和参与度。例如,如果受众是摄影爱好者,那么直播中可以包含摄影技巧分享、摄影作品展示等内容。

(3)需求痛点:除了兴趣爱好外,受众的需求痛点也是不可忽视的。这些痛点可能源于生活、工作、学习等各个方面,如职业发展困惑、健康问题、情感困扰等。通过识别并解决这些痛点,可以为受众提供有价值的内容,增强他们的信任感和依赖感。

2. 构建受众画像

基于以上信息,可以构建出一个详细的受众画像。这个画像应该包括受众的基本信息(如年龄、性别、职业、地域等)、兴趣爱好、消费习惯、行为特征等多个维度。通过构建受众画像,可以更加精准地把握受众的需求和偏好,为后续的直播内容策划提供有力支持。

(二)调研喜好

1. 社交媒体分析

社交媒体是了解受众喜好的重要渠道。通过关注目标受众在社交媒体上的行为轨迹和互动情况,可以了解他们关注的话题、参与的活动以及喜好的内容类型。例如,可以分析受众在微博、抖音、小红书等平台上的关注列表、点赞记录、评论内容等,从而获取有价值的信息。

2. 问卷调查

问卷调查是一种直接获取受众反馈的方式。通过设计合理的问卷问题,可以系统地了解受众对直播内容的期望、偏好以及改进建议。问卷可以通过线上或线下的方式进行发放,收集到的数据可以通过统计分析软件进行处理和分析。

3. 数据分析

数据分析是调研喜好的重要手段之一。通过对直播历史数据、社交媒体数据、网站访问数据等进行深入挖掘和分析,可以发现受众的行为模式和偏好趋势。例如,可以分析不同时间段内观众的观看时长、互动频率、跳出率等指标,从而了解哪些内容更受欢迎,哪些时间段更适合进行直播。

4. 竞品分析

竞品分析也是了解受众喜好的一种方法。通过分析同类型直播节目或账号的内容策略、受众反馈以及市场表现等信息,可以了解受众的普遍喜好和行业标准。同时,也可以从竞品的成功案例中汲取经验教训,为自己的直播内容策划提供参考。

5.1.2 确定直播目的

在策划直播活动时,明确直播目的至关重要,因为它为整个直播内容、风格、互动方式及后续行动指南提供了方向。

(一)品牌宣传

1. 提升品牌知名度

(1)曝光率增加:直播作为一种实时、互动的传播方式,能够在短时间内吸引大量观众,从而大幅提升品牌的曝光率。通过精心设计的直播内容和有效的传播策略,可以让更多的潜在用户了解到品牌的存在。

(2)话题制造:通过直播中的话题设置、互动环节等,可以制造与品牌相关的话题讨论,引发在社交媒体上的热议,进一步扩大品牌的影响力。

2. 增强品牌形象

(1)品牌故事传达:直播为品牌提供了一个生动、直观的展示平台,可以通过讲述品牌故事、展示品牌文化等方式,加深观众对品牌的认知和理解,从而树立积极的品牌形象。

(2)价值观共鸣:在直播中传递品牌的价值观、理念和社会责任感,能够引起观众的共鸣,增强他们对品牌的认同感和忠诚度。

(二)产品推广

1. 介绍新产品

(1)产品展示:通过直播展示新产品的外观、功能、使用场景等,让观众全方位地了解产品特点,激发他们的购买欲望。

(2)试用体验:主播或嘉宾可以现场试用新产品,分享使用感受,增加产品的可信度和吸引力。

2. 促进销售

(1)限时优惠:在直播中设置限时折扣、优惠券等促销活动,刺激观众立即下单购买。

(2)购买引导:通过直播中的购买链接、二维码等方式,引导观众方便快捷地完成购买流程。

(三)知识分享

1. 传递专业知识

(1)内容深度:选择具有专业性和实用性的内容进行分享,确保观众能够从中获得有价值的信息。

(2)形式创新:采用图表、视频、案例等多种形式展示知识内容,使观众更容易理解和接受。

2. 建立专家形象

(1)权威认证:邀请行业专家、学者或资深从业者作为主讲人,提升直播内容的权威性和可信度。

(2)持续输出:定期举办知识分享直播,保持内容的新鲜度和连贯性,逐步建立起专家形象。

(四)互动娱乐

1. 提供娱乐内容

(1)多样化内容:包括游戏直播、才艺展示、搞笑段子等多种形式,满足不同观众的娱乐需求。

（2）创新元素：引入新颖的元素和玩法，如观众投票决定直播内容、实时互动游戏等，增加直播的趣味性和吸引力。

2. 增强用户黏性

（1）情感连接：通过直播中的互动环节和观众建立情感联系，增强他们的归属感和忠诚度。

（2）社群建设：建立直播粉丝社群，定期举办线上线下活动，加强粉丝之间的交流和互动，形成紧密的社群关系。

（五）活动预告/回顾

1. 活动预告

（1）提前造势：通过直播提前透露活动的相关信息，如时间、地点、亮点等，吸引观众关注并提前规划参与。

（2）邀请嘉宾：邀请活动嘉宾或合作伙伴参与直播预告环节，增加活动的权威性和吸引力。

2. 活动回顾

（1）精彩瞬间重现：通过直播回放、剪辑视频等方式，重现活动中的精彩瞬间和感人时刻，让观众重温活动的美好回忆。

（2）反馈收集：在回顾直播中设置观众反馈环节，收集他们对活动的意见和建议，为未来的活动改进提供参考。

5.1.3 创意构思

在直播内容的策划中，创意构思是核心环节，它决定了直播的吸引力和独特性。下面通过“结合热点”“独特视角”“故事化呈现”以及“互动性设计”四个方面进行介绍。

（一）结合热点

1. 关注时事热点

（1）时效性：时事热点具有高度的时效性，能够快速吸引观众的注意力。将时事热点融入直播内容中，不仅能够增加直播的吸引力，还能让观众感受到内容的及时性和贴近性。

（2）话题性：时事热点往往伴随着广泛的社会讨论和关注，将这些话题引入直播中，可以引发观众的共鸣和讨论，增加直播的互动性和传播力。

2. 节日庆典

（1）节日氛围：利用节日庆典的特定氛围和文化背景，为直播增添节日色彩和仪式感。通过节日主题的布置、装饰以及活动安排，让观众在享受直播内容的同时，也能感受到节日的欢乐和温馨。

（2）传统与现代的结合：将传统节日元素与现代直播形式相结合，创造出独特的直播体验。例如，在传统节日期间举办主题直播，通过直播讲述节日故事、展示节日习俗等方式，让观众在传承文化的同时，也能感受到现代科技的魅力。

3. 行业趋势

（1）前瞻性：关注行业发展趋势，将前沿信息和技术融入直播内容中，能够提升直播的专业性和权威性。通过分享行业洞察、预测未来趋势等方式，让观众在获取知识的同时，也能感受到直播内容的价值和意义。

（2）实用性：将行业趋势与实际应用相结合，为观众提供实用性的指导和建议。例如，在科技行业直播中，可以介绍最新的科技产品、技术革新以及应用场景等，帮助观众了解行业动态并解决实际问题。

（二）独特视角

1. 新颖性

（1）打破常规：从传统的思维框架中跳脱出来，以全新的视角审视问题或现象。通过提出新颖的观点、见解或解决方案等方式，让观众感受到直播内容的独特性和创新性。

（2）差异化竞争：在竞争激烈的直播市场中，通过独特的视角和差异化的内容策略吸引观众。通过深入分析观众需求和市场趋势等因素，找到适合自己的定位和发展方向。

2. 独特性

（1）个性化表达：根据主播或团队的特点和风格进行个性化表达。通过独特的语言风格、表达方式或形象塑造等方式展现自己的个性和魅力，增强观众对直播内容的认同感和喜爱度。

（2）原创内容：坚持原创内容的创作和输出，避免内容同质化现象的发生。通过深入挖掘主题、创新内容形式等方式打造具有自己特色的直播内容，提升直播的吸引力和竞争力。

（三）故事化呈现

1. 引人入胜的故事线

（1）情节设计：通过精心设计的故事情节来构建直播内容框架。通过起承转合的结构安排和跌宕起伏的情节设置等方式吸引观众的注意力并引导他们跟随故事线进行思考和探索。

（2）情感共鸣：在故事线中融入情感元素和人性关怀等内容，让观众在欣赏直播内容的同时也能感受到情感的共鸣和心灵的触动。通过讲述感人至深的故事或分享真实的生活经历等方式拉近与观众之间的距离并增强他们的归属感和忠诚度。

2. 代入感

（1）场景营造：通过场景布置、道具使用以及背景音乐等手段营造逼真的场景氛围和代入感。让观众仿佛置身于故事之中并亲身参与其中感受故事的发展和变化过程。

（2）角色塑造：通过塑造鲜明的人物形象和角色性格增强观众的代入感和认同感。通过主角的奋斗历程、成长故事以及情感纠葛等内容让观众与角色产生共鸣并关注其命运走向。

（四）互动性设计

1. 问答环节

（1）实时互动：在直播过程中设置问答环节并邀请观众参与提问和回答活动。通过实时互动的方式增加观众的参与感和归属感并提升直播的趣味性和互动性。

（2）专业知识解答：针对观众提出的问题进行专业解答和讲解。通过分享专业知识、解答疑惑等方式提升观众对直播内容的信任度和满意度并增强他们的学习体验和收获感。

2. 抽奖活动

（1）奖励机制：设置抽奖活动并设立丰厚的奖品作为奖励机制吸引观众参与并增加他们的参与度和热情度。通过抽奖活动提升直播的趣味性和吸引力并促进观众之间的交流和互动。

（2）公平公正：确保抽奖活动的公平公正性并公开透明地展示抽奖过程和结果。通过建立健全的抽奖机制和监管体系保障观众的权益和利益并维护直播的公信力和形象。

3. 投票环节

（1）意见征集：设置投票环节并邀请观众参与投票活动以收集他们对直播内容的意见和建议。通过投票活动了解观众的需求和偏好并为后续内容的改进和优化提供参考依据。

（2）民主决策：在特定情况下可以让观众通过投票决定直播内容或活动的走向。

5.1.4 细化主题

在直播策划的深入阶段，细化主题成为至关重要的步骤。它不仅能够帮助团队明确直播的核心方向，还能确保整个直播过程有条不紊地进行。下面通过“明确主题”“内容规划”以及“时间分配”三个方面进行介绍。

（一）明确主题

1. 清晰性

（1）聚焦核心：直播主题应当明确且聚焦，能够迅速传达给观众直播的核心内容和目的。避免主题过于宽泛或模糊，导致观众无法快速抓住重点。

（2）简洁有力：主题的表达应简洁明了，能够用一句话或几个关键词概括。这样的主题不仅易于记忆，还能在宣传和推广时发挥更大的作用。

2. 吸引力

（1）符合兴趣：主题应紧密围绕目标观众的兴趣和需求，能够激发他们的好奇心和观看欲望。通过市场调研和观众画像分析，找到与观众兴趣点相契合的主题。

（2）创新独特：在保持主题清晰简洁的同时，也要注重其创新性和独特性。通过新颖的主题设定，吸引观众的注意力并提升直播的辨识度。

（二）内容规划

1. 开场设计

（1）引人入胜：开场是直播给观众的第一印象，因此必须精心设计以吸引观众的注意力。可以通过设置悬念、展示亮点或进行简短介绍等方式来激发观众的兴趣。

（2）氛围营造：通过背景音乐、场景布置或主播的开场白等方式营造直播的氛围，让观众快速进入状态并感受到直播的魅力。

2. 高潮打造

（1）核心展示：在直播的高潮部分，应集中展示直播的核心内容和亮点。通过精彩的演示、深入的讲解或激烈的互动等方式提升观众的参与度和满意度。

（2）情感共鸣：在高潮部分注重与观众的情感交流，通过分享故事、表达情感或引导观众思考等方式增强观众的代入感和认同感。

3. 结尾安排

（1）总结回顾：在直播的结尾部分，对整场直播进行简要的总结和回顾。帮助观众梳理直播的重点内容并加深印象。

（2）预告下期：如果直播是系列性的，可以在结尾部分预告下一期的内容或主题，激发观众对后续直播的期待和关注。

4. 环节衔接

（1）流畅过渡：在规划直播内容时，要注重各个环节之间的衔接和过渡。通过巧妙的转场、自然的过渡语或互动环节等方式保持直播的连贯性和流畅性。

（2）节奏感把控：合理安排直播的节奏感，避免内容过于冗长或紧凑。通过控制每个环节的时间长度和节奏变化保持观众的观看兴趣和注意力。

（三）时间分配

1. 整体把控

（1）总时长设定：根据直播的主题和内容复杂程度，设定一个合理的总时长。确保直播既不过于冗长导致观众失去耐心，也不过于简短无法充分展示内容。

（2）弹性调整：在设定总时长时保持一定的弹性空间，以便根据实际情况进行适当调整。例如，增加互动环节的时间以应对观众的高涨热情或缩短某些环节的时间以保持整体进度。

2. 环节分配

（1）重点突出：将更多的时间分配给直播的核心环节和亮点内容。确保这些部分得到充分展示和深入讲解，以提升直播的质量和效果。

（2）平衡兼顾：在分配时间时也要兼顾其他环节的需求和重要性。避免某些环节被过度压缩或忽略而导致整体失衡。

3. 灵活应对

（1）实时调整：在直播过程中根据实际情况进行时间分配的实时调整。例如，根据观众的反馈和互动情况增加或减少某些环节的时间长度。

（2）预留余地：为可能出现的意外情况预留一定的时间余地。例如，技术故障、嘉宾迟到或内容调整等情况都可能影响直播的进度和时间分配。通过预留时间余地来确保直播的顺利进行和整体效果。

5.1.5　预热宣传

在直播正式开启之前，预热宣传是至关重要的一环。它不仅能够有效提升直播的曝光度和关注度，还能为直播活动营造浓厚的氛围，激发观众的兴趣和期待。下面通过“多渠道推广”“悬念设置”以及“邀请嘉宾”三个方面进行介绍。

（一）多渠道推广

1. 社交媒体

（1）广泛覆盖：利用微博、微信、抖音、快手等主流社交媒体平台，通过发布预告信息、直播亮点、互动话题等方式，实现直播信息的广泛覆盖。这些平台拥有庞大的用户基数和活跃的社交氛围，是推广直播的理想选择。

（2）精准定位：根据目标观众的兴趣和习惯，选择适合的社交媒体平台进行精准推广。例如，如果目标观众主要是年轻人，可以选择在抖音、快手等短视频平台上进行推广；如果目标观众是专业人士或行业爱好者，可以选择在微博、知乎等平台上进行深度讨论和分享。

2. 邮件营销

（1）定向推送：通过收集和分析观众的邮箱信息，定向推送直播预告邮件。邮件内容应简洁明了，突出直播的亮点和特色，并附上直播链接和观看指南，方便观众快速了解和参与。

（2）个性化定制：根据观众的喜好和历史行为数据，为不同观众定制个性化的邮件内容。通过增加互动元素、提供专属优惠或邀请码等方式，提升邮件的打开率和转化率。

3. 合作伙伴渠道

（1）资源共享：与相关行业或领域的合作伙伴建立合作关系，共同推广直播活动。通过资源共享和互利共赢的方式，扩大直播的受众范围和影响力。例如，可以与电商平台合作举办直播带货活动；与媒体机构合作进行直播报道和宣传等。

（2）交叉推广：利用合作伙伴的自有渠道和资源进行交叉推广。例如，在合作伙伴的官方网站、社交媒体账号或线下门店等位置展示直播预告信息；通过合作伙伴的会员系统向目标观众发送直播邀请等。

（二）悬念设置

1. 预告片

（1）精彩片段：制作一段引人入胜的预告片，展示直播中的精彩片段或亮点内容。通过剪辑、配乐和特效等手段提升预告片的观赏性和吸引力；同时保持一定的神秘感和悬念感，激发观众的好奇心和观看欲望。

（2）限时发布：在直播前一周或几天内发布预告片，并在社交媒体等平台上进行广泛传播。通过限时发布的方式增加预告片的紧迫感和稀缺性；同时引导观众关注直播账号并设置提醒功能以便及时观看直播。

2. 海报

（1）视觉冲击：设计一张具有视觉冲击力的海报作为直播的宣传素材。海报应包含直播的主题、时间、地点和亮点等信息；同时运用鲜明的色彩、独特的构图和吸引人的元素来吸引观众的注意力。

（2）多渠道展示：将海报发布在社交媒体、官方网站、合作伙伴渠道等多个平台上进行展示。通过多渠道展示的方式扩大海报的曝光度和传播范围；同时引导观众扫码关注直播账号或点击链接了解更多信息。

3. 文案

（1）精炼有力：撰写精炼有力的文案配合海报和预告片的宣传。文案应简洁明了地传达直播的主题和亮点；同时运用引人入胜的语言和修辞手法激发观众的兴趣和期待。例如可以采用问句、排比句或幽默诙谐的语言风格吸引观众的注意力。

（2）情感共鸣：在文案中融入情感元素和人性关怀等内容与观众建立情感共鸣。通过讲述故事、分享经历或表达情感等方式拉近与观众之间的距离并增强他们的归属感和认同感。

（三）邀请嘉宾

1. 筛选嘉宾

（1）相关性：根据直播的主题和内容需求筛选合适的嘉宾或 KOL 参与直播活动。嘉宾应与直播主题紧密相关并具有一定的知名度和影响力；同时能够带来独特的观点和见解或分享有价值的经验和故事。

（2）互补性：在选择嘉宾时还应考虑其与主播或团队的互补性。通过邀请不同领域或背景的嘉宾参与直播活动可以丰富直播内容并提升观众的观看体验；同时增加直播的多样性和趣味性。

2. 沟通邀请

（1）个性化邀请：根据嘉宾的特点和喜好制定个性化的邀请方案。通过邮件、电话、社交媒体等方式与嘉宾进行联系并表达诚挚的邀请意愿；同时介绍直播的主题、目的和预期效果等信息以便嘉宾更好地了解直播活动并做出决策。

（2）明确合作细节：在邀请嘉宾时还需明确合作的具体细节和安排。包括直播时间、地点、流程安排、嘉宾职责和权益等内容；同时与嘉宾协商确定合作方式和报酬标准等事项以确保双方权益得到保障并促进合作的顺利进行。

3. 宣传造势

与嘉宾共同制定宣传计划并进行联合宣传。通过发布联合海报、预告片或文案等方式扩大直播的曝光度和影响力；同时利用嘉宾的自有渠道和资源进行交叉推广以吸引更多的观众。

5.1.6　技术与设备准备

在直播活动即将拉开帷幕之际，技术与设备的充分准备是确保直播顺利进行的关键环节。它不仅关乎直播的画质、音质等基础体验，还直接影响到观众的观看感受和直播的整体效果。下面通过“测试设备”“网络环境”以及“软件工具”三个方面进行介绍。

（一）测试设备

1. 摄像头

（1）画质检查：确保摄像头能够清晰捕捉画面，无模糊、畸变或色彩失真等问题。通过拍摄不同场景和光线条件下的画面，检查摄像头的成像质量和自动调焦功能是否正常。

（2）稳定性测试：摄像头应稳固安装在合适的位置，避免直播过程中因晃动或倾斜而影响画面稳定性。同时，检查摄像头的云台控制功能是否灵敏，以便在需要时调整拍摄角度。

（3）兼容性验证：确保摄像头与直播平台的兼容性良好，能够顺利传输高质量的视频流。此外，还需检查摄像头与其他设备的连接是否稳定，如 USB 接口、HDMI 线等。

2. 麦克风

（1）音质测试：测试麦克风的收音效果，确保声音清晰、无杂音或回声。通过录制不同音量和语速的语音样本，检查麦克风的灵敏度和动态范围是否满足需求。

（2）降噪功能：如果麦克风具备降噪功能，需测试其在不同环境下的降噪效果。确保在嘈杂环境中也能保持清晰的语音传输。

（3）位置摆放：合理摆放麦克风的位置，以获取最佳的收音效果。避免麦克风直接对准扬声器或产生回声的物体，以减少噪声干扰。

3. 灯光

（1）光线调节：检查灯光设备是否能够提供足够的光照强度，并具备调节亮度和色温的功能。通过调整灯光设置，确保直播画面明亮、色彩自然且无明显阴影或反光。

（2）均匀分布：确保灯光均匀分布在主播和背景区域，避免产生过曝或暗区。使用多个光源进行补光，以营造更加立体和生动的画面效果。

（3）预热准备：在直播前提前开启灯光设备并进行预热，以确保其稳定运行并达到最佳照明效果。

（二）网络环境

1. 稳定性检查

（1）测速工具：使用专业的网络测速工具检测上传和下载速度、延迟和丢包率等关键指标。确保网络带宽和稳定性能够满足直播需求，避免在直播过程中出现卡顿、断线或画质下降等问题。

（2）多设备测试：在直播前使用多台设备同时连接网络进行测试，以评估网络的负载能力和稳定性。确保在高峰时段或大量观众同时观看时也能保持流畅的直播体验。

2. 备份方案

（1）有线连接：优先考虑使用有线网络连接直播设备，以减少无线信号干扰和不稳定因素。如果必须使用无线网络，则确保信号强度良好并设置稳定的连接参数。

（2）备用网络：准备备用网络方案，如移动热点、5G 网络等。在主网络出现故障时能够迅速切换至备用网络，确保直播不中断。

3. 网络优化

（1）关闭不必要的应用：在直播前关闭所有不必要的应用程序和后台服务，以减少网络带宽占用和干扰。

（2）优化路由器设置：调整路由器的设置以优化网络性能，如设置服务质量（Quality of Service，QOS）策略、开启通用即插即用（Universal Plug and Play，UPNP）功能等。

（三）软件工具

1. 直播平台

（1）熟悉操作界面：提前熟悉直播平台的操作界面和功能布局，了解如何设置直播标题、封面、标签等基本信息；如何调整画质、音质和推流设置等高级选项。

（2）模拟直播：在正式直播前进行模拟直播测试，以熟悉直播流程和操作步骤。通过模拟直播可以检查直播间的布局、互动功能以及观众反馈等是否满足需求。

2. 辅助软件

（1）视频编辑软件：准备视频编辑软件以处理直播前的预告片、海报等素材。通过剪辑、合成和添加特效等方式提升素材的吸引力和观赏性。

（2）音频处理软件：准备音频处理软件以调整麦克风的收音效果或添加背景音乐等。通过降噪、均衡和混音等功能提升音频质量并营造更加舒适的听觉体验。

（3）实时互动工具：准备实时互动工具如弹幕系统、投票系统或抽奖系统等以增加观众参与度和互动性。通过这些工具可以收集观众反馈、了解观众需求并提升直播的趣味性和互动性。

技术与设备的充分准备是确保直播顺利进行的重要保障。通过测试设备、检查网络环境和熟悉软件工具等步骤可以确保直播的画质、音质和互动性等方面达到最佳状态，从而提升观众的观看体验和直播的整体效果。

5.1.7　直播执行与监控

直播的执行与监控是确保直播活动顺利进行并达到预期效果的关键环节。它不仅要求主播及其团队保持高度的专业素养和应变能力，还需要借助有效的数据监控工具来实时调整策略，提升直播效果。下面通过“准时开播”“灵活调整”以及“监控数据”三个方面进行介绍。

（一）准时开播

1. 时间管理

（1）提前准备：在直播开始前，确保所有准备工作已经完成，包括设备调试、网络测试、素材准备等。提前至少半小时进入直播间进行最后的检查和调整，确保一切就绪。

（2）设定提醒：利用手机、电脑或其他设备设置开播提醒，确保不会因为忘记时间而延误开播。同时，可以告知团队成员或合作伙伴开播时间，以便他们协助监督。

2. 专业态度

（1）准时上线：按照预定时间准时上线开播，展现出专业、守时的形象。这不仅能够赢得观众的信任和尊重，还能够提升直播的权威性和可信度。

（2）开场白：在开播初期，用简短而有力的开场白介绍自己、直播主题和目的，同时感谢观众的到来和支持。开场白应充满热情和活力，以吸引观众的注意力并激发他们的兴趣。

（二）灵活调整

1. 观众反馈

（1）积极互动：在直播过程中，积极与观众进行互动，关注他们的评论、提问和反馈。通过回答观众的问题、解释疑惑或采纳建议等方式，增强观众的参与感和归属感。

（2）情感共鸣：尝试与观众建立情感共鸣，通过分享个人经历、讲述故事或表达观点等方式拉近与观众的距离。情感共鸣能够加深观众对主播的认同和喜爱，从而提升直播的吸引力和影响力。

2. 实时数据

（1）关注指标：在直播过程中，密切关注观看人数、互动率、转化率等关键指标的变化情况。这些指标能够反映出直播的受欢迎程度和效果，为调整策略提供依据。

（2）灵活应变：根据实时数据的变化情况，灵活调整直播内容和节奏。如果某个话题或环节受到观众的热烈欢迎，可以适当延长该部分的时间；如果观众反应冷淡或流失严重，则需要及时更换话题或调整策略以吸引观众的注意力。

（三）监控数据

1. 数据收集

（1）使用工具：利用直播平台提供的数据分析工具或其他第三方工具来收集直播数据。这些工具能够实时记录并展示观看人数、点赞数、评论数、分享数、转化率等关键指标的数据变化情况。

（2）定期导出：定期导出数据报告并进行归档保存，以便后续分析和对比不同直播场次的效果和差异。

2. 数据分析

（1）对比分析：将当前直播的数据与以往直播的数据进行对比分析，找出其中的规律和趋势。通过对比分析可以发现哪些因素能够提升直播效果并加以优化；同时也可以发现存在的问题和不足并采取措施进行改进。

（2）深入挖掘：除了关注整体数据外还要深入挖掘细节数据如观众画像、互动行为等。这些细节数据能够帮助我们更全面地了解观众的需求和偏好，从而制定更加精准的直播策略。

3. 策略调整

（1）基于数据：根据数据分析的结果调整直播策略包括内容策划、互动方式、推广渠道等方面。通过不断优化策略来提升直播效果并满足观众的需求和期望。

（2）持续改进：直播是一个不断迭代和改进的过程。在每次直播结束后及时总结经验教训并制定相应的改进措施以便在下次直播中做得更好。同时保持对新技术与新趋势的关注和学习，以便不断提升自己的专业素养和竞争力。

5.1.8 后续跟进

直播活动的结束并不意味着工作的终结，相反，它标志着后续跟进与优化的开始。通过有效的后续跟进，不仅可以延长直播的影响力，还能为未来的直播活动积累宝贵的经验。下面通过"回放发布""数据分析"以及"观众反馈"三个方面进行介绍。

（一）回放发布

1. 整理编辑

（1）内容筛选：直播结束后，首先需要对直播内容进行筛选和整理。去除冗长、重复或低质量的片段，保留精华部分，确保回放视频的紧凑性和观赏性。

（2）剪辑优化：对选定的内容进行剪辑和优化，包括调整视频节奏、添加过渡效果、修复画面瑕疵等。同时，可以添加合适的背景音乐和字幕，提升观看体验。

2. 平台选择

（1）多渠道发布：将回放视频发布在多个相关平台上，如直播平台、视频网站、社交媒体等,以扩大其覆盖范围。不同平台有不同的受众群体和观看习惯,多渠道发布可以吸引更多潜在观众。

(2)优化标题与描述:为回放视频设置吸引人的标题和描述,简要介绍直播内容、亮点和看点,激发观众的好奇心并引导他们点击观看。

3. 宣传推广

(1)社交分享:鼓励观众通过社交媒体分享回放视频,利用口碑传播的力量吸引更多观众。同时,主播及其团队也可以主动在社交媒体上宣传回放视频,提高曝光度。

(2)合作推广:与其他主播、KOL 或相关品牌进行合作推广,通过互相推荐或联合发布等方式扩大回放视频的影响力。

(二)数据分析

1. 全面收集

(1)直播数据:收集直播过程中的所有数据,包括观看人数、互动率、转化率、用户画像等。这些数据能够全面反映直播的效果和观众的行为特征。

(2)外部数据:除了直播数据外,还可以收集外部数据如社交媒体关注度、搜索引擎排名等,以评估直播活动在更广泛范围内的影响力。

2. 深入分析

(1)趋势分析:分析各项数据的变化趋势,找出其中的规律和特点。例如,观察观看人数的增长曲线,分析哪些时段或内容更受欢迎。

(2)对比分析:将当前直播的数据与以往直播的数据进行对比分析,找出差异和原因。同时,也可以将自己的数据与行业平均水平或竞争对手的数据进行对比,以评估自己的竞争力和优势。

3. 总结提炼

(1)成功经验:总结直播中的成功经验如内容策划、互动方式、推广策略等,为未来的直播活动提供参考和借鉴。

(2)不足之处:识别直播中存在的不足之处如技术故障、内容单调、观众流失等,并制定相应的改进措施以避免类似问题再次发生。

(三)观众反馈

1. 多渠道收集

(1)直播平台:利用直播平台的评论、弹幕等功能收集观众的即时反馈。这些反馈通常直接且真实,能够反映观众对直播内容的态度和看法。

(2)社交媒体:在社交媒体上设置话题或调查问卷,邀请观众分享他们的观看体验和意见。社交媒体上的反馈更加多样化和全面,能够提供更多维度的信息。

(3)邮件与短信:向参与直播的观众发送邮件或短信邀请他们填写反馈问卷或提供意见。这种方式能够更直接地联系到观众并获得他们的详细反馈。

2. 整理分类

(1)正面反馈:将观众对直播内容、主播表现、互动环节等方面的正面评价进行整理分类,作为对主播及其团队的鼓励和肯定。

（2）负面反馈：对观众提出的批评和建议进行客观分析，找出其中的合理性和改进空间。负面反馈虽然可能让人不悦，但它是提升直播质量的重要动力。

3. 应用改进

（1）内容优化：根据观众的反馈对直播内容进行优化和调整。例如，增加观众感兴趣的话题或环节、减少冗长无味的部分等。

（2）互动提升：针对观众在互动方面的反馈加强互动环节的设计和执行。例如，增加互动游戏的频率和趣味性、提高主播的回应速度和质量等。

（3）技术改进：如果观众反馈中涉及技术问题如画面卡顿、音质不佳等，则需要及时联系技术人员进行排查和解决。技术问题是影响直播效果的重要因素之一，必须给予足够的重视和关注。通过以上步骤，你可以有效地确定并策划一个吸引人的直播主题，提升直播的质量和效果。

任务 5.2　直播内容的精心规划与设计

直播电商发展潜力巨大，但企业要想做好直播电商并不是一件轻而易举的事。现在是内容营销时代，好的内容是营销的灵魂，优质的直播电商内容要依据用户接收内容的不同反应进行创作生产，由此创作出的内容更契合用户的需求，更能赢得用户的支持与认可。所谓的“内容为王，创意取胜”，即在竞争日益激烈的直播行业中，有创意、有价值的直播内容才能受到观众的关注和喜爱。当下需要用创意直播内容来提高观众的黏性，企业直播运营者要掌握直播内容策划才能使直播获得事半功倍的效果。

直播是一种内容呈现方式，要想吸引观众、聚拢人气，最重要的是提升直播内容对观众的吸引力。提升直播内容吸引力的策略，主播可以从以下三个方面来入手。

1. 坚持直播内容的原创性

直播内容策划要遵守创作内容的趣味性、实用性、独特性等原则。

2. 注重直播内容的真实性

虽然主播策划直播内容时可以充分发挥自己的创意，但直播的内容最好能够与观众产生联系。也就是说，主播要用真实的信息、真实的情感来打动观众，而不是策划一些无中生有的内容，或者虚情假意地表达自己对某些事物的看法。比如作为户外徒步旅行的主播，可以在直播中呈现自己出发前的各种准备工作和旅游目的地的风景、人文特色，还可以在直播中讲述自己在旅途中的所见所感，为观众创造身临其境地观看体验，体现出直播内容的真实性。

3. 提升直播内容的文化内涵

随着直播行业内容运营的不断细化，观众对直播内容质量的要求不断提高。直播行业已经不再是单纯拼颜值的时代，高质量、有内涵的直播内容更受观众的青睐。主播要精心创作有深刻文化内涵、具有艺术审美性的、积极健康的直播内容，让观众能够通过观看直播得到艺术的熏陶和精神的升华。尤其是对于通过直播开展营销活动的企业来说，更需要在提升直播内容的文化内涵上下一番功夫。

在直播电商的策划与实施中，直播内容的精心规划与设计是至关重要的一环。一场成功的直播不仅要有吸引人的主题，还需要有丰富、有趣且能引发观众共鸣的内容。首先，我们需要明确直播的目标受众，通过市场调研和数据分析，了解他们的兴趣点、消费习惯和需求，从而制定出符合他们品味的直播内容。

其次，在规划直播内容时可以借鉴一些成功的案例。例如某美妆品牌在一次直播中，通过邀请知名美妆博主进行产品试用和分享，同时结合限时优惠和抽奖活动，成功吸引了大量观众参与，并实现了销售额的大幅增长。这一案例告诉我们，直播内容需要具有吸引力和互动性，能够激发观众的兴趣和购买欲望。

再次，在内容设计上，可以运用一些分析模型来指导工作。比如，可以使用 SWOT 分析模型来评估直播内容在市场上的优势、劣势、机会和威胁，从而制定出更加精准的策略。同时，我们还可以借鉴一些心理学原理，如“钩子理论”，在直播中设置一些引人入胜的“钩子”，如悬念、惊喜等，以吸引观众的注意力并引导他们继续观看。

此外，还需要注意直播内容的节奏和时间节点的控制。一场成功的直播应该具有紧凑的节奏和合理的时间安排，避免观众产生疲劳感。可以通过设置多个高潮点、穿插互动环节等方式来保持观众的兴奋度和参与度。同时，还需要根据观众的反馈和数据分析来不断调整和优化直播内容，以提高直播的效果和质量。

5.2.1　直播内容策划的方法

全民直播的时代，单纯依靠唱歌、跳舞等才艺表演很难在众多主播中脱颖而出。一场直播需要从以下四个方面开展内容策划。

1. 垂直的内容

随着用户红利的逐渐减退，内容垂直化将成为直播行业的主要趋势，平台将会更多地聚焦特定用户群体的需求。垂直化的直播内容，往往是聚焦并且满足特定群体需求的某一固定领域内具有强黏性的信息。一旦内容具有强黏性，便可以聚集强大的粉丝群。主播在准备直播内容时，一定要根据某一特定用户需求明确内容调性，持续生产用户喜爱的内容。

2. 多形式内容

目前直播的形式非常多，包括网红直播、户外直播、工厂直播等形式，直播内容多为达人连麦、网红代播、旅行直播、探寻原产地等。不同的形式对应不同的直播内容，给用户带来的感觉也不同。主播在准备直播内容时，可以运用多元化的直播形式来展现。

3. 多样化内容

准备直播内容时，可以考虑内容多样化。如果直播的目的是“种草”，那么直播的内容可以是场景专题、专业测试、新品试用、高端展示等。如果直播的目的是“涨粉”，那么可以以粉丝活动日、粉丝回馈、奖品红包发送、活动专属的直播内容来展现。

4. 有价值的内容

准备直播内容时，要考虑什么样的内容可以为用户带来更多的价值，帮助用户获得较高价值利益的内容，才能持续吸引更多观众。例如，做美食带货直播，除了讲解产品之外，也可以给直播用户“解锁”一些美食新吃法，让用户在享受价格优惠的美食同时，收获更多实用、有趣的技巧。

5.2.2 直播内容策划的流程

“内容为王”不仅适用于短视频，同样适用于直播，内容是任何直播带货的核心和主体，尤其是新手，在刚开始做直播的时候，策划优质的直播内容是直播带货的一个重要环节。下面是直播内容策划的一般流程。

（一）定好直播主题

确定直播的主题非常重要，下面以直播间卖护肤品为例，分析如何确定直播主题。例如某种护肤品主要能解决什么问题，用户想解决什么问题，还有没有其他方式让用户获得更多的满足感？针对不同产品的功能，只有从不同的角度去分析，直播内容才能更有针对性，才能留住用户，方便后续转化。除了讲解商品之外，还可以给用户分享一些独家护肤心得，让用户在享受价值优惠时，能学习到更多实用技巧。

选定了直播主题，也就确定了直播的核心内容，一定要注意直播的核心内容和直播主题及产品相结合，这样才能更加精准地击中用户的内心。

（二）规划直播脚本

规划直播脚本需要确定直播的时间和时长，摸清楚什么时候开播观看的人最多，主播能够在直播间控场多长时间，直播多久不至于让观众感到疲惫等问题。综合各方面的因素后，制定每天或者每周的直播时间和时长。

接下来，直播电商可以将时长的每个阶段分成不同的模块，开播前 10 分钟或者 30 分钟，主要用来互动还是直接上产品？多久送一次福利？多久上一次产品？多久做一次互动？假如当确定好前 30 分钟是互动时间，就要去分析不同的互动方式可能对观众产生的影响，从而决定不同时段采用的互动方式，避免直播间冷场。假设计划直播 3 小时，具体直播安排见表 5-1。

表 5-1　3 小时直播安排

×× 直播间（首次关注主播领取 10 元无门槛优惠券）每 5 分钟飘屏一次 直播时间 15:00~18:00（3 个小时） 直播主题《护肤小知识让你回归自然皮肤》							
时间段	主讲	内容	目的	商品介绍	时段销售指标	时段在线人数	备注
15:00~15:55	××	预告今天主要讲解内容及优惠政策	热场子	全部	0	50	
15:55~16:05	××	无门槛当天使用券抽取 2 名	活跃气氛	无	0	100	
16:05~16:20	××	补水小窍门讲解	补水的必要	××× 套盒	0	200	
16:20~16:50	××	代入补水产品进行讲解	讲解产品	××× 套盒	500	400	
16:50~17:00	××	直播奖品抽取并引导转发	裂变	无	0	600	
17:00~17:15	××	控油小窍门讲解	引入产品	××× 套盒	0	600	
17:15~17:45	××	代入控油产品进行讲解	讲解产品	××× 套盒	500	800	
17:45~18:00	××	预告晚上直播内容	铺垫	全部产品	1 000	1 000	利用晚上活动促单

每个环节占用多长时间，直播电商都要做好规划，以免在直播过程中出现产品解说和产品上架时间错乱，避免错过发放福利的时间，导致观众流失等情况。

（三）策划直播内容

做带货直播，要用什么话术来引入产品？用什么方式来和观众互动？怎么促进成交？直播电商可以通过品牌产品背后的小故事或历史来引入产品，然后讲解产品的特点与卖点，展示产品的使用方法，并和其他同类产品对比，突出产品的优势。

针对不同产品做直播时，需要从不同的角度去分析，然后巧妙地在内容上做一些变化，吸引受众用户去观看并购买。不管是什么直播形式，直播互动都是直播内容的重要部分，高质量的直播互动能够有效提升直播间的人气和转化。因此，首先主播可以通过直播互动的方式来丰富直播内容。其次通过福利抽奖、分享评论等引导方式来促进用户成交。最后用促单话术"催"用户下单，这些都需要提前准备好，以免在直播进行中出现"话语卡顿"的情况。如果不知道如何策划直播内容方案，直播时就会手忙脚乱。做好直播内容的创意策划，可以让直播内容变得更有创意和吸引力。

5.2.3　直播内容策划的技巧

（一）根据产品品类和促销节点，确定直播的商品排期和主题

每种产品都有自己的特征。服装类产品可以以流行服饰或主打风格作为直播的内容；策划食品类直播内容时，要根据消费者的地域特征来安排直播内容。同时，可以结合一些重要的节日和时间点安排主题，例如 6 月 1 日国际儿童节可以安排一些送孩子礼物的主题。

（二）根据商品特征和目标用户定位匹配合适的主播，确定主播的服饰与妆容

在直播过程中，主播的服饰和妆容与产品要匹配。直播传统文化产品时，可以身着古装；直播针对大学生群体的产品时，可以适当穿学生装，拉近与受众的距离；直播珠宝产品或针对高端人群的产品时，可以配上一些比较高端的服饰和配饰，这样才能体现出产品的高品位。

（三）根据主播的特点和商品的特征，设计抽奖、秒杀、投票、话题等互动玩法

每个主播都有自己的粉丝群体，他们最了解粉丝喜欢哪种活动。在直播过程中，主播可以通过开展抽奖、秒杀、投票、发起话题等互动活动来吸引直播观看者的参与。在观看直播时谁分享得多，直播时就给他抽奖机会，这个环节是以提高直播的人气为目的，可以设置在直播的开始、中间或者结尾。在直播观看者比较疲劳的时候，主播经常会打开秒杀活动。例如，切换商品时常用的话术为亲爱的朋友们，如果大家喜欢请扣 1；如果大家想看下一个产品，请扣"2"。

（四）根据直播的目标和活动预算，通过直播间的专享价、优惠券返现等形式，设计促销利益点，引导用户下单

在直播过程中，根据每一场直播的目的、每个产品在直播中起到的作用，以及整个活动的预算，可以在直播间设置专享价、优惠券返现、分享微信群返现等形式吸引用户下单。直播活动是要主播根据直播节奏、直播现场环境去掌控的，主播要有一定的主动权，适时设置专享价和优惠券来吸引观众下单。

进行直播内容的创意策划,不仅是为了让直播更加有趣,而且是为了让直播显得更有专业水准,以便吸引更多的消费者。

有趣的直播内容是直播能够形成有效流量的关键。

1. 提升内容文化内涵

无论是采用直播营销的企业,还是一般的直播平台,都要在直播内容的文化内涵上下一番功夫。提升直播营销内容的文化内涵,不仅是为了提高直播的整体素质,而且是让企业直播的内容与企业形象更加贴近。正因为直播能够为用户带来强大的直观感受,所以用户可以通过直播营销的内容,看到企业形象和品牌形象。低俗的直播内容会让用户在企业与"庸俗"之间画上等号,而有文化内涵的直播内容则会让用户在企业与"高端"之间画上等号。大学生消费者在购买的时候,都会在自己的消费能力内尽可能选择"高端"企业。企业的直播营销必须为用户营造极具特色的文化氛围,让用户能够感受到企业深厚的文化内涵。

2. 建立健全内容引导机制

健全的内容引导机制是创意直播内容能够执行的基础,遵守法律法规与社会道德是直播的底线。进行直播营销内容的创意策划前,必须建立健全内容引导机制。目前多数企业的直播营销,健全内容引导机制主要分为以下三步。

首先,尊重原创内容,加强版权意识。版权维护是未来互联网重点整治的内容之一,不仅文字、图片、视频拥有版权,特殊的直播创新内容也有版权。因此,在进行直播内容的策划时,绝对不能去抄袭其他人的直播内容,要尽可能地策划有企业特色的原创内容。进行原创内容的策划,不仅尊重了别人的版权,而且维护了企业的形象,使互联网直播市场更加和谐。

其次,即使是原创内容,也不可反复使用。有创意内容的直播提高了企业营销的成功率,但是企业也不能因为某种创意内容引来一时的流量,就在接下来的营销活动中反复使用这种创意内容。创意是消耗品,随着重复使用数量的增多,创意带来的效益会逐渐减少,甚至让观众认为企业在刻意炒作,进而对直播内容产生反感。因此,直播营销在进行内容创意策划前,一定要避免把曾经的创意拿出来多次使用。

最后,直播内容的创意策划,要积极配合政府的相关政策。直播营销在进行直播内容策划前,一定要注意相关政策的允许范围,不能为了吸引流量,在内容上打"擦边球"。企业、直播平台和政府应携手共进,共同维护直播市场的监管秩序。

3. 直播间的创意交互方式

直播内容的创意策划,不仅直接包含直播想为观众展现的内容,也包含了直播间观众的交互方式。所谓的"交互方式",指的就是互联网中交流和互动的方式。直播平台中的交互方式,主要指的是观众打赏的方式、留言的方式、发送弹幕的方式等。创意交互不仅是直播创意内容的重要环节,也是直播带动用户活跃度的方式之一。有创意的交互方式不仅能带来具有特色的直播内容,也能够将企业产品的特色通过交互向观众展现出来。

任务 5.3　直播节奏与时间节点的精准控制

在直播电商的策划与实施中,直播节奏与时间节点的精准控制是确保直播效果最大化的关键。一场成功的直播不仅要有吸引人的内容和产品,更需要有合理的节奏安排和精确的时间节点控制。

(一)直播节奏

直播节奏的控制是直播活动中至关重要的一环,它直接关系到观众的观看体验和留存率。有效地控制直播节奏,必须深入理解和考虑观众的观看习惯与注意力曲线,这是确保直播内容吸引人、信息传达高效且观众参与度高的关键。直播节奏的控制需要考虑到观众的观看习惯和注意力曲线。根据研究,观众的注意力在直播开始后的前几分钟内最为集中,随后会逐渐下降。因此,在直播开始时,主播应迅速进入状态,通过引人入胜的开场和亮点展示迅速抓住观众的注意力。同时,在直播过程中,应设置多个高潮点,如限时优惠、互动抽奖等,以刺激观众的购买欲望并保持其观看兴趣。

1. 观众观看习惯

(1)碎片化时间利用:在快节奏的现代生活中,观众往往利用碎片化的时间来观看直播。这意味着他们可能无法长时间保持高度集中的注意力,因此直播内容需要紧凑、有趣且易于理解,以便在短时间内吸引并留住观众。

(2)多样化内容偏好:不同观众对直播内容的偏好各不相同,有的喜欢娱乐搞笑,有的关注专业知识分享,还有的偏爱互动游戏等。因此,在控制直播节奏时,需要考虑到内容的多样性,以满足不同观众的需求和兴趣。

(3)社交互动需求:观众在观看直播时,往往希望与主播或其他观众进行互动,分享观点、提问或参与游戏等。这种社交互动的需求也是影响观众观看习惯的重要因素之一。因此,在直播中设置合适的互动环节,如问答、抽奖、投票等,可以有效提升观众的参与度和留存率。

2. 注意力曲线

注意力曲线描述了观众在一段时间内注意力集中程度的变化规律。一般来说,观众的注意力在直播开始时较高,但随着时间的推移会逐渐下降,直到某个点达到最低点,然后可能由于某些刺激因素而再次上升。因此,控制直播节奏以匹配观众的注意力曲线至关重要。

(1)开场吸引:直播开始时,需要迅速吸引观众的注意力。这可以通过精彩的开场白、引人入胜的预告片或高能的互动环节来实现。开场几分钟内能否抓住观众的眼球,往往决定了他们是否会继续观看下去。

(2)节奏变化:在直播过程中,需要适时地调整节奏,以维持观众的注意力。这可以通过变换话题、增加互动环节、插入幽默段子或展示精彩瞬间等方式来实现。节奏的变化应该与观众的注意力曲线相匹配,即在观众注意力下降时提供新的刺激点,以重新激发他们的兴趣。

(3)高潮迭起:为了保持观众的持续关注和兴趣,直播中需要设置一些高潮环节。这些环节可以是精彩的表演、重要的揭秘、激烈的比赛或意外的惊喜等。高潮环节的设置应该具有预见性和计划性,以确保它们能够在观众注意力最低点时出现,从而重新提升他们的关注度和参与度。

(4)结尾总结:直播结束时,需要进行简要的总结和回顾。这有助于巩固观众对直播内容的记忆和理解，并留下良好的印象。同时，也可以为下一次直播进行预告和宣传，以吸引观众继续关注和支持。

控制直播节奏需要充分考虑观众的观看习惯和注意力曲线。通过了解观众的需求和兴趣、设置多样化的内容、加强社交互动以及适时调整节奏和高潮环节等方式，可以有效提升直播的吸引力和观众参与度，从而实现更好的直播效果。

（二）时间节点的精准控制

在直播这一高度即时与互动的传播形式中，时间节点的精准控制不仅是技术层面的要求，更是策略与艺术的结合，它直接关系到直播的流畅性、观众的体验满意度以及最终的转化效果。

1. 直播前

（1）制定详尽的直播脚本。直播脚本是直播活动的蓝图，它应详细列出直播的每一个环节，包括开场白、产品介绍、互动环节、抽奖活动、观众提问、结尾总结等，并为每个环节设定明确的时间范围和预期目标。通过脚本，主播可以清晰地把握直播的整体节奏，确保内容的连贯性和完整性。

（2）合理分配时间资源。在直播脚本中，时间的分配至关重要。主播需要根据产品的数量、复杂程度以及观众的兴趣点，为每个产品设定合理的展示时间。同时，也要预留足够的时间用于互动环节，以增加观众的参与感和黏性。此外，对于可能出现的意外情况，如技术故障、观众提问过多等，也应提前规划好应对策略，并预留一定的缓冲时间。

（3）设定明确的目标与 KPI。除了时间分配外，主播还应为直播设定明确的目标和 KPI（关键绩效指标），如观看人数、互动率、转化率等。这些目标和 KPI 将成为直播过程中调整策略、优化内容的依据，帮助主播更好地把握直播的节奏和效果。

2. 直播中

（1）密切关注时间进度。在直播过程中，主播需要时刻保持对时间进度的敏感性和掌控力。可以利用计时器或直播平台的时间提示功能来监控每个环节的时间消耗情况，确保每个环节都能按时完成。一旦发现某个环节出现超时或提前结束的迹象，应立即调整后续环节的时间分配或内容安排，以保持直播的整体节奏不受影响。

（2）灵活应对突发情况。直播过程中难免会遇到各种突发情况，如技术故障、观众反应冷淡等。面对这些情况，主播需要保持冷静，迅速灵活地调整策略以应对变化。例如，当遇到技术故障时，可以通过幽默的语言化解尴尬气氛，并尽快联系技术人员解决问题；当观众反应冷淡时，可以尝试改变话题或增加互动环节来激发观众的兴趣。

（3）实时调整内容与节奏。根据观众的反馈和实时数据（如观看人数、互动率等），主播可以实时调整直播的内容和节奏。如果某个产品受到观众的热烈欢迎，可以适当延长该产品的展示时间；如果观众对某个话题不感兴趣或反应冷淡，则可以迅速切换话题或增加新的内容元素以吸引观众的注意力。

3. 直播后

（1）回顾直播过程。直播结束后，主播应及时回顾整个直播过程，分析各个环节的时间分配是否合理、目标是否达成、观众反馈如何等。通过回顾总结，可以发现直播中存在的问题和不足，为下一次直播提供改进的方向。

（2）收集观众反馈。观众的反馈是优化直播内容的重要参考。主播可以通过直播平台的评论、弹幕、调查问卷等方式收集观众的反馈意见，了解他们对直播内容、主播表现、互动环节等方面的看法和建议。这些反馈将帮助主播更好地了解观众的需求和偏好，从而制定更加精准的直播策略。

（3）持续优化直播流程。基于回顾总结和观众反馈的结果，主播应不断优化直播流程和时间节点的控制。通过调整时间分配、优化内容安排、增加互动环节等方式，提升直播的吸引力和观众体验满意度。同时，也要关注行业动态和技术发展趋势，不断学习和借鉴新的直播技巧和方法，以保持自身在直播领域的竞争力和创新力。

（三）数据分析

数据分析是实现直播节奏与时间节点精准控制的重要手段。通过对直播数据的实时监控和分析，主播可以了解观众的观看行为和购买意愿，从而及时调整直播节奏和时间节点。例如，如果发现某个环节的观众流失率较高，主播可以迅速调整内容或增加互动环节以吸引观众重新关注。

总之，直播节奏与时间节点的精准控制是直播电商成功的关键之一。通过合理的节奏安排和精确的时间节点控制，主播可以最大限度提高观众的观看体验和购买意愿，从而实现直播效果的最大化。

项目六　直播间搭建与氛围营造

任务 6.1　直播间装修与布局的艺术

直播间是电商平台提供的一个可以展示才华的舞台，主播们在直播间里展示自己的才艺、分享知识或与观众互动。直播间的魅力在于它的即时性和互动性。观众可以实时提问、留言，与主播互动，还能参与抽奖等活动。直播间的氛围通常都是轻松愉快的，让人感觉就像在和朋友聊天一样。下面通过拆解一个怀旧主题直播间的成功案例细节，来分析并学习直播间的搭建。

1. 案例背景及数据

社会的发展逐渐趋向于社会化、现代化和时尚化，这使得在农村长大的 70 后、80 后对老物件怀有浓厚的情感。然而市面上很多老物件已经停产，不再流通，这使得供应变得稀缺。需求与供给不匹配，导致这些产品能够溢价销售，利润较高。这些怀旧产品具有情绪价值，能够吸引有怀旧情感的消费者，因此，可以获得更高的溢价和利润。

2. 案例细节呈现

（1）主播。主播不出镜，将镜头对准产品，不断展示和介绍产品，并与粉丝互动。重点讲解粉丝感兴趣的产品，采用直接拍单或竞拍的方式，合理引导粉丝下单购买。

（2）产品。怀旧家电的价格范围广泛，从 9.9 元到 800 元不等，结合产品价值对不同的产品进行产品定价，设定相应的拍卖价格。

（3）场景。全景和展示产品细节，将场景作为内容进行展示。可以来回走动展示所有老物件的场景，结合自身想要讲解的产品以及粉丝感兴趣的产品。在仓库内展示怀旧商品，可以边讲解边展示。例如在展示录音机的细节和使用功能时，可以提高转化率。

（4）短视频。罕见的新奇特老物件本身就是吸引流量的关键，通过发布高质量、高吸引力的作品，粉丝可以获得持续增长，账号定位更加精准。

（5）建议。货源可以通过低价从农村收购或与废旧市场合作获得；主播逐一介绍产品即可；流量是关键，核心在于场景，场景即内容，可以多发布高质量的短视频来引流直播间，尤其在启动阶段可能需要微付费；为了提高转化率，可以采用拍卖形式，既有稀缺性和紧迫感，又能获得更高的网店产品成交量。

3. 案例分析

（1）产品价值。产品价值不仅是产品本身的实用价值，还有情绪价值。同样的产品，在不同的平台及背景下，商品的售价不同。好的产品搭配好的情绪价值，能够激发用户的购买欲望，产品供不应求。情绪价值代表着更高的溢价空间和产品利润。因此，选择具有情绪价值且具备高利润的产品，有更大的销售机会。

（2）场景与产品。好的场景与产品自带流量。自然流量的获取越来越困难，但自然流量一直是有机会的。筛选出新奇特的产品，搭建创意场景，就有可能引发平台推荐流量。对平台而言，用户在平台上进行购物或使用平台，这两种方式对平台都有价值。怀旧产品与场景可以自然地吸引大量流量，但在理解场景方面也需要注意，将人、货和场景极致地结合，配合微付费策略，将是内容电商获得良好发展的绝佳解决方案。

4. 其他

在直播电商的实战策略中，直播间装修与布局的艺术扮演着至关重要的角色。一个精心设计的直播间不仅能吸引观众的眼球，还能提升观众的购物体验和信任感。据研究，一个美观且专业的直播间相比普通直播间，其观众停留时间和转化率均能提高 30% 以上。

（1）在直播间装修方面，色彩搭配和整体风格是首要考虑的因素。例如，美妆类直播间通常采用粉色或紫色等柔和色调，以营造温馨浪漫的氛围；而科技产品类直播间则更倾向于使用黑色或灰色等冷色调，以展现产品的科技感。同时，直播间内的装饰物也需与整体风格相协调，如摆放一些与产品相关的道具或装饰品，既能增加直播间的趣味性，又能让观众对产品有更深入的了解。

（2）在布局方面，直播间的空间规划同样重要。合理的布局能让观众更清晰地看到产品展示和主播的演示过程。例如，可以将产品摆放在主播的正前方或斜前方，确保产品在镜头中的位置适中且清晰可见。同时，还可以在直播间内设置一些互动区域，如观众留言区、点赞区等，以增加观众的参与感和归属感。

（3）直播间内的光线和照明也是不可忽视的因素。充足且柔和的光线能让产品呈现出最佳的效果，同时也能让主播的肤色和表情更加自然。因此，在装修直播间时，需要充分考虑照明设备的选择和布置。

总之，直播间装修与布局的艺术是直播电商成功的重要因素之一。通过精心设计和合理布局，可以打造一个美观、专业且富有吸引力的直播间，从而提升观众的购物体验和信任感，进而提高直播电商的转化率和销售额。

任务 6.2　直播设备的选择与配置技巧

在直播电商的实践中，直播设备的选择与配置技巧至关重要，它直接决定了直播画面的清晰度和音质效果，进而影响观众的观看体验和购买决策。

首先，高清摄像头是直播设备的核心，它能够捕捉主播的每一个细微表情和商品细节，让观众感受到身临其境的购物体验。例如，某知名主播在直播中使用了 4K 高清摄像头，其直播间的观众反馈画面清晰、色彩鲜艳，有效提升了商品的吸引力。

其次，麦克风的选择也不容忽视。优质的麦克风能够确保主播的声音清晰、无杂音，让观众在享受视觉盛宴的同时，也能获得听觉上的愉悦。据数据分析，使用专业麦克风的直播间，其观众留存率和转化率均明显高于使用普通麦克风的直播间。

再次，灯光设备也是直播设备配置中不可或缺的一部分。合理的灯光布局能够突出主播和商品的特点，营造出温馨、舒适的直播氛围。例如，某美妆主播在直播中使用了环形补光灯，不仅让她的肌肤看起来更加细腻光滑，还使得她手中的化妆品色彩更加鲜艳夺目。

在直播设备的配置技巧上，除了选择高品质的硬件设备外，还需要注意设备的兼容性和稳定性。不同品牌和型号的设备可能存在兼容性问题，导致直播过程中出现卡顿、断流等现象。因此，在配置设备时，需要仔细测试设备的兼容性和稳定性，确保直播过程的顺利进行。

（一）直播间设备的重要性

好的直播间设备有助于直播团队开展直播销售，高质量的设备可以提升直播的画质和音频效果，让观众有更好的观看体验感。清晰的画面和流畅的声音能够吸引更多的观众，提高他们的留存率。好的设备还可以让主播在直播中更加自信和专业，展现出更好的形象。

一些专业的直播设备还具有特殊功能，如美颜、特效等，可以增加直播的趣味性和吸引力。选择合适的设备也需要考虑到直播的内容和预算。设备只是直播活动的一个方面，直播的内容和互动才是吸引观众的关键。关注设备的同时，还要不断提升自己的直播技巧和内容质量。

（二）选择直播间设备

直播团队在搭建直播间的过程中，需要购置直播间设备，直播团队选择适合的直播设备，有利于直播项目的开展，可以从以下几个方面考虑。

1. 直播内容

不同的直播内容对直播设备的要求不同，直播团队可以根据直播的内容类型与方案选择直播设备。如果是带货直播间，则需要多个高清摄像头、声卡、专业光照设备和直播大屏显示器等；如果是游戏类直播间，则需要高性能的电脑、优质声卡和游戏手柄；如果是美妆类直播，可能需要高质量的摄像头和照明设备等。

2. 预算

确定直播设备的预算范围，选择性价比高的设备。直播设备的预算会因设备的种类、质量和功能有所不同，优质的摄像头是保证直播间画面质量的重要设备，摄像头的种类较多，价格区间较大。如果直播团队需要打造如图 6-1 所示的高清直播间，对直播间画质要求较高，需要关注摄像头的分辨率、帧率、视角和低光性能，可以考虑购买更专业的摄像头，预算充足可以使用单反相机作为直播摄像头。

好的声卡设备及无噪声高保真麦克风，是直播间声音清晰自然的关键，设备的价格区间也较大。直播时使用电容麦克风通常能提供更好的音质。好的照明设备可以使直播质量提升，看起来更加专业与吸引人，直播间使用较多的有环形灯、柔光灯等，价格区间不大。直播间设备里，电脑与手机是可以用于直播的设备，占用较高的直播预算，电脑设备主要关注电脑的处理器、内存和显卡，根据直播团队的需求和预算选择合适的手机或者电脑。网络设备是直播间良好的网络连接的保障，包含高性能的交换机、路由器和网络增强设备等，为直播间良好的网络环境保驾护航。其他配件如三脚架、悬臂支架、背景幕布等，在直播预算中占比较小。

基础的直播设备预算在几百元到几千元。如果商家对直播间有更高的要求和预算，还可以考虑更专业的设备。选择设备时，可以根据自己的直播内容和预算进行权衡，确保获得良好的直播效果。

图 6-1　高清直播间场景图

3. 画质和音质

优先选择画质清晰、音质良好的设备，可以提供更好的观看体验。直播间的画质和音质对观众的体验至关重要。为了给观众留下好印象并且吸引更多的关注，努力提升直播间的画质和音质，为打造更高质量、更高标准的直播间而努力，见表 6-1。

表 6-1　画质与音质

名称	作用	解析
画质	提升观看体验	清晰、流畅的画质可以让观众更容易观看和理解直播内容
	增加专业感	高质量的图像可以使直播看起来更专业、更有吸引力
	展示细节	好的画质可以让观众更好地看到产品展示、表演细节等
音质	清晰传达声音	清晰的声音可以帮助观众更好地理解主播的讲解、对话或音乐表演
	增强情感连接	好的音质可以传达更多的情感和语气，让观众更容易产生共鸣
	提升音频质量	高质量的音频可以提高直播的整体质量，使观众更愿意停留和参与

4. 便携性

直播团队如果需要经常移动或外出直播，选择轻便、易于携带的设备会更加方便。便携性对于直播设备来说确实是一个重要的考虑因素。

摄像头可以选择轻巧、易于携带的摄像头，这样可以更轻松地带到不同的直播场所。利用手机的便携性，配合适合的手机支架和麦克风，就可以随时随地进行直播。选择合适的迷你麦克风，方便携带，同时保证良好的音质收录。

现在很多照明设备都具有可折叠性或便携性，可以折叠或易于携带的照明设备，不占太多空间。在追求便携性的同时,也要确保设备的性能和质量能够满足直播的需求。

5. 品牌和口碑

选择直播设备时,设备的品牌和口碑可能影响直播团队的采购意愿,可以参考其他用户的评价和推荐,选择可靠的品牌和口碑好的设备。

6. 自身需求

考虑自己的技能水平和使用习惯,选择易于操作和满足个人需求的设备。在直播间设备选择时,最重要的是在选择之前多做一些研究,比较不同设备的特点和价格,然后根据直播的实际情况做出购买决策。具体的设备配置会根据直播的类型、预算和需求而有所不同。如果需要更专业的直播效果,还可以考虑投资一些高级设备,专业摄像机、声卡等。

(三)直播间设备调试

1. 直播间设备调试的作用

直播间设备的调试对于直播销售的开展至关重要,能让直播效果更上一层楼,直播间设备调试的作用如下。

(1)优化画质:通过调整摄像头的对焦、曝光、色彩等参数,可以让直播间的画面更清晰、鲜艳,给观众带来更好的视觉体验。

(2)改善声音质量:调试麦克风的音量、增益、降噪等设置,能让主播的声音更加清晰、平衡,减少杂音和失真。

(3)确保设备兼容性:正确设置连接和驱动程序,避免设备间的不兼容问题,确保直播的稳定进行。

(4)适应不同场景:根据直播的内容和环境,调整照明设备的角度、亮度和颜色,能创造出适合的氛围和效果。

(5)提升直播流畅性:对网络设备进行优化,选择合适的网络、测试带宽等,可以减少卡顿和断流的现象。

(6)个性化设置:通过调试,可以根据直播团队的喜好和风格,打造独特的直播间,展现个人特色。

调试过程需要多一些耐心和实践,调试良好的直播设备,可以大幅提升直播质量和观众的满意度。

直播间设备调试案例

1. 女装直播间的调试

问题描述:客户反映直播间不清晰且偏灰色,显得没有档次。

调试步骤:检查电脑端的推流设置,将直播平台的效果调到最佳;增加灯光照明,地灯的作用是打亮眼袋,增强脖子下巴光线,顶灯的作用是使人物更立体、通透;与客户沟通,确认是否需要更改其他地方。

调试结果:画面效果得到提升,相比之前提升了一个档次。

2. 海鲜直播间的调试

问题描述:客户反馈直播间画面不够清晰且偏暗。

调试步骤:先检查电脑端的推流设置是否存在问题,尝试进行调整。经过一段时间的调试，仍然感觉效果不理想，发现是灯的照明不够。于是，工作人员建议客户更换照明效果更好的灯具，安装完成后，地灯用于打亮人物面部，使主播看起来更精神，顶灯则使整个直播间更明亮。对比之前，直播间的效果有了显著提升。

调试结果：客户对直播间的效果表示满意。

2. 直播间调试的步骤

调试连接直播设备如图6-2所示，具体步骤如下。

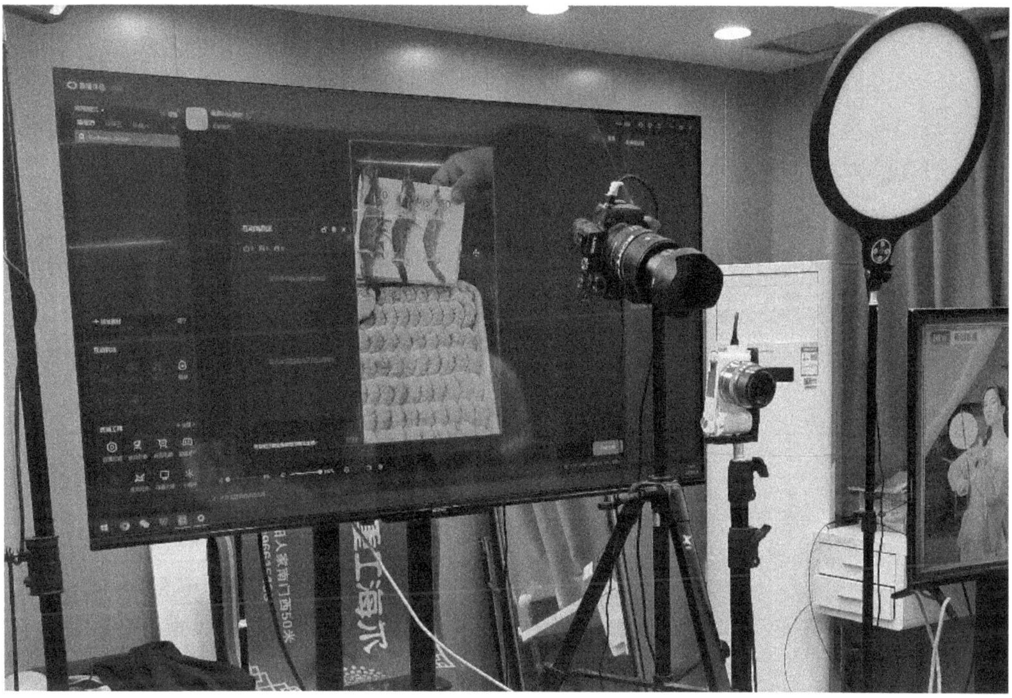

图6-2　设备连接调试图

（1）连接设备：将摄像头、麦克风、音频接口等设备按照说明书正确连接到计算机或直播设备上（如编码器或直播软件）。

（2）检查设备驱动程序：检查设备（如摄像头、麦克风）是否需要安装或更新驱动程序。

（3）调整图像设置：如果使用摄像头进行直播，需要根据实际情况进行图像设置，可以调整的设置包括对焦、曝光、白平衡、对比度等。

（4）测试音频设置：检查麦克风是否正常工作并捕捉到声音。使用音频设置工具，调整麦克风音量、增益、噪声消除等设置，确保声音清晰。

（5）配置网络设置：直播设备需要可靠的网络连接才能进行直播。确保设备连接到稳定的网络，根据直播平台／软件的要求进行网络配置。

（6）测试直播回放：实际开始直播前，需要先进行测试直播回放。

（7）执行终端到终端测试：开始直播前，可以邀请一些可靠的测试观众对直播进行终端到终端的测试和反馈。

每个直播间的具体需求和情况不同，直播团队可以根据实际情况来进行设备调试。

任务 6.3 直播间氛围营造与调整

在直播电商的实战策略中,直播间氛围的营造与调整是至关重要的一环。一个温馨、专业且富有吸引力的直播间能够显著地提升观众的参与度和购买意愿。其中,直播间装修与布局的艺术不容忽视。通过精心设计的背景墙、合适的灯光布置以及整洁的陈列,可以营造出专业且舒适的购物环境。例如,某知名美妆主播的直播间采用了粉色系背景墙,搭配柔和的灯光,营造出温馨浪漫的氛围,吸引了大量女性观众的关注。

6.3.1 直播间场景布置

(一)直播间场景布置的重要性

直播间场景布置是直播间取得良好直播数据的基础,良好的直播间布置可以提升观众的观看体验,影响观众的购买决策。一个精心布置的直播间可以吸引更多观众,提高观众的留存时间和参与度,精心布置直播间场景可以为直播带来更好的效果和收益。直播间场景布置的重要性见表 6-2 所示。

表 6-2 直播间场景布置的重要性

重要性	解 析
营造品牌形象	独特的场景布置,展示品牌的个性和风格,让观众对品牌留下深刻印象
提升观众体验	舒适、美观、有趣的直播间环境可以让观众更愿意停留和参与,提高他们的观看满意度
增强产品展示效果	合适的场景布置可以突出产品的特点和优势,使观众更好地了解产品,增加购买的可能性
创造氛围	根据不同的主题和活动,打造相应的场景氛围,能更好地引发观众的情感共鸣,提高他们的参与度
提高信任度	专业、整洁的直播间布置会让观众觉得主播和品牌可靠,增加对产品的信任度
与竞争对手区分开	独特的场景布置可以使直播间在众多竞争对手中脱颖而出,吸引更多观众的关注

(二)直播间场景的布置类型

直播场景可以根据直播内容和风格来设计,可以根据主播的兴趣和直播内容选择合适的场景,重要的是要让场景与直播内容相匹配,营造出吸引人的直播间氛围,打造出独特而引人注目的直播间。

1. 场景角度

从场景角度来分,直播间场景可分为以下几种场景,如图 6-3 所示。

图 6-3 直播间场景布置

生活场景是展示真实的生活环境，如客厅、卧室、厨房等，让观众感受到亲切和真实。主题场景是根据特定的主题来布置场景，如美妆直播可以设置化妆台，游戏直播可以打造游戏室。工作室场景是创建一个专业的工作室环境，配备背景板、灯光等设备，展现出专业的形象。户外场景是将直播带到户外，如风景优美的公园、旅游景点等，给观众带来新鲜感。虚拟场景是使用绿幕技术，通过后期制作添加虚拟背景，实现各种创意场景。

2. 风格角度

从风格角度来分，直播间场景布置分为以下几种，如图 6-4 所示。

图 6-4　直播间场景布置

简约风格是以简单、干净的设计为主，注重空间的整洁和清爽感，使用单一或少量的颜色，搭配简洁的家具和道具。主题风格是根据特定的主题进行布置，如美妆、游戏、美食等。通过道具、背景和装饰来营造出与主题相关的氛围。生活风格是将直播间打造成真实的生活场景，如客厅、卧室或工作室等，让观众有身临其境的感觉。品牌风格是按照品牌的形象和定位进行布置，突出品牌的特色和价值观。创意风格是运用独特的设计和道具，展现创意和个性，吸引观众的注意力。

布置直播间的注意事项

①背景：选择简洁、整洁的背景，避免过于杂乱或刺眼的颜色，以突出主播和产品。

②照明：确保充足且均匀的照明，避免出现阴影或反光，可以使用灯光设备来提升效果。

③空间布局：合理安排主播和道具的位置，留出足够的展示空间，让观众能够清楚地看到直播内容。

④色彩搭配：选择与直播主题相符合的色彩搭配，营造出特定的氛围。

⑤道具摆放：精心布置与直播内容相关的道具，增加场景的丰富度和趣味性。

⑥测试和调整：正式直播前，进行测试和调整，确保场景布置达到最佳效果。

注意保持场景的整洁和卫生，给观众留下良好的印象。

（三）直播间场景布置的实用技巧

直播间布置的实用技巧，如图 6-5 所示。

（1）才艺主播布置直播间时，主要采用可爱活泼、清新简约风，整体呈现出简约素雅的风格。如果直播背景是一面墙或窗帘、壁纸等，可以选择纯色和浅色，这样视觉效果会更宽阔。

图 6-5 直播间场景布置技巧

（2）直播背景墙或墙纸风格不适合直播调性时，可以用置物架来调节。配上闪烁的 Led 星星灯，既能丰富背景内容，又能用作为补充光源。节假日可以适当地布置一些跟节日气息相关的东西，或配上节日的妆容和服装，以此来吸引观众的目光，提升直播间人气指数。

（3）为避免直播间显得过于空旷，可以贴一些好看的壁纸或加一个窗帘，买一把高端大气的椅子，粉嫩系或皮草系的都可以，然后再放置一些沙发、桌子、植物等。也可以根据主播的风格添加，只要干净整洁即可。

（4）直播间搭建时，应具备三个部分：展示区、产品区、道具区。展示区的核心作用是突出主播讲解及展示的产品。产品区应通过货架陈列等方式，向用户展示其他商品，以达到留住观众的目的。道具区用于增强品牌的信任度，告知福利活动。

（5）布光技巧也很重要，有的直播间画面不清晰、有噪点，但有的直播间却非常清晰有质感。布光需要有顶光灯、侧光和轮廓灯。顶光灯足够亮，才能显得整个直播间的场景明亮。侧光的用处是补主播的面光。顶部光线打下来之后，主播的面部容易有阴影，需要再补一个面部光源，也就是侧光灯。轮廓灯会让整个人的轮廓显得比较好看。

（6）灯光和背景颜色要匹配。例如用的是白光灯，那么背景墙相对来说要明亮一些。如果背景墙用的是壁纸，就不建议用过于花哨的壁纸，简约风格即可。

（7）主播的脸部光线要均匀，不能出现“阴阳脸”。如果是服装鞋帽或是彩妆护肤品类，建议灯光用冷色系的白光，让产品有最佳的展示效果。如果是美食直播间，灯光建议选择暖色调，目的是衬托美食的色泽，让粉丝感觉更有食欲。

（8）主播在讲解过程中，用来进行产品说明的辅助工具，比如展示板和小黑板。服装类直播间，会经常用到尺码表，可以提高效率，减少常见问题的重复回答。彩妆直播间，什么肤色选择什么色号，或者什么场合选择哪一款，通常也会写在展示板或小黑板上。

直播间布置技巧非常重要。一个精心布置的直播间可以吸引更多的观众，提升观众的留存率和参与度。好的布置能够营造出专业、舒适的氛围，让观众更愿意停留观看。独特、有个性的布置可以突出主播的风格和品牌形象，加深观众的印象，合理的布局和光线设置能提升画面质量，使观众有更好的观看体验感。

6.3.2　直播拍摄方法

直播设备的选择与配置技巧也是营造直播间氛围的关键环节。高清的摄像头、稳定的网络连接以及优质的音响设备，能够确保直播画面的清晰度和音质，提升观众的观看体验。同时，根据直播内容的需要，可以添加一些道具或装饰物，如鲜花、绿植等，以增加直播间的趣味性和吸引力。直播拍摄方法同样很重要，高质量的拍摄可以让直播更流畅、清晰，给观众带来更好的视觉享受。合适的拍摄角度能展示产品或主播的特点，让观众更全面地了解直播内容。稳定地拍摄可以避免画面晃动，提高观众的观看舒适度。如果工作人员掌握一些拍摄技巧，合理运用光线、调整焦距等，还能让直播画面更具艺术感。

在直播过程中，一个优秀的摄像师和令人惊叹的构图技法是吸引观众注意力和提高观看体验的关键。

（一）直播拍摄思路与构图要点

1. 深入了解直播主题

在进行直播摄像前，摄像师应对直播主题与内容有充分的了解。了解活动的性质、参与者以及所要传达的信息，有助于摄像师更好地抓住重点和关键瞬间。

2. 空间感和深度

利用空间感和深度可以增强观众对画面的沉浸感。摄像师可以合理安排前景、中景和背景元素，创建层次感和透视效果。通过巧妙地运用焦距和景深，摄像师能够将观众的视线引导到主要元素或关键动作上。

3. 视角构图

在摄像中，不同的视角可以产生截然不同的效果和情绪。摄像师可以尝试不同角度的拍摄，俯拍、仰拍、低角度拍摄或特写等，展现独特的视觉效果和观点。不同视角画面中的点、线、面元素的构图不同，呈现的效果也不同，合理的构图能够让画面更有吸引力。

4. 常规与创新的平衡

在直播中，不仅要满足观众的期望，而且要有创新和新颖的元素。摄像师可以在一些传统的构图要点上发挥创意，尝试新的拍摄方式和镜头运动，为观众带来新鲜感和惊喜。

5. 实时调整与反馈

直播摄像是一个动态的过程，摄像师需要实时调整和反馈。通过观察反馈和评论，根据观众的反应做出调整，以提供更好的观看体验。

构图技巧

在直播拍摄中，通过合理的构图可以让画面更有吸引力，以下是几种常见的构图技巧。

①对称构图：将画面分成上下或左右对称的两部分，可以营造出一种平衡和稳定的感觉。

②三分法构图:将画面分成上下或左右三部分,将主体放在其中一条分割线上,可以让画面更生动和有趣。

③斜线构图:将画面中的元素斜线排列,可以营造出一种动感和活力。

还可以使用框架构图、中心构图等方式,通过合理运用这些构图技巧,能让直播画面更具美感和吸引力。

(二)直播拍摄方法与技巧

直播摄像是一门融合艺术和技术的综合性任务。摄像师通过熟练的技巧和精心的构图,能够为观众营造出令人愉悦和难忘的视觉体验。不断学习和实践这些技巧和要点,摄像师可以逐渐提升自己的摄像水平,成为一位出色的直播摄像师。

1. 使用高质量的摄像设备

选择一款高质量的摄像机或摄像手机,具备较高的分辨率、对焦速度和图像稳定性。确保摄像设备的镜头清洁,避免模糊或有污点的画面。

2. 照明效果优化

良好的照明可以大幅提升直播画面的质量。首先,选择自然光线充足的环境进行直播,尽量避免背光或过暗的情况。其次,可以考虑使用专业的摄影灯光设备来调整光线的亮度和方向,以烘托出更好的画面效果。

光线是摄像中至关重要的因素之一。直播时,尽量选择明亮的环境,合理利用自然光或人工照明设备来烘托氛围。避免强烈的逆光情况,以免造成曝光不足或过度曝光的问题。

3. 稳定的拍摄手法

在直播过程中,摄像设备的稳定性至关重要。使用三脚架、稳定器或手持支架等设备,可以有效降低抖动和晃动,提供更流畅、清晰的画面。摄像师应该避免频繁的镜头切换和快速移动,以免引起观众的不适。

4. 调整白平衡

白平衡是指相机根据不同光线条件下物体的自然色彩来调整图像的功能。确保在直播前正确设置相机的白平衡,以获得准确的颜色呈现。

5. 优化网络带宽

在直播过程中,弱网络信号或带宽不足可能导致画面卡顿、模糊或延迟。确保稳定和高速的互联网连接,可以通过连接到有线网络、关闭其他设备的网络使用或选择高质量的网络运营商来改善直播的网络状况。

6. 合理选择分辨率和比特率

根据直播需求和网络情况,合理选择适当的分辨率和比特率。高分辨率和比特率可以提供更清晰的画面,但需要更高的网络带宽,要根据实际情况进行平衡。

7. 合理的背景与布景

通过精心设计和搭建合适的背景和布景,可以增加直播画面的艺术感和专业感。选择简洁、干净的背景,避免杂乱的视觉干扰。

通过以上这些方法和技巧,可以提升直播画面的质量,使其更加专业、清晰和吸引人。无论是个人直播还是商业直播,提高直播画面质量都能够提升用户体验,增加观众的参与度和留存率，进而提升直播间的整体数据。

在直播间氛围营造的过程中，主播的角色至关重要。主播需要具备良好的表达与沟通技巧，能够引导观众参与互动，营造轻松愉快的氛围。同时，主播还需要具备应变与情绪管理的能力，以应对直播过程中可能出现的突发情况。例如，当直播间出现卡顿或网络问题时，主播可以幽默地化解尴尬，保持直播的流畅进行。

此外，直播间氛围的营造还需要根据直播主题和内容进行相应的调整。例如，在促销活动中，可以通过设置倒计时、限时抢购等环节，营造出紧张刺激的购物氛围；在分享生活经验的直播中，则可以通过轻松愉快的聊天方式，营造出温馨舒适的氛围。

总之，直播间氛围的营造与调整是直播电商成功的关键之一。通过精心设计和调整直播间环境、设备以及主播的表现方式，可以营造出符合直播主题和内容的氛围，提升观众的参与度和购买意愿。

项目七　主播能力养成与提升

随着直播行业不断发展,主播成为直播平台的主力军。主播的直播效果对于平台和公司来说至关重要,影响到平台的流量和用户黏性。主播镜头感则是直播效果的重要组成部分。镜头感指主播在镜头前的表现和心理状态,镜头感好的主播能够通过动作、表情等方式有效地吸引观众的注意力,提高直播的观看度和互动度。镜头感差的主播则难以吸引观众的注意力,容易出现流失现象。

某美女主播因为外形出众在平台上获得很高的关注度,但刚开始直播时由于不够注重镜头感无法吸引观众的注意力,总观看人数仅千余人。后来,她参加了一些专业的主播培训,学习如何在镜头前更好地呈现自己,直播效果有了很大的提升。观众在她直播间互动也更加积极。

某老牌主播已经有了大批忠实粉丝,且多年来一直是平台上的佼佼者。但随着竞争的加剧,他发现自己最近几次直播的观众数量有所下降,于是开始思考如何改善镜头感。从定期管理形象,注重肢体语言等方面入手,不断尝试与改善。其直播效果有了大幅度提升,观众数量也逐渐提升。

任务 7.1　主播的基本素质与要求

在直播电商的蓬勃发展中,主播作为连接商品与消费者的桥梁,其基本素质与要求显得尤为重要。

(一)职业素养的基本概述

职业素养是人类在社会活动中需要遵守的行为规范,个体行为的总合构成了自身的职业素养,职业素养是内涵,个体行为是外在表象。

职业素养包含职业信念、职业知识技能、职业行为习惯三个层次。职业信念是职业素养的核心;职业知识技能是做好一个职业应该具备的专业知识和能力;职业行为习惯即职业素养是在职场上通过长时间地学习、改变,最后变成习惯的一种职场综合素质。

1. 职业信念

职业信念是职业素养的核心,良好的职业素养包含了良好的职业道德,正面积极的职业心态和正确的职业价值观意识。

2. 职业知识技能

职业知识技能是做好一个职业应该具备的专业知识和能力。俗话说:三百六十行,行行出状元。没有过硬的专业知识,没有精湛的职业技能,就无法把一件事情做好,更不可能成为“状元”。要把一件事情做好就必须坚持不断地关注行业的发展动态及未来的趋势走向;要有良好的沟通协调能力,懂得上传下达,左右协调从而做到事半功倍;还要有高效的执行力。

3. 职业行为习惯

职业行为习惯即职业素养是在职场上通过长时间地学习、改变，最后变成习惯的一种职场综合素质。信念可以调整，技能可以提升。要让正确的信念、良好的技能发挥作用就需要不断地练习、练习、再练习，直到成为习惯。

（二）直播从业人员的职业素养

1. 职业信念

作为直播从业人员，良好的职业信念应该是由爱岗、敬业、忠诚、奉献、正面、乐观、用心、开放、合作及始终如一等这些关键词组成。

①爱岗敬业：热情、积极、注意文明用语。

②诚实守信：不传播虚假信息，不销售、不推荐假冒伪劣产品。

③办事公道：不夸大产品功效，实事求是推荐产品。

④服务群众：维护消费者合法权益，为消费者推荐更好的产品。

⑤奉献社会：宣传社会主义核心价值观，支持公益活动。

2. 职业知识技能

各个职业有各职业的知识技能，每个行业也有每个行业的知识技能，直播行业也不例外，为了更好地把工作做好，直播从业人员要勤于学习关于直播行业不同岗位的职业知识，提升自身职业技能。

①主播需要具备的技能要求：主播需要有较强的口头表达能力并且熟练掌握产品的相关知识，能熟练地详细地介绍产品。主播要敢于在镜头面前进行表达和表演，并能接受长期稳定的开播时长。主播要敢于面对直播过程中消费者的争议或者坦然应对消费者的尖锐提问，具备一定的控场和应变能力。主播要有颜值或有其他表演才艺等加分项，具备良好的个人素养，能在整场直播过程中保持良好的精神状态。

②辅播需要具备的技能要求：辅播同样需要有较好的口头表达能力，具有较强的协调和配合能力。要有临场应变能力，能对直播过程中的突发事件进行应急处理。辅播需要具备良好的道德素养、人文素养及心理素质，具备良好的人际沟通和团队协作素质。

③运营需要具备的技能要求：运营需要较强的观察能力，注重细节，执行能力强，有内部资源沟通和协调能力，能判断出对直播最有价值的资源。能够熟悉产品的供应链，能够根据选品及时地调整定价及内容策划。

3. 职业行为习惯

直播是一份职业，需要专业的技能以及职业的素养。好的职业行为习惯对于主播从业人员来讲会加深各工种对于职业的认知，就像是积极正式的准备工作和邋遢随意的应付差事会对职业的认可度造成巨大影响一样。全方位塑造各工种的职业意识，从开播准备，时间管理，粉丝沟通等方面协助主播做到规范化。

首先，主播需要具备良好的语言表达能力，能够清晰、流畅地介绍产品特点和使用方法，使观众能够快速理解并产生购买欲望。据研究显示，优秀的语言表达能力能够提升直播间的转化率高达 20%。

其次，主播还需具备丰富的产品知识和行业洞察力。以美妆主播为例，她们不仅需要对各类化妆品的成分、功效了如指掌，还需关注行业动态，及时为观众推荐最新、最热门的产品。这种专业性和前瞻性能够增强观众的信任感，提高直播间的黏性和复购率。

再次，主播的亲和力与互动能力也是不可或缺的素质。在直播过程中，主播需要与观众建立良好的互动关系，通过提问、抽奖等方式吸引观众参与，营造活跃的直播氛围。据某直播平台的数据显示，高互动率的直播间其观众留存率也相对较高。

然后，主播还需具备应变能力和情绪管理能力。在直播过程中，可能会遇到各种突发情况，如网络卡顿、产品缺货等。此时，主播需要迅速调整状态，保持冷静并妥善处理问题。此外，主播还需注意控制自己的情绪，避免将负面情绪传递给观众。

最后，主播还需具备持续学习和自我提升的意识。随着直播电商行业的不断发展，新的产品、新的技术不断涌现。主播需要保持敏锐的嗅觉，不断学习新知识、新技能，以适应行业的变化和发展。只有不断学习和提升，主播才能在激烈的竞争中立于不败之地。

任务 7.2　主播表达与沟通技巧

在直播电商的实战策略中，主播的表达与沟通技巧占据了举足轻重的地位。一个优秀的主播不仅要有丰富的产品知识，更需要具备出色的表达能力与沟通技巧，以吸引观众的注意力，提升直播间的互动性和转化率。

首先，主播的表达要清晰、准确，能够迅速抓住产品的核心卖点，用简洁明了的语言向观众传达产品的价值。同时，主播还需要具备丰富的语言表现力，能够运用生动的比喻、形象的描述，将产品的特点和优势展现得淋漓尽致。

其次，沟通技巧对于主播来说同样重要。在直播过程中，主播需要与观众进行频繁的互动，回答观众的问题，解决观众的疑虑。因此，主播需要具备良好的倾听能力，能够准确理解观众的需求和反馈，并给出及时、有效的回应。此外，主播还需要掌握一些沟通技巧，如使用幽默的语言调节气氛，用亲切的语气拉近与观众的距离，以及通过提问和引导的方式激发观众的参与热情。

在实际操作中，可以借鉴一些成功主播的经验。例如，某知名主播在直播时，总是能够迅速捕捉到观众的兴趣点，用生动的语言和形象的描述将产品介绍得引人入胜。同时，他还善于运用各种沟通技巧，如与观众进行互动问答、分享个人使用心得等，让观众在轻松愉快的氛围中了解产品，产生购买欲望。

此外，一些数据分析也证明了主播表达与沟通技巧的重要性。据某直播平台的数据显示，那些表达清晰、沟通技巧出色的主播，其直播间的观众留存率、互动率和转化率都明显高于其他主播。这充分说明了主播表达与沟通技巧在直播电商中的重要性。

因此，在直播电商的实战策略中，需要注重培养主播的表达与沟通技巧。通过不断的学习和实践，让主播掌握更多的表达技巧和沟通技巧，提升直播间的互动性和转化率，从而取得更好的销售业绩。

现代社会，主播是一个备受关注的职业。作为一个主播，良好的表达能力是十分重要的。只有通过流畅、准确、有吸引力的言辞，才能吸引观众的注意力，传递信息并实现成功的沟通。本节将从主播语言表达的原则、主播声音训练、主播说话气息训练三部分探讨如何提升主播的口头表达能力,成为一位出色的主播。

(一)主播语言表达的原则

主播在直播过程中要准确传达自己的观点和看法,使粉丝可以有效地接受,这就要求主播的语言表达清晰、易懂,有自己的风格。具体来说,主播语言表达要遵循以下四个原则,分别是吐字清晰、准确,语言通俗易懂,形成自己的沟通风格,表达内容要明确。

1. 吐字清晰、准确

首先,要发音准确,字音即文字的读音,发准字音是进行准确语言表达的基本要素。发准字音最关键的是做好声母、韵母的发音,尤其是比较容易混淆的几组声母和韵母的,主播镜头感培养方法发音见表 7-1 所示。其次,声调要准,声调是指语言的音调的变化。在现代汉语语言学中,声调是指汉语音节中所固有的,可以区别声音的高低。再次,在直播时注意不要“吃”字,“吃”字是指人在说某些字或词时发音不全,没有将这些字或词的读音完全说出来,而是将其一带而过,使得这些字或词形成了一种似有若无的发音。

表 7-1　发音类型与方式

字音类型	字　母	发音方式	举　例
平舌音	z、c、s	舌尖平伸,抵住或接近齿背	自己、测验、隐私
翘舌音	zh、ch、sh、r	舌尖翘起,接近或接触硬腭最前端	志向、训斥、诗意
唇齿音	f	上齿与下齿内缘接近,唇舌部位不能接触	父亲、费用、抚摸
舌根音	h	舌头后编,舌根抬起,和软腭接近,唇舌部位不能接触	护理、绘画、黑夜
舌尖中鼻音	n	舌尖及舌边均上举,顶住上齿龈。气流从鼻腔出来	南北、娘亲、霓虹灯
舌尖中边音	l	舌尖前端上举,气流从舌头两边透出	录屏、栏目、烈日
前鼻韵母	鼻韵母中以 -n 为韵尾的韵母(an、en、in、un)	元音发出以后,舌头向前移动,舌尖抬起顶住上齿龈形成阻碍,使气流从鼻腔透出,用鼻辅音 n 作为音节的收尾	安保、嫩芽、滨海、晕船
后鼻韵母	舌根浊鼻音中以 -ng 作为韵尾的韵母(ang、eng、ing、ong)	元音发出后,舌头向后面收缩,舌根抬起顶住软腭,使气流从鼻腔透出,用鼻辅音 ng 收尾	杨梅、耕地、营地、巩固

2. 语言通俗易懂

为了让更多的粉丝了解产品的优势,主播的表现要真实、接地气,语言要通俗易懂,让粉丝能够理解其所表达的意思。主播在说话时要尽量使用规范的词语,少用粉丝不熟悉的方言、生僻词或文言词汇。主播要想使自己的表达通俗易懂,最好采用口语化语言,尤其是大众化的口语。主播要选择那些有利于口语表达的词语或句式,双音节和多音节的词语比单音节的词语更容易上口,而且听起来更悦耳。主播只有了解粉丝的需求,并通过平实的语言激发粉丝的购买欲望,才能真正体现专业能力。

3. 形成自己的沟通风格

主播要想在沟通风格的基础上融入更多风格色彩，就要改变自己的思维方式，具体体现在以下几个方面，如图 7-1 所示。在直播电商中主播常见的沟通风格有四种类型分别是驾驭型、表现型、平易型和分析型，如图 7-2 所示。

图 7-1　改变思维方式的体现

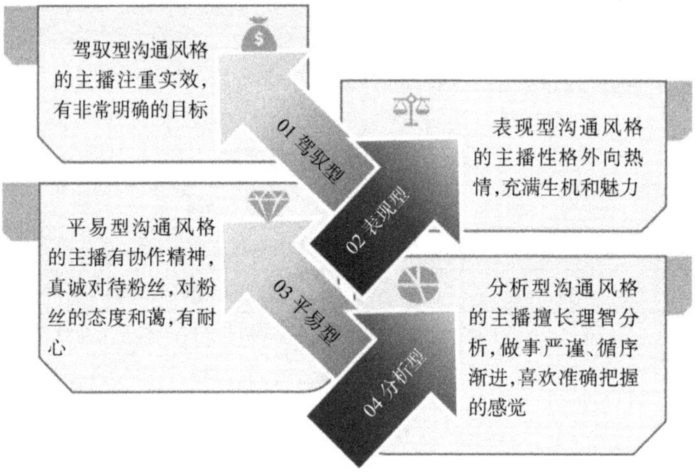

图 7-2　四种沟通风格

4. 表达内容要明确

在直播中，主播需要清楚地介绍产品或活动规则，才能够吸引观众的注意力。介绍时话语内容要有意义，简洁明了的语言可以让观众更快速地理解主播的意图，避免使用过多的专业术语或复杂的词汇。语言有逻辑和层次感，主播应该按照一定的顺序和结构来组织内容，使观众能够更好地理解和记忆。可以采用因果关系、时间顺序、比较对比等方法来增强表达的逻辑性。

（二）主播声音训练

主播的声音有着特殊的力量，不仅可以传达言外之意，还可以使粉丝更欣赏主播，拉近主播与粉丝之间的距离。声音是非常复杂的，包括音节、声调、语调、音量、语速、说话气息等多种因素。通过细分领域的专注练习，主播在丰富声音内容的同时可以增强声音的感染力。

主播声音训练是提高直播质量的关键因素之一，通过科学有效的声音训练，主播可以改善发声方式，提高语音清晰度、音量和音色等方面的素质，增强表达力和感染力，为观众呈现更加专业、生动的直播内容。主播在训练自己的语音之前，应清楚自己在发音方面存在哪些问题。语音方面的问题主要体现在咬字和吐字上。常见的语音问题有四个，见表 7-2 所示。

表 7-2 语音问题

语音问题	说 明
字音不准	有的主播语音经常带有地区的口音，有的主播只掌握了汉语普通话的语音系统，对具体的汉字发音没有明确对应，很容易在发音时出现错误；随时查阅字典是解决字音不准确的最简单的方法
吐字无力	有些新手主播常出现唇舌无力、字头不清晰的问题，导致整个发音松散，使观众无法准确听清楚主播说的内容；主播要结合用气练习声母发音，增强府舌力量和提高气息力度
吐字含混	这往往是因为韵母发音不准，适当扩大 i、a、u 三个元音在口腔中的三点距离，加强元音对比可以改善这一状况

主播在进行语音训练时，要注意以下几个方面。

（1）从音节入手正音。正音是指掌握音节正确的发音方法，先从声母、韵母、声调进行分解练习，找到正确的发音部位和方法，随后进行音节的综合练习。分解练习中，主播要始终以音节为训练内容，以便在动态的语流中自然、流畅地综合运用。练习舌尖前音 z、c、s 和舌尖后音 zh、ch、sh、r 时，首先要掌握声母的发音要领：舌尖前音发音时舌尖应平伸，顶住或接近上齿背；舌尖后音发音时，舌尖要翘起，接触或接近硬腭前端。

（2）提升听觉能力。主播要提升听觉能力，提升语音的自我判断能力。主播可以使用录音设备，反复审听自己的语音，并做出调整；也可以采用互助方式，请团队成员或热心粉丝指出自己的错误发音；还可以进行朗读短文练习，首先多听标准的示范读音材料，反复跟读，形成标准的听觉感受，然后录制并播放本人的朗读语音，与示范材料对照，找到存在的错误和不足，进行改正。

（3）方言辨正。方言辨正是指辨别和比较方言与普通话语音的异同点，将方言向标准普通话语音靠拢。主播应正确判断自己在语音上的错误和缺陷，有目的地进行正音练习。主播可以利用形声字偏旁来类推正确读音，或利用普通话的声韵配合规律进行类推，再配合常用字正音、绕口令、朗读等练习，便可以逐步改掉使用方言的习惯。

（4）加大训练强度。主播要积极主动地加大训练强度，减少使用方言的次数。

（三）主播说话气息训练

1. 简单的气息训练

简单的气息训练方法可以两人进行，练习的人在前，辅助的人在后，后者把双手放到前者的后腰处，稍微用力，用双掌按压其后腰部，前者用腰部力量缓慢地将按压在腰部的双手推开。练习的人要把注意力集中在用力的部位，记住该位置肌肉运动的感觉，动作要慢，并进行反复练习。单人练习时，双手在背部交叉，左手摸后腰右部，右手摸后腰左部，肩部放松。在上述方法的基础上进行练习，保持后腰撑开的感觉，然后做下面的练习：保持兴奋的精神状态、面部保持微笑、仅用鼻子缓慢吸气，同时打开眉心，重复上一步，但要用口鼻同时吸气。训练时，动作要慢，感受气息从眉心、鼻子、口三点流入撑开的后腰。

2.“字音 - 气息”结合训练

主播控制气息的关键是要使气息和字音相结合，因此主播有必要进行“字音 - 气息”结合训练，我们可以参照以下三种方法来练习。

（1）发“ei”音，感受小腹运动与字音的结合。初级阶段，发“ei”音时要将小腹向内微收，之后要有意识地控制小腹，等到具备初步的控制能力后逐渐把注意力从小腹上转移，达到“全自动”的效果。这需要反复地练习。

（2）从“ei”音向单音节词转换时，要注意保持呼吸节奏，一口气一个字，收一下小腹，然后逐渐把单字变成词语，用同样的方法，一口气一个词，收一下小腹，最后过渡到短句。

（3）“hei”音连发，这是更高级别的“字音－气息”结合训练。刚开始练习时，主播可一口气发 3 个“hei”音，找到同步感，随着熟练程度逐渐提高，可以一口气发 7~8 个连续的“hei”音，发音要扎实、有力。呼出的气流要尽量打在上门齿的齿背，不要用喉咙，弹发要轻巧，有跳跃感。

3. 胸腹联合式呼吸

使用胸腹联合式呼吸时，一般是鼻子吸气，把空气吸入横膈膜处，使肋骨向外自然张开，这时腹部有发胀的感觉，随着小腹收缩，气息从小腹深处涌上来，推动声带发音，具体气息训练见表 7-3 所示。

表 7-3 气息训练

感觉类型	说明
对抗感	小腹微收，后腰撑住打开，这是两种相互对抗的力量，而这两种力量可以实现对气息的控制
支撑感	在呼吸时寻找两肋与后腰被逐渐撑开的感觉，这种感觉可以带动后背逐步舒缓，腰带渐渐绷紧
气柱感	身体保持正宜，精神兴奋和积极，找到畅通的感觉，此时会感觉身体内有一股垂直的气柱上下贯通，气柱充盈、饱满、源源不断
流动感	深吸气，将气息压到腹腔保持数秒，再将气息提到胸腔保持数秒，反复练习，找到气息运动的感觉，在气息一压一提的过程中，可以感受到它的流动感和顺畅感

气息训练方法

①吸提。在推送气息的同时轻声、快速地数数字，从 1 数到 10，一口气反复数，直到气息不能再继续为止，记录自己反复数了多少次。

②软口盖练习法。闭口打呵欠，即打呵欠时故意不张开嘴巴，而是用鼻子吸气和呼气。

③压腹数数法。平躺在床上，在腹部上压一摞书，吸足一口气，开始从 1 往后数。这是对气息输出作强制训练，以达到提高腹肌和横膈膜的控气力度的目的。做这个练习时，开始阶段压的书可少些，后逐渐增加，循序渐进。为了不占用工作时间，可利用睡前做这个练习。

④跑步背诗法。平时跑步出现轻微气喘时，可背一首短小的古诗来进行练习。开始训练时可两人配合进行，并肩小跑，一句接一句地背下去。背诵时，要尽量控制，不出现喘息声；一首诗背完后，要调节呼吸，然后继续背诵。

⑤一口气托住。嘴里反复快速发出“噼里啪啦、噼里啪啦”直到这口气息不能再继续为止时发出“嘭－啪”的断音，然后反复练习。

⑥一口气绷足。先慢后快地发出“哈、哈—，哈、哈……”，锻炼有爆发力的断音，先慢后快地发出“嘿－厚、嘿－厚……”，直到气息不能再继续为止。

⑦偷气换气法。选一篇或一段长句较多的文章或段落，用较快的速度读下去，在气息不足时，运用“偷气”技巧，读后确定最佳换气处，“偷气”是指不要边发声边吸气，而是要用极快的速度，在不为人觉察时吸入部分气流，换气时口鼻并用，以鼻为主，掌握时间差，使气流充沛有力。

任务 7.3　主播应变与情绪管理的能力

在直播电商的实战策略中，主播的应变与情绪管理能力是极其重要的因素之一。随着直播电商的快速发展，观众对于直播内容的期待和要求也在不断提高，这就要求主播具备出色的应变能力和情绪管理能力。

（一）应变能力

应变能力是主播在直播过程中面对突发情况或意外事件时，能够迅速做出反应并妥善处理的能力。例如，当直播过程中出现技术故障或产品问题时，主播需要迅速调整心态，冷静分析问题，并给出合理的解决方案。这种应变能力不仅能够有效避免直播中断或观众流失，还能够提升主播的专业形象和信誉度。应变能力具体包括以下几个方面。

1. 快速响应与情绪管理

在直播过程中，任何突发情况都可能瞬间打破原有的节奏和氛围，如网络卡顿、设备故障、产品演示失误等。此时，主播的首要任务是迅速识别问题，并立即启动应急机制。同时，保持冷静和积极的心态至关重要，因为主播的情绪会直接影响观众的感受。通过深呼吸、简短幽默的自嘲或正面引导观众关注其他内容，主播可以有效管理自身情绪，避免负面情绪扩散，为解决问题赢得时间和空间。

2. 问题分析与决策能力

面对突发情况，主播需要具备快速分析问题的能力，准确判断问题的性质、影响范围及可能后果。这要求主播在日常工作中应该积累丰富的专业知识和经验，以便在关键时刻能够迅速调用相关知识库，做出合理的判断。同时，基于分析结果，主播需要果断决策，选择最合适的解决方案。这种决策能力不仅体现在技术问题的解决上，也包括如何调整直播内容、互动方式等，最大限度减少突发情况对直播效果的影响。

3. 沟通与互动技巧

在应对突发情况时，主播的沟通与互动技巧同样重要。一方面，主播需要及时向观众通报情况，保持信息的透明度，避免观众因信息不对称而产生误解或不满。另一方面，主播应利用这一时机加强与观众的互动，通过提问、抽奖、分享趣事等方式，转移观众的注意力，维持直播间的活跃度和观众黏性。此外，主播还可以通过幽默风趣的语言和态度，缓解紧张气氛，提升观众的好感度和忠诚度。

4. 专业形象与信誉度提升

成功应对突发情况，不仅能够避免直播中断或观众流失，更能彰显主播的专业素养和应变能力。观众在目睹主播冷静处理问题的过程中，会对主播产生更多的信任和尊重，从而提升主播的专业形象和信誉度。这种正面形象的建立，有助于主播在竞争激烈的直播市场中脱颖而出，吸引更多潜在的观众和合作伙伴。

5. 持续学习与改进

应变能力并非一蹴而就，而是需要主播在日常工作中不断学习和积累。主播应关注行业动态、学习新技术、了解观众需求，不断提升自己的专业素养和应变能力。同时，每次直播结束后，主播都应进行复盘总结，分析自己在应对突发情况时的表现，找出不足之处并寻求改进方法。通过持续的学习和改进，主播的应变能力将不断得到提升和完善。

（二）情绪管理能力

情绪管理能力是主播在直播过程中保持积极情绪、控制负面情绪的能力。直播电商行业竞争激烈，主播在直播过程中难免会遇到各种挑战和压力，如观众质疑、负面评论等。此时，主播需要保持冷静、理智，以积极的心态面对挑战，并通过有效的沟通技巧化解负面情绪。例如，当遇到观众质疑时，主播可以通过耐心解释、展示产品优势等方式，消除观众的疑虑和不满，从而维护良好的直播氛围。

1. 积极情绪的保持

直播是一种高度情绪化的传播方式，主播的情绪状态直接影响着直播间的氛围和观众的观感。因此，主播需要具备在直播全程中保持积极情绪的能力，这包括以下两点。

（1）心态调整：主播应在直播前做好充分的心理准备，将直播视为一次与观众分享、交流的机会，而非单纯的工作任务。通过积极的心态暗示，如"我能带给观众有价值的内容""观众会喜欢我的产品推荐"等，激发内心的热情和动力。

（2）情绪表达：主播在直播过程中应适时地展现出喜悦、兴奋、期待等积极情绪，用感染力强的语言和肢体语言带动观众的情绪，营造愉悦的观看体验。

2. 负面情绪的控制

面对直播电商行业的激烈竞争和观众的多样反馈，主播不可避免地会遇到各种挑战和压力，这些都可能引发负面情绪。此时，有效的情绪控制能力显得尤为重要，具体有以下三种方式。

（1）冷静应对。当遇到观众质疑、负面评论等挑战时，主播首先要保持冷静，不让情绪升级影响自己的判断力和言行举止。通过深呼吸、短暂离开镜头等方式，调整自己的情绪状态。

（2）理智分析。在冷静下来后，主播应客观分析问题的原因和背景，区分合理与不合理的质疑。对于合理的质疑，采取积极的态度进行解答和回应；对于不合理的负面评论，则可以选择忽略或适度引导，避免将争议扩大化。

（3）有效沟通。沟通是解决负面情绪的关键。主播应运用沟通技巧，如倾听、同理心、清晰表达等，与观众建立良好的沟通桥梁。当遇到观众质疑时，主播可以耐心解释产品的特点、优势和使用方法，同时用实例和证据来支持自己的观点，消除观众的疑虑和不满。

3. 维护良好的直播氛围

情绪管理的最终目的是维护一个积极、和谐、有序的直播氛围。主播应通过以下方式实现这一目标。

（1）积极引导。主播应主动引导观众参与讨论和互动，提出有价值的话题和观点，激发观众的参与热情和创造力。同时，对于偏离主题的讨论或负面情绪的蔓延，主播应及时进行引导和纠正。

（2）建立信任。通过真诚、专业的态度和表现，主播可以逐步建立与观众之间的信任关系。这种信任关系不仅有助于提升观众的忠诚度和购买意愿，还能在面对挑战和负面情绪时成为主播的坚实后盾。

（3）持续优化。情绪管理能力是一个动态发展的过程。主播应不断总结经验教训，优化自己的应对策略和沟通技巧，以适应不断变化的直播环境和观众需求。同时，也要关注自身的心理健康状况，适时寻求专业的心理辅导和支持。

一项研究数据显示，具备出色应变与情绪管理能力的主播，其直播间的观众留存率和转化率均显著高于其他主播。这充分说明了应变与情绪管理能力在直播电商中的重要性。

在实际操作中，主播可以通过不断学习和实践，提升自己的应变与情绪管理能力。例如，可以参加专业培训课程，学习如何快速应对突发情况、如何控制负面情绪等技巧；同时，也可以在日常直播中积累经验，不断总结和改进自己的表现。

总之，主播的应变与情绪管理能力是直播电商成功的关键因素之一。只有具备出色的应变能力和情绪管理能力，主播才能在激烈的竞争中脱颖而出，并且赢得观众的信任和喜爱。

项目八　直播脚本与话术撰写

任务 8.1　直播脚本的编写要点与技巧

直播脚本是影响直播活动成功与否的关键因素。直播脚本的作用是提前规划直播内容和活动，梳理直播流程，把控直播节奏，使直播活动按照直播团队预想的方向有序进行。一份清晰、详细、可执行的直播脚本是直播顺利进行，并且取得良好效果的有力保障。

8.1.1　直播脚本的重要性

直播脚本是使用一种特定的描述性语言，依据一定的格式编写的可执行的文件，其目的就是让直播按照预想的方向有序地进行。

整场直播的脚本是以整场直播为单位，规范直播流程与内容。单品解说脚本，是以单个商品为单位，规范单品解说，突出商品卖点，简单来说可以理解成商品讲解。直播脚本的作用主要体现在提高直播筹备工作的效率、帮助主播梳理直播流程、控制直播预算三个方面。

（一）提高直播筹备工作的效率

直播前，直播运营团队需要事先做好充足的直播规划，不能临近开播才去考虑直播主题如何设置、直播场景如何搭建、相关优惠活动如何设置、直播人员如何配置等问题，这样会出现人员职责不清，相关细节考虑不周的问题。开播前制作直播脚本，能够帮助参与直播的人员了解直播流程，明确每个人的职责，让每个人各司其职，从而保证直播筹备工作有条不紊地展开。

（二）帮助主播梳理直播流程

直播脚本能够帮助主播了解本场直播的主要内容，梳理直播流程，让主播清楚地知道在某个时间点应该做什么、说什么，以及哪些事项还没有完成等，避免主播在直播中出现无话可说、活动规则解释不清楚等情况的发生。一份详细的直播脚本甚至在主播话术上都有技术性的提示，能够帮助主播保持语言上的吸引力，游刃有余地与粉丝进行互动。

（三）控制直播预算

对于中小卖家来说，直播预算可能有限，可以在直播脚本中提前设计好自己能够承受的优惠券面额、红包金额、赠品支出等，提前控制直播预算。

8.1.2　直播脚本的核心要素

直播时，主播往往会遇到这样的问题：不知道如何讲解产品；不知道如何回答粉丝的问题；不知道在讲述什么；不知道重点是什么；面对一些粉丝提出的尖锐问题还会手足无措等。

近年来，随着直播的火爆，直播市场竞争也愈演愈烈。如今想要从千篇一律的直播中脱颖而出，并不是一件容易的事情。那么，如何打造一场成功的直播呢？直播脚本是关键。它能够保证直播流程的顺利进行，实时把控直播节奏，推动直播卖货的高效转化。遵循直播脚本核心要素，可以避免“尬场”等意外情况的发生。一般来说，直播脚本写作应遵循以下五个要素。

（一）明确直播主题

直播主题是直播的核心，整场直播的内容需要围绕主题展开。如果内容与主题不符，就会导致内容很宽泛，让粉丝不知道直播的核心是什么，从而会流失一些观众。例如，今天的直播主题是“夏季新品发布会”，那么整个直播内容都要围绕着“夏季新品”展开。

（二）直播前期准备

直播前期准备包括以下几个方面的内容。

1. 直播宣传

直播宣传是指直播前，在微博、微信公众号等平台发布与直播相关的信息，为即将到来的直播进行宣传。主播每次直播前都会在微博上进行宣传推广，对直播产品、直播时间、直播亮点做详细的介绍，这样就能够吸引来更为精准的粉丝。

2. 人员分工

直播前要进行精确的人员分工。例如，主播负责引导观众、介绍产品、解释活动规则；助理负责现场互动、回复问题、发送优惠信息等；客服负责修改产品价格、与粉丝沟通、转化订单等。

3. 设备检查

直播设备会影响观众的观看体验，因此主播在写直播脚本时，不能漏掉直播设备的检查，包括摄像头、声卡、麦克风、耳机等。

4. 产品梳理

做带货直播时，一定要核实产品的质量，了解产品的功效，熟悉产品的使用方法，避免在直播推荐产品时“翻车”。

（三）开场预热

直播开始后，主播就要开始预热（如自我介绍、与观众互动），然后进行品牌的介绍，可以从产品产地、口碑、销量等数据说起，吸引眼球，勾起用户好奇心。

同时，可以介绍本场直播福利，比如通过互动抽奖、派发红包来活跃直播间用户，以此达到聚集人气，诱导观众留下来观看的目的。还可以设置分享榜奖励，激发用户转发直播间，带来新的流量。

（四）产品讲解与测评

产品讲解与测评是重点，主播要用其专业的知识去讲解产品的优势，要注意语言生动真实，用真实体验的方式来测评产品的实用性，建立粉丝与主播之间的信任。例如，美妆主播介绍口红时，每一支口红都亲自试色，再配合其专业且生动的话术表达，效果不言而喻。

（五）引导成交

介绍完产品，观众最关心的就是优惠活动。低价才是粉丝们追随的主要动力，直播的优惠活动是影响粉丝在直播间购买产品的最直接因素。这时候主播要做的就是全面解析这款产品在今天的优惠活动，完整演绎爆款购买路径，教粉丝怎么领优惠，怎么成功拍下。网红主播经常在直播间中用“低价”“满 × 送 ×”“优惠套餐”“全网最低价”“我们直播间比免税店还便宜”等一系列直播话术去刺激粉丝们下单。

8.1.3 直播脚本的撰写方法

（一）整场直播脚本

对于直播来说，脚本是非常重要的。一场直播通常会持续几个小时，有些人会觉得整场直播就是主播在任意发挥，事实上，在这几个小时里，主播先讲什么、什么时间互动、什么时间推荐商品、什么时间送福利，都需要提前规划好。直播前，我们一定要和主播、策划还有相关的工作人员做好整场直播脚本的设计。在脚本的框架下才可以更好地实现目标，避免主播无话可说或是进行一些不太恰当的临场发挥，有效避免对于主播个人能力的过于依赖。在脚本的框架下大多数人都可以适应主播这份工作。掌握整场直播脚本设计里面的九个直播脚本要点至关重要，如图 8-1 所示。

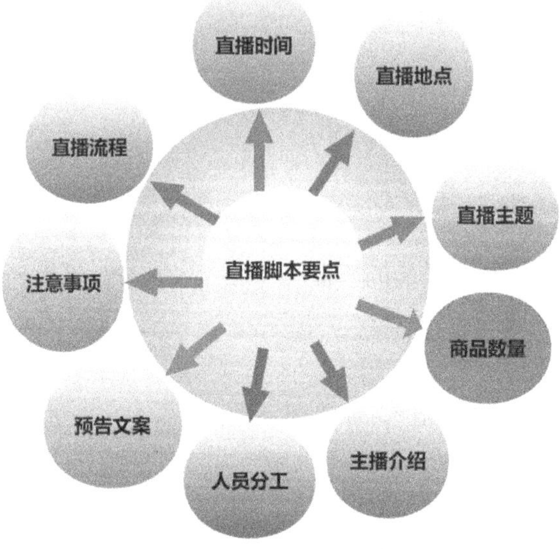

图 8-1　直播脚本要点

（1）直播时间：一定要明确开播和结束的时间，这样主播心里会有一个预期，包括整场的投流以及助理和相关的工作都可以在这个时间之内配合展开，给消费者一个心理预期，整场直播要用什么样的节奏来观看。

（2）直播地点：对于比较大的 MCN 机构或者比较大的公司，有很多直播间，那就要明确主播在哪一个直播间进行某一场直播，避免在直播间安排的时候相互冲突。

（3）直播主题：每一场直播一定要明确直播的主题，使粉丝了解直播的信息，比如说是一场什么样的直播,是上新活动还是开播活动,明确直播主题后,粉丝会对整场直播有一个大概的了解。

(4)商品数量:整场直播一定要明确一共有哪些产品,这样能够方便主播在不同情况下去合理调配这些商品,哪些是引流款,哪些是利润款,哪些是爆款。

(5)主播介绍:主播在直播间要不断介绍自己的名字,这对消费者来说是加深印象的过程,便于主播打造自己的个人 IP。

(6)人员分工:一定要明确直播参与人员的职责,比如主播负责讲解商品,演示商品功能、引导粉丝关注下单;助理负责协助主播与粉丝互动,回复粉丝的问题;场控、客服负责商品的上下架,修改商品的价格、发货、售后。一定要明确每个人在直播中扮演的角色,以及每个人在某一个节点需要做什么样的工作,否则在直播过程中是没办法与主播、辅播以及运营之间进行沟通的,这样会让整场直播效率变得非常低。

(7)预告文案:整场直播前要为直播间做预告,每场直播时一定要有直播前的预告、直播前的引流。如果没有流量的加持,那么整场直播就是主播一个人在"尬聊"。预告文案里要包含整场文案的卖点,比如说:"时尚秋装上新啦!""锁定 ×× 直播间特惠等你来买啦!"

(8)注意事项:如何提高粉丝的活跃度,提高粉丝的数量以及直播讲解的节奏,单品讲解 + 回复粉丝的问题 + 互动,以及直播讲解与互动的比例是多少,活动商品应该利用在什么样的场景,以及某个系列应该多讲解,某个系列是引流款,某个系列是促销目的的商品,在直播前一定要非常明晰。

(9)直播流程:直播流程应该规划详细的时间节点,说明开场预热、商品讲解、粉丝互动、结束预告等节点的具体内容。脚本就是要把这些内容具体写下来,然后主播就可以根据内容来熟悉脚本。直播中,在脚本的框架下做相应的发挥,这样我们的直播才能达到事半功倍的效果。

整场直播的脚本案例

第 0~1 分钟:开播直接进入直播状态,和最先来的粉丝打招呼,拉家常,拉近用户距离。

第 1~5 分钟:近景直播,跟粉丝互动的同时渲染本场直播产品,可以从产品产地、口碑、销量等数据说起,吸引眼球,引起用户好奇心。不断地强调每天定点开播。

第 5~10 分钟:这里可以开始宣布本场直播福利,比如互动抽奖,派发红包,或者预播直播间有秒杀功能,可以活跃直播间用户,聚集人气。设置分享榜奖励,可以激发用户帮你转发直播间,带来新的流量。

第 10~20 分钟:按照提前规划好的场景,将本场直播的所有产品粗略走一遍,不做过多停留,本场主推款可以多做介绍。整个过程不看粉丝评论,不跟粉丝走,按自己的节奏逐一过款。

第 20~135 分钟:正式进入产品逐个推荐。主播可以根据粉丝需求来介绍。

第 135~195 分钟(最后 1 个小时):做呼声较高产品的返场演绎。

第 195~225 分钟(最后半个小时):完整演绎爆款购买路径,教粉丝怎么领优惠怎么成功拍下。

第 225~235 分钟(最后 10 分钟):主播剧透明天的新款,或者见缝插针回复今日产品问题。

第 235~240 分钟(最后 5 分钟):强调关注主播,下期开播时间,以及下期福利。

优秀的直播脚本,一定会考虑这些流程的各个细节,可以让正式直播的内容有条不紊,而不是处处随机。

(二)单品解说脚本

单品解说脚本是针对单个商品的解说脚本,主要包括产品卖点及粉丝互动。还是以服装为例,主播解说商品一般有以下几点:尺码、面料、颜色、版型、细节特点、搭配衣服风格、适用场合,在介绍过程中需要主播实时与粉丝互动,及时回答粉丝的问题,从这些预设的维度出发,所有的内容讲解完,基本上商品就讲解得比较到位了。单品解说脚本的编写样例见表 8-1 所示。

表 8-1 单品解说脚本的编写样例

项目	流程	提示问题	我的产品内容
单品直播内容规划	引出话题	①新粉:粉丝、品牌信任;②互动:猜代言人、话题制造	—
	提出痛点	①这款产品能解决自己的什么需求;②这个问题有多大	—
	建立信任	①工艺产地复杂化;②品牌形象	—
	产品卖点	①产品能给用户解决什么问题;②与同类产品相比,这个解决方案优势是什么	—
	使用体验	①自己的感受;②顾客的证言;③前后收益对比;④真实照片;⑤截图证据	—
	诱导消费	①正当消费:②价格优势;③经济利益;④体现畅销;⑤偷换顾客心理账户	—
	组合销售	①有没有其他领域的需求;②大额满减;③产品组合	—
相关素材	—	—	—
整体要求	—	—	—

(三)单场直播脚本

单场直播脚本用以规范整场直播流程与内容,直播过程中,最重要的就是对直播流程进行规划和安排,重点是逻辑和玩法的设计以及直播节奏的把控。单场直播脚本要明确以下五个方面。

(1)明确主题与内容。单场直播脚本需要确定主题,如果这一场直播是为了配合店铺上新,那就以新品为主题,再由新品发散开来延伸至其他产品。

(2)明确从店铺或粉丝需求出发。这场直播的主题是回馈粉丝,或是配合店铺的某一些店庆活动,或是“双十一”大促活动。店铺可以从粉丝定位或其想看的内容出发来寻找直播的主题。

(3)明确给谁看。这场直播是给谁看的?肯定是店铺的粉丝和店铺的老客户。这个时候商家要做好店铺的粉丝画像。从粉丝侧重和关注的一些要点中,可以提炼出这场直播的主要卖点和看点。

（4）明确预算与策略。一些中小卖家可能预算有限，就需要做一个单场直播成本的控制。这场直播最多可以承受多少优惠券面额，可以承受多少赠品支出等，这些都要提前预设好。预算预设好之后，可以设定截屏抽奖，或者利用直播后台的一些工具来发放直播中粉丝的一些福利。

（5）明确直播节奏。直播节奏就是确定每一个时间段直播的内容。

简而言之，直播脚本的作用就是对时间、场景、人员、道具、产品的综合性调度。直播结束后，还要及时跟进订单，进行奖品名单公布和发放，做好粉丝维护等，确保用户的消费体验。特别是在发货环节，一定要做到及时。另外，可以调研粉丝对于本场活动的评价，便于改进优化，还可以对直播视频进行剪辑，包装成一篇推文，进行多渠道宣传。单场直播策划脚本样例见表 8-2 所示。

表 8-2　单场直播策划脚本样例

日期	7 月 15 日
直播时长	16:00~17:30
预估目标	全面引导转化率 8%
直播活动	①抽奖；②产品福利；③产品秒杀
活动主题	拍档心选直播
活动目的	完成直播促销活动
预热开场	大家好，“产品福利哪里找，优惠活动看文涛”，小店一年到头卖货，就是为了给我们的客户谋福利
直播节奏部分	①预告：下午 16:00 直播，进场 3 分钟抢福利，只有 5 个名额，请大家准时进入直播间 ② 16：00~16：10 送粉丝福利，吸引粉丝定时观看直播，做好粉丝回访，做好后面的铺垫（前 10 分钟预告整场热点：3 分钟抢福利，今天直播间的重磅福利是价值 ×× 元的 ×× 产品。错过再也没有。16：10 请来秒杀“性价比之星”，今天这款产品真的很便宜。这款产品是小店的引流产品。一共 ×× 份，秒杀完就下架。16：20 进行第一次抽奖。17：10 直播间限量粉丝福利等你来，今天直播间送给我们专属会员的福利，是 ×× 品牌提供的价值 ×× 元的产品，只有 × 份，送给整场直播加购产品数量前 300 名的粉丝。17:20 进行第二次抽奖，并做下一场的直播预告） ③ 16:10~16:20 流量上涨之后，应该用性价比较高的引流产品作为低价产品吸引新顾客 ④ 16：20~17：00 人气稳定，开始卖爆款和秒杀款，穿插进行，结合主推产品烘托气氛，争取实现销售转化，记住 80% 的留销售来自 20% 的款式（提前定好主推款，款式不在于多而在于精准） ⑤ 17：00~17：30 人气开始下降，用红包福利继续让直播活跃起来，总结本场主推产品（通过产品组合策略引导粉丝从直播间进入店铺加购产品）开始预告下一场直播的内容。最后为下一场做预热，预告下一场的重大福利
主要引导话术	①讲话术：话不多说，先来一波抽奖，请加购产品到购物车之后回复 666，快速刷起来 ②引导加购：今天主播讲解的产品比较多，大家看到比较好的产品，可以先加购物车，以免找不到。主播现在讲解的是 ×× 号产品，它平时的价格是 ×× 元，今天的优惠价是 ×× 元，如果您觉得不错，就先加购物车 ③秒杀款话术：上我们的秒杀款。很期待这一刻，因为今天这款产品真的很便宜。这类产品作为小店的引流产品，一共 × 份，秒杀完就下架，一定要立即下单 ④爆款话术：今天整场直播，这款产品的价值最高，是小店很畅销的款式，也是性价比较高的款式，属于进店必买款（介绍卖点和优惠措施）
结尾部分	今天的直播马上结束，没有加购的请赶紧去加购。这是我们本月优惠力度较大的活动了。下一场直播将在 × 月 × 日进行

在直播电商的实战中,直播脚本的编写是至关重要的一环。一个精心设计的直播脚本不仅能确保直播内容的连贯性和吸引力,还能有效引导观众参与互动,提升直播效果。在编写直播脚本时,需要遵循几个要点与技巧。

首先,明确直播的目标和主题。直播脚本的编写应围绕直播的目标展开,确保内容紧扣主题。例如,如果直播的目标是推广新产品,那么脚本中应突出产品的特点和优势,通过生动的案例和数据分析来展示产品的价值。

其次,注重内容的逻辑性和连贯性。直播脚本应像一部电影剧本一样,有起承转合,让观众在观看过程中始终保持兴趣和期待。可以借鉴故事叙述的技巧,通过设置悬念、冲突和解决方案来吸引观众的注意力。

再次,直播脚本的编写还需要注重互动性和参与感。在直播过程中,观众的参与和反馈是提升直播效果的关键。因此,在脚本中应设计一些互动环节,如抽奖、问答等,让观众能够积极参与进来。此外,主播在直播过程中也应根据观众的反馈及时调整话题和节奏,保持与观众的紧密互动。

然后,直播脚本编写还可以借鉴一些成功的案例和名人名言来增强内容的吸引力和说服力。例如,可以引用一些行业领袖的观点来支持自己的观点,或者分享一些成功的直播案例来展示直播电商的潜力和价值。

最后,直播脚本的编写需要持续优化和迭代。在直播结束后,应对直播数据进行全面收集和分析,评估直播效果和用户反馈。根据分析结果,可以对直播脚本进行针对性的优化和改进,提升下一次直播的效果和质量。

总之,直播脚本的编写是直播电商实战中不可或缺的一环。通过遵循要点与技巧、注重内容的质量和互动性、借鉴成功案例和名人名言以及持续优化和迭代,可以编写出更加精彩、有效的直播脚本,提升直播电商的实战效果。

任务 8.2　直播话术的设计原则与实战

在直播电商的实战中,直播话术的设计至关重要。一个成功的直播话术不仅要吸引观众的注意力,还要能够精准传达产品信息,引导观众产生购买欲望。设计直播话术时,首先要明确直播的目标和定位,确保话术与品牌形象和产品特性相契合。

(一)直播话术的设计原则

1. 清晰明了,易于理解

(1)简洁明了:直播话术应简洁明了,避免冗长和复杂的句子,确保观众能够迅速理解主播的意思。

(2)语言通俗:使用通俗易懂的语言,减少专业术语或行话的使用,以确保不同背景和知识水平的观众都能轻松理解。

2. 针对性强,贴合需求

(1)了解观众:在设计话术之前,需要深入了解目标观众的需求、兴趣点和痛点,以便有针对性地制定话术内容。

（2）产品匹配：话术应紧密围绕产品特点和卖点展开，确保观众能够清晰地了解产品的优势和价值。

3. 逻辑清晰，引导性强

（1）逻辑顺序：遵循“让用户了解产品—让用户需要产品—让用户购买产品”的逻辑顺序来设计话术，逐步引导观众进入购买决策阶段。

（2）引导互动：通过提问、互动游戏等方式引导观众参与互动，增强观众的参与感和黏性。

4. 情感共鸣，增强信任

（1）情感共鸣：利用情感共鸣点来打动观众，如讲述产品背后的故事、分享个人使用体验等，以增强观众的情感连接。

（2）建立信任：通过展示专业知识、分享真实反馈等方式来建立观众对主播和产品的信任感。

5. 灵活应变，及时调整

（1）应变能力：面对直播过程中的突发情况或观众反馈，主播需要迅速调整话术内容，灵活应对以确保直播的顺利进行。

（2）持续优化：根据直播效果和观众反馈不断优化话术内容，提升直播的吸引力和转化率。

6. 强调价值，突出优惠

（1）价值传递：明确传达产品的核心价值和使用场景，让观众感受到产品的实用性和必要性。

（2）优惠促销：利用限时优惠、折扣、赠品等促销手段激发观众的购买欲望，促使他们尽快下单购买。

7. 遵守规范，避免违规

（1）遵守法规：确保话术内容符合相关法律法规和平台规定，避免使用违禁词或敏感词。

（2）诚信经营：坚持诚信经营原则，不夸大产品效果或做出虚假承诺以免损害观众利益和主播信誉。

直播话术的设计原则包括清晰明了、针对性强、逻辑清晰、情感共鸣、灵活应变、强调价值和遵守规范等方面。通过遵循这些原则并结合实际情况进行灵活运用可以显著提升直播效果并促进销售增长。

（二）直播话术的应用实战

电商带货有以下四种方式。

1. 橱窗带货

橱窗带货在四种电商带货中，门槛是最低的，对经营者的经验和能力要求比较低。各大主流平台提供经营教程与经营方法，包括货品推荐，橱窗智能管理、流量挖掘和平台托管等，帮助商家提升店铺橱窗成交额。

2. 直播带货

直播带货对商家的技术和能力要求较高,需要主播拥有良好的表达能力、表现能力、互动能力、应变能力等,需要直播团队拥有良好的运营策划能力、技术支持能力、数据分析能力与团队协作能力等,目前主流电商平台都提供全程的直播教学,提供直播选品、方案制定、话术生成及中控跟播工具等,帮助直播团队提升工作效率,提高工作质量。

3. 视频带货

视频带货具有生动直观、互动性高、效率高、成本低等特点,需要团队人员具备良好的方案设计能力、视频拍摄与剪辑能力、数据分析能力等,对商家而言,视频带货丰富了商品的展示形式,使消费者更直观地了解产品,有效提升产品的转化率。对消费者而言,可以在观看视频的同时,购买自己心仪的产品,节省时间与精力。

4. 图文带货

图文带货是通过发布图文来推广商品,具有便捷性和高效性。图文带货对技能的要求包括:账号打造能力、涨粉策略建设、选品能力、文字创作与编辑能力、图片处理能力等,图文带货不仅仅需要发布作品,还需要做好粉丝维护、市场分析、内容策划及营销策略等多方面工作,进而提升整个账号的带货数据。

针对以上四种带货方式,在设计直播话术时,可以借鉴一些成功的案例。例如,某知名美妆主播在直播中,通过分享自己的化妆心得和技巧,巧妙地将产品融入其中,使得观众在享受美妆知识的同时,也对产品产生了浓厚的兴趣。这种将产品融入生活场景的方式,不仅提高了观众的参与感,也增强了产品的说服力。除此之外,还可以运用一些分析模型来优化直播话术。例如,可以使用 SWOT 分析模型来评估产品的优势和劣势,以及市场机会和威胁,从而制定出更具针对性的话术策略。同时,还可以利用数据分析工具,对直播过程中的观众反馈进行实时监测和分析,及时调整话术内容和节奏,确保直播效果最大化。

在实战中,直播话术的设计还需要注意一些细节。首先,话术要简洁明了,避免冗长和复杂的句子结构,让观众能够轻松理解。其次,话术要具有互动性,通过提问、抽奖等方式与观众进行互动,提高观众的参与度和黏性。最后,话术要具有情感共鸣,通过讲述故事、分享经历等方式与观众建立情感连接,增强观众对产品的认同感和归属感。

任务 8.3　直播脚本与话术的持续优化与迭代

在直播电商的实战中,直播脚本与话术的持续优化与迭代是提升直播效果的关键环节。一个成功的直播脚本不仅要能吸引观众的注意力,还要能引导他们参与互动,并最终促成购买行为。因此,需要不断地对直播脚本和话术进行迭代和优化。

首先,通过数据分析来评估直播脚本和话术的效果。例如,可以关注直播的观看时长、观众互动率、转化率等关键指标,这些指标能够直观地反映出直播脚本和话术的效果。如果某个环节的观看时长明显偏低,或者互动率不高,那么就需要针对这个环节进行优化。在优化过程中,可以借鉴一些成功的案例。例如,某知名主播在直播中巧妙地运用了幽默诙谐的语言,不仅吸引了大量观众,还提高了观众的互动率。我们可以学习这种表达方式,将其融入自己的直播脚本中,提升直播的趣味性。

其次，可以运用一些分析模型来指导直播脚本和话术的优化。例如，我们可以使用SWOT分析模型来评估直播的优势、劣势、机会和威胁，从而制定出更加有针对性的优化策略。同时，我们还可以借鉴市场营销中的"AIDA"模型（Attention，Interest，Desire，Action），通过引起观众注意、激发兴趣、激发购买欲望和促成购买行为四个步骤来优化直播脚本和话术。

最后，保持对直播脚本和话术的持续优化与迭代。直播电商是一个快速发展的行业，观众的口味和需求也在不断变化。因此，我们需要不断地关注市场动态和观众反馈，及时调整和优化直播脚本和话术。

项目九　直播引流与推广策略

当下的数字营销时代,直播已成为企业与消费者互动的重要桥梁。某知名品牌为推广其新款产品,决定采用直播的形式进行宣传和销售。考虑到市场竞争的激烈,团队特别重视直播前的预热和引流工作,以确保直播活动的成功。该品牌采用了多种预热策略,如社交媒体宣传、短视频预告和 KOL 合作等。通过提前发布与直播相关的内容,引发消费者的好奇心和期待,激发他们参与直播的意愿。

为确保更多的用户进入直播间,该品牌选择了多个引流渠道。除了利用自身的官方网站和社交媒体平台,还与外部合作伙伴进行联动,通过广告投放、内容推荐等方式吸引潜在用户。预热阶段,该品牌设计了一系列互动活动,如抽奖、答题等,鼓励用户参与并分享,从而扩大直播的曝光度。这些活动不仅提高了用户的参与感,还增加了用户对直播的期待。为了吸引用户的关注,该品牌在预热内容上花费了大力气。创意短视频、引人入胜的故事线、具有感染力的宣传语等都为直播的引流工作起到了重要作用。

预热期间,该品牌对各项数据进行了实时监测和分析,包括用户行为、互动情况、流量来源等。根据数据分析的结果,团队及时调整预热策略和内容,以确保引流效果的最大化。直播结束后,该品牌对预热和引流的效果进行了全面评估。通过对比直播前后的数据变化,团队发现预热和引流工作对直播的成功起到了关键作用。在总结经验教训的基础上,该品牌为未来类似活动提供了有价值的参考。

该案例提供了以下启示:首先,直播前的预热工作至关重要,可以有效提高直播的曝光度和参与度;其次,选择合适的引流渠道和内容创意是成功的关键;最后,实时监测和优化数据是确保活动效果的重要手段。

近年来,直播的竞争越来越激烈,很多新手主播要想占有一席之地,就必然要经过一番苦战。很多主播在开播后发现直播间没有人,或者是来了人留不住,这到底是自己的直播间被限流了还是违规了呢?其实都不是,要想你的直播间源源不断地有人进来,就必须了解直播预热与引流的规则与技巧。

任务 9.1　直播前的预热与宣传策略

直播前的预热可以吸引更多的用户进入直播间,对直播活动进行更大程度的宣传。如果预热不到位,正式直播时用户数量太少,那么商品的购买转化率就会非常低。直播预热是为了让用户提前大概了解直播的内容,这样对直播感兴趣的用户就可以在直播时及时进入直播间,提高直播间的在线人数。

(一)预热场景

直播预热可以运用私域场景和公域场景相结合的方式,以快速提升直播活动的热度。

1. 私域场景

淘宝直播中，主播可以利用的私域场景包括店铺首页、商品详情页、店铺微淘等。设置淘宝直播预告的方法如下：登录淘宝主播 APP 账号后台，在“内容发布”界面中点击【创建预告】按钮，在打开的“发布预告”界面中填写直播预告的相关信息，然后点击【发布预告】按钮，此时直播预告进入审核阶段。

主播在设置直播预告时，需要注意以下几个问题：预告视频尽量不要有水印，禁止添加字幕；视频应为横屏，画面长宽比例为 16∶9；视频画面要整洁，内容主次分明；对于第二天的直播，前一天的直播预告至少要在当天 16 点前发布，否则淘宝直播平台将不予审核浮现。

抖音、快手等短视频平台主播可以利用的私域场景主要是账号名和账号简介。主播在直播前可以更新账号名和账号简介信息，在账号名中加括号备注，也可以在账号简介中以文案的形式说明自己的直播时间，如每周三、四、五直播间定时宠！。

2. 公域场景

利用公域场景为直播预热和“引流”有多种渠道，包括短视频、微博、微信公众号、社群等。

1）短视频预热

主播一般要在开播前 3 小时发布短视频为直播预热，短视频预热的方式主要有以下几种。

（1）短视频常规内容 + 直播预热：指短视频前半段输出和平时风格相同的垂直内容，吸引固定的粉丝观看，后半段进行直播预热。

抖音搞笑达人直播预热文案

①每天睡前喝一杯牛奶——会比不喝的人多花几块钱。

②省钱的方法多种多样，比如你买一件羽绒服，需要一千多——而买感冒药只需要几块钱。

③或者你可以来我的直播间，4 月 22 日，抖音好物，全民直播，购物嘉年华，价格够朋友，美好不讲究，等你！

该主播一如既往地用搞笑内容吸引粉丝观看短视频，最后才宣布直播的主题和时间，而且宣布的方式也符合其既定搞笑风格，让粉丝不知不觉间就开心地接受了他直播的预告。

（2）纯视频预热：这类直播预热视频主要采用主播真人出镜的方式，向用户通知具体的开播时间。如果主播想吸引潜在用户，就要留下悬念，勾起他们的好奇心。

（3）添加利益点：对于没有关注主播的用户来说，如果主播的话在直播预热视频中没有强大的诱惑力，是很难让他们进入直播间的，所以主播还可以在视频中添加利益点。例如，在直播间会抽奖，奖品有品牌包、新款手机、新上市的护肤品等；直播促销活动的优惠力度非常大等。这样可以激发用户的兴趣，使用户定时进入直播间。

（4）发布直播片段视频：很多影视剧在正式播出之前会放出很多花絮片段，目的是让用户对成片感兴趣。开直播之前发布直播片段也是如此，如果上一场直播中发生过一些有趣的事情，主播可以将其截取出来发短视频，为即将开始的下一场直播“引流造势”。

2）微博预热

电商主播经常在微博上进行直播宣传预热，告诉粉丝们具体的直播时间。某美食主播曾在微博上发布直播预热文案，通过3位“红人”吸引其粉丝进入直播间，并交代具体的直播时间；某美妆主播直播预热文案的重点是某位艺人要来直播间，用“艺人加入”这个亮点吸引粉丝进入直播间。主播在发布直播预热文案时，可以将自己直播间的亮点展现出来，吸引更多用户和粉丝进入直播间。

3）微信公众号预热

主播可以在微信公众号上以长文案的形式进行直播预热，插入图片或海报，更清楚地说明直播的时间和主题。

4）社群预热

主播可以创建自己的社群，开播前在群内做直播预热互动。

（二）预热时机

很多主播发现，即使自己做了精心的准备和宣传，但直播间的用户增长并不明显，感觉自己的时间和资金都打了水漂。如果确定了自己的商品定位、直播间布置等都没有问题，就要考虑直播预热的时机是否合适。直播预热发布的时机与用户在社交平台上的活跃时间、预热与正式直播的间隔时间等因素息息相关。

1. 直播预热的时间

直播的人气峰值一般出现在晚上7~11点，这是大多数上班族的休息时间，人们利用休息时间看直播的可能性比在工作时间看直播的可能性更高。与相对固定的直播时间不同，直播预热的时间灵活很多。短视频平台、微博、微信公众号等都可以成为直播预热的平台，所以主播要抓住这些平台用户的活跃时间。

工作日，上班族和大学生更多地活跃在上午，休息日则无明显的活跃时间，用户整天都有可能看手机。电商直播的预热只需注意避开深夜休息时间和用餐时间即可。需要注意的是，直播预告的发布时间最好选择在用户活跃峰值前半个小时左右，这样可以给用户更多的反应和转发时间，以免错过用户活跃峰值。

2. 直播预热与正式直播的间隔时间

直播预热时间一般不选择休息日，这主要是为了给直播观看的活跃时间一个提前量，尽量避开各类社交平台内容发布的高峰，微信公众号、微博等平台上的创作者会在周末发布较多的文章和短视频。

当然，直播预热的提前量不能太长，否则很容易让用户遗忘；但也不能太短，否则预热效果很难呈现出来，至少要24小时。一般来说，主播要在正式直播前1~3天进行直播预热，网络热门信息的黄金发酵期是2~3天，一般热门信息会在这段时间内被大量用户看到。当热议人数达到顶点时，主播再开始正式直播，很好地避免了热度的衰退。

另外，提前3天预热可以帮助主播准备应对突发情况的预案，主播可以对粉丝反响和突发热点有一个合理的缓冲。在提前做好直播预热的前提下，主播只需要针对突发状况进行小部分的调整即可。

在直播电商的实战策略中，直播前的预热与宣传策略扮演着至关重要的角色。有效的预热不仅能提前吸引潜在观众的注意力，还能为直播活动积累足够的热度，从而确保直播时的流量和转化率。为了制定有效的预热与宣传策略，需要深入分析目标受众的喜好和需求，结合市场趋势和竞品情况，制定有针对性的宣传方案。

首先，可以通过社交媒体平台如微博、抖音、快手等，发布直播预告和精彩片段，利用短视频和图文的形式吸引用户的关注。数据显示，短视频的观看量和转发率远高于传统图文，因此制作高质量的短视频预告是提升直播曝光度的关键。同时，还可以利用社交媒体平台的广告投放功能，精准定位目标受众，强化宣传效果。

其次，与网红、KOL 合作也是提升直播预热效果的有效手段。通过与具有影响力的网红、KOL 合作，可以借助他们的影响力吸引更多潜在观众。例如，某知名美妆品牌曾邀请一位知名美妆博主进行直播预热，通过博主的粉丝基础和影响力，成功吸引了大量观众关注直播活动，并实现了销售额的大幅增长。

最后，还可以利用数据分析工具对预热效果进行实时监测和评估。通过分析用户的观看时长、互动频率、转发分享等数据，可以了解用户对直播内容的兴趣程度和参与度，从而及时调整宣传策略。同时，还可以利用数据分析工具对竞品进行深入研究，了解他们的宣传策略和效果，为制定更有效的预热方案提供参考。

总之，直播前的预热与宣传策略是直播电商成功的关键之一。通过深入分析目标受众、制定有针对性的宣传方案、与网红、KOL 合作以及利用数据分析工具进行实时监测和评估，可以为直播活动积累足够的热度，提高直播时的流量和转化率，从而实现更好的销售业绩。

任务 9.2 直播中的互动与引流技巧

在直播电商中，互动与引流技巧是提升直播效果、吸引观众并促进销售转化的关键。有效的互动能够增强观众的参与感和黏性，而巧妙的引流策略则能够扩大直播的影响力，吸引更多潜在消费者。

首先，互动是直播电商中不可或缺的一环。主播需要积极与观众进行互动，通过提问、投票、抽奖等方式激发观众的参与热情。例如，某知名美妆主播在直播中经常设置互动环节，如“你们最想看哪款产品的试色?”“你们对这款产品的评价如何?”等，观众可以通过弹幕或评论进行回答，主播则根据观众反馈进行实时互动，这不仅增强了观众的参与感，也提高了直播的趣味性。

其次，引流技巧对于直播电商的成功至关重要。主播需要利用社交媒体、短视频平台等渠道进行直播预告和宣传，吸引更多潜在观众。同时，在直播过程中，主播可以通过分享优惠券、限时折扣等福利活动，引导观众进行购买。此外，主播还可以与其他知名主播或网红进行合作，通过互相引流的方式扩大直播的影响力。

再次，在引流策略中，数据分析也扮演着重要的角色。主播需要密切关注直播数据，如观看人数、互动率、转化率等，以便及时调整引流策略。例如，当发现某个时间段内观看人数下降时，主播可以通过增加互动环节或调整直播内容来吸引观众；当发现某个产品的转化率较低时，主播可以通过优化产品介绍或提供更具吸引力的优惠活动来提升转化率。

总之，直播电商中的互动与引流技巧是提升直播效果、吸引观众并促进销售转化的关键。主播需要积极与观众进行互动，利用多种渠道进行引流，并密切关注直播数据以便及时调整策略。只有这样，才能在竞争激烈的直播电商市场中脱颖而出。

（一）直播引流概述

直播引流是指利用多种方法，吸引、引导用户进入直播间，增加直播间的在线人数。根据引流的时间点不同，可以将直播引流分为直播前引流、直播中引流和直播后引流。

1. 直播前引流

直播前引流就是直播活动的预热，直播团队通过不同渠道对直播进行预告，吸引用户在直播时进入直播间。

2. 直播中引流

直播最大的优点之一就是互动性强，直播过程中做好引导，提醒用户时刻关注直播间。利用红包、优惠券、抽奖、“秒杀”活动等增加他们的停留时长，增强用户的黏性。

3. 直播后引流

对直播视频进行剪辑、包装到推文中或做成精彩的短视频，让每一个有兴趣的受众都能关注账号并将其分享到自己的社交圈，引来更多的流量。

（二）直播引流技巧

数字化营销的时代，直播引流技巧在提升品牌知名度、扩大受众群体、增强用户黏性、促进销售增长、实时互动反馈、塑造品牌形象、降低成本投入和提升转化率等方面具有显著的重要性。企业应充分利用这些技巧，结合自身特点和市场需求，制定有效的直播营销策略，实现更好的营销效果。

1. 设置一个夺人眼球的标题

标题的最大作用是吸引用户不假思索地进入直播间观看。一个好的标题应该能够准确地定位直播内容，并引起用户的观看兴趣。直播标题的字数不宜过多，5~15 个最为合适，用一句话来展示直播内容的亮点，一定要避免空洞无物，没有信息量。

直播标题可大致分为三种类型，如图 9-1 所示。

一是内容型标题，其主要体现直播推荐商品的功能和特点，服装类直播会重点介绍如何搭配才能凸显身材和气质，可拟标题如“教你如何搭配出完美夏日着装”“今夏最潮穿搭”“糟糕！是心动的穿搭”等；美妆类直播会重点介绍新款商品，“国货彩妆，重新定义妆容美学”，或介绍美妆商品的使用技巧，“轻松一抹，涂出好气色”。

二是活动型标题，其大多展示直播间商品的包邮条件、折扣优惠、限时抢购信息等，这样可以通过低价或促销活动吸引大部分用户进入直播间，“新品一折，福利发不停”“品牌女装，折扣秒杀”。

三是福利型标题，其与活动型标题很相似，都是展示利益点，让用户心动。但福利型标题的内容大多为关注有礼、随机抽奖、直播间赠送商品等，一般是为了“引流”、增加粉丝，用少量的成本吸引流量，为之后的销售做好铺垫，“关注主播，买鞋送券、送袜”“直播间指定款买一送一”等。

图 9-1　直播标题的三种类型

为了起到先声夺人的作用，在实际编写标题时，可以合理运用以下八种方法，如图 9-2 所示。

图 9-2　直播标题写作方法

（1）戳中痛点：指以用户在生活中的烦恼为核心，将商品与解决烦恼的方式联系在一起，巧妙地运用到直播标题中。只要能戳中用户的痛点，就一定会引起他们的注意。通过提出日常生活中真实存在的问题来迅速抓住观众眼球，从而实现引流和营销的目的。做穿搭直播的主播可以在标题中这样写"美衣让你占中心位—想显瘦的女生一定要这样穿。"这对于想穿衣显瘦的用户来说，能使其产生点进去观看直播的想法。而做家居商品推荐的主播可以在标题中写"枕头不对，一夜难眠"，这对于睡眠质量差的用户来说有着很强的吸引力。"喝水不沾杯的唇釉"对于那些买到质量差、掉色严重的唇釉的用户来说非常具有吸引力。

（2）逆向表达：一般情况下，主播肯定希望用户看到直播广告时能迅速点开直播间进行观看，接受自己的推荐，所以很多主播起的标题是"跌破底价！走过路过不要错过！"如果大家都这样说，用户就会逐渐麻木。主播可以另辟蹊径，运用逆向思维，吸引用户的注意力。"别点，点就省钱"，这个标题中的"别点"先引起反差，再告诉用户为什么，因为"点就省钱"。如果刚好是用户喜欢的商品，则用户点击进去观看的可能性就非常大。与之类似的还有"小贵，但有很多人买"。

（3）利用好奇心：好奇是人的天性，主播可以合理利用人的好奇心来写标题，制造悬念，从而吸引用户提升观看直播的兴趣。在标题中提问就是一种制造悬念的方式，"秋后该如何护理肌肤"，提问的作用在于强调问题的存在，人们在发现这个问题刚好自己也存在时会对问题进行思考，从而点击进入直播间一探究竟。

（4）借势热点：有热点的地方就会有流量。大部分人都对热点话题感兴趣，所以借势热点也能增加点击率，这就是新媒体文案写作要蹭热点的原因。主播所借的热点可以是节日热点，也可以是热点事件，如“中秋大团圆，优惠等你来”，在中秋节到来之际，一些主播就会抓住“中秋节”这个节日热点来写直播标题。

（5）传达利益点：给用户传递类似“不仅可以在直播间买质优价廉的商品，还可以学到实用技能，获得实用知识”这样的信息。这种方法抓住了用户想从直播中满足精神层面需求的心理，如“一对一指导，精准解决问题性肌肤”“新手都可以学会的化妆技巧”。

（6）传递紧迫感：让标题充满紧迫感是召唤行动的一种表示，感受到紧迫感的用户会迅速点击进入直播间观看直播。“福利大放送！手慢无”，这类标题迎合了用户“爱占便宜”的心理，怕错过好货或福利的用户会迫不及待地进入直播间抢购。这样的策略的目的就是告诉你的潜在客户，促销结束后，他们就不可能再得到你的产品或服务。让他们产生紧迫感，想要得到这次机会，就必须马上下单，不然后悔就来不及了。

（7）制造娱乐效果：借助娱乐的元素或形式将主播与观众的情感建立联系，从而达到建立忠诚粉丝的目的。从娱乐营销的原理分析，其本质是一种感性营销，是通过感情共鸣引发观众忠实的行为。现在人们的生活压力很大，所以轻松幽默、带有娱乐效果的直播内容非常受欢迎，直播标题可以采用幽默的语言迅速吸引用户的目光，如“我这就是瘦，不接受反驳”“我这不是壮，是幸福在歌唱”。

（8）巧借数字：在众多直播界面中，用户对单个直播标题的浏览时间往往不会超过1秒，要想在如此短的时间内抓住用户的眼球，主播可以巧借数字，让直播标题变得更加直观和简洁。人的大脑会筛选掉那些同质化的信息，优先识别不同的信息。在标题中使用数字可以增强标题的辨识度，降低大脑的思考难度，从而迅速吸引用户的注意。如“俄罗斯蜜蜡只要9.9元”“新品回馈优惠50元”。

2. 打造优质直播封面图

封面图是直播的门面，好的封面图可以勾起用户的观看欲望，封面图已经成为直播间流量高低的直接关联因素，这就要求直播封面图一定要足够吸引人。相关统计表明，精心设计了封面图的直播间，其流量要比使用默认头像的直播间大得多。

要想打造优质的直播封面图，主播在设计时要遵循以下原则。

（1）干净、清晰、整洁。封面图一定要干净、整洁，不能添加任何文字，因为直播标题已经有了文字，封面图中再加入文字会显得杂乱无章，影响用户阅读。模糊不清的封面也会影响用户的浏览体验，可能导致用户在看到封面图的第一眼就划走。

（2）图片尺寸合理。直播封面图的尺寸一般为750×750像素，最小不能低于500×500像素。

（3）色彩构成合理。直播封面图的色彩要鲜艳，但不要过分华丽，只要能体现直播主题即可。坚决杜绝任何形式的“牛皮癣”，否则会影响重要内容的呈现。

（4）背景禁用白色。由于直播界面的背景本身就是白色，如果封面图的背景仍然选择白色，会导致图片不够突出、醒目，很难吸引用户，所以封面图的背景禁用白色。

（5）封面图要考虑固定信息的展现。封面图的固定信息包括左上角的直播观看人数和右下角的点赞量，封面图的重要内容一定要避开左上角和右下角，以免与直播观看人数、点赞量等构成部分相互干扰，影响观看体验。

（6）禁用合成图。为了不影响直播整体的浏览体验，封面图要放置一张自然、简洁的图片。如果放合成图，一旦拼接得不好，会非常影响视觉效果。

（7）封面图不要雷同。如果直播次数很多，直播封面图尽量不要使用同一张或极其相似的图片，这样会让用户以为内容都是相同的，降低直播间的点击率。

（8）符合直播主题。封面图要尽量契合直播主题，让用户在看到直播封面图时就能大概知道直播的内容是什么，并决定要不要进入直播间。直播在工厂实地看货，封面图可以选择工厂、车间等实景图；如果选择在档口直播，封面图要选择档口实拍图；如果要在直播间详细介绍商品，封面图最好不用模特或主播的人像图片，而选择精美的商品细节图。另外，如果直播间没有名人参与直播，就不能使用名人作为封面图；如果直播间有名人参与直播，可以使用名人肖像作为封面图，但要提供相关的肖像使用授权文件等资料。

（9）拒绝低俗。有些主播为了博人眼球，封面图会使用一些低俗的图片，这样的图片被官方检测到后，封面会被重置，降低封面的吸引力，严重者还会封禁账号。类似内衣等贴身衣物的直播封面图一般不要出现任何人物元素，直接展示商品即可。

（10）打标要规范。为直播封面图打标时，要根据规范打在同一位置，保持整体的一致性。标一般固定在封面图的右上角，不能移动，最大尺寸为 180×60 像素。

3."五步法"调动直播间人气

大多数主播在一次直播过程中要推荐数十款商品，某些时长较长的主播可能会推荐更多的商品，要想把这些商品都打造成"爆款"是不可能的，主播可以合理安排商品的推荐顺序，用商品调动直播间的人气，带动销量不断攀升。调动直播间人气分为五个步骤，如图 9-3 所示。

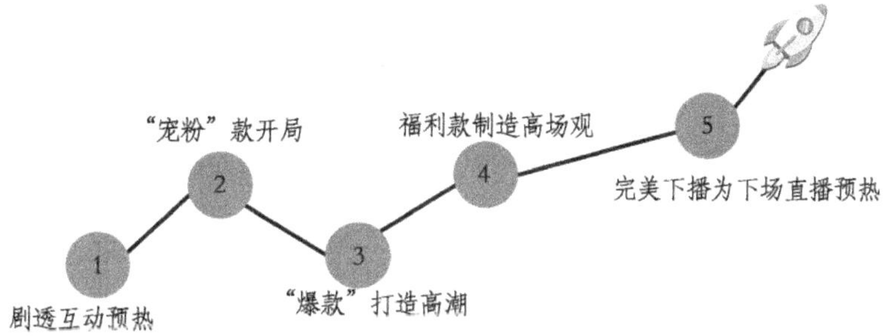

图 9-3　调动直播间人气的步骤

（1）剧透互动预热。一般来说，开始直播时观看人数较少，这时主播可以通过剧透直播商品进行预热。主播可以热情地与用户进行互动，引导其选择喜欢的商品。用回复口令进行互动的方式很快捷，直播评论区一般会形成"刷屏"之势，从而调动起直播间的气氛，为之后的直播爆发蓄能。

例如某主播在直播开场时引导用户回复口令"新来的"参与抢购 0.1 元的包。该主播特意准备了限量低价包来给用户送福利，用户为了买到实惠的商品，纷纷在评论区留言，形成刷屏之势，使直播间的气氛迅速升温。

（2）"宠粉"款开局。预热结束之后，直播间的氛围已经开始升温，主播这时可以宣布直播正式开始，通过一些性价比较高的"宠粉"款商品继续吸引用户，激发其互动热情，让用户养成守候主播开播的习惯，增强用户的黏性。

这一步尤其需要注意的是“宠粉”款商品千万不能返场，销售完以后，即使用户要求返场的呼声再高，主播也不能心软，可以告诉用户第二天直播开始时仍然会有性价比超高的商品，以此提升用户的留存率。

（3）“爆款”打造高潮。这一步所占用的时间可以占到整场直播时间的 80%，但只介绍 20% 的商品。主播可以利用直播最开始的剧透引出“爆款”，在接下来的大部分时间里详细介绍爆款商品，通过与其他直播间或场控的互动来促成“爆款”的销售，将直播间的购买氛围推向高潮。

例如某主播在销售高跟鞋时，推荐的不再是低价、“宠粉”款商品，而是 168 元的外贸原单，属于高客单价商品，但互动和想要购买的用户仍然很多，因为只要在直播间停留 5 分钟，关注主播，并打出 3 遍“高跟鞋”口令，就可以领取 70 元优惠券再购买。对于这种高客单价的商品来说，这种优惠非常让人心动，且每人仅限一双，因此用户的参与热情很高涨。

（4）福利款制造高场观。直播的下半场，即使观看直播的人数很多，还是会有不少用户并非主播的粉丝。为了让这些用户关注主播，成为主播的粉丝，或让新粉丝持续关注主播，在直播间，主播就要推出福利款商品，推荐一些超低价或物超所值的精致小商品给用户，引导用户积极互动，从而制造直播间下半场的小高潮，提升直播场观。

例如某主播为粉丝推出了粉丝福利，新款包包邮免费送，条件只有一个，那就是点关注，成为主播的粉丝，并踊跃互动，在评论区输入 1，倒计时 3 分钟，最后抽取幸运粉丝送出福利。

（5）完美下播为下场直播预热。很多主播经常忽视直播结束时的下播阶段，事实上，主播在直播结束时更不能马虎，否则会让用户感受到不被重视。如果主播能利用好下播阶段，可以有效提升下播时的直播场观，还能提升下次开播时的直播场观。

主播在下播时可以引导用户点赞，分享直播；使用秒杀、与用户聊天等互动方式，在下播之前再制造一个小高潮，给用户留下深刻的印象，使用户感到意犹未尽。主播可以利用这一时间为下次直播预热，大概介绍下场直播的福利和商品等。

4. 互动提升直播间氛围

直播时主播不能只顾自己说话，一定要引导用户热情地互动，提升直播间的氛围。直播间的热烈氛围可以感染用户，吸引更多的人进来观看直播。直播间的互动玩法有很多，发红包、抽奖、“连麦”、促销活动等。

（1）巧妙派发红包。给用户具体、可见的利益，是主播聚集人气、与用户互动的有效方式之一。直播期间，向用户派发红包的步骤一般分为三步，如表 9-1 所示。

表 9-1　派发红包的步骤

步骤	具体做法
约定时间	提前告诉用户 5 分钟或 10 分钟以后准时派发红包，引导用户邀请朋友进入直播间抢红包，这样不仅可以活跃气氛，还会提升直播间的流量
站外平台抢红包	除了在直播平台上发红包以外，主播还可以在支付宝、微信群、微博等平台上向用户派发红包，提前告知用户，条件是加入粉丝群。这一步是为了向站外平台“引流”，便于直播结束之后的效果发酵

续表

步骤	具体做法
派发红包	到达约定时间后,主播或助理就要在平台上发红包。为了营造热闹的氛围,主播最好在发红包之前进行倒计时,让用户产生紧张感

(2)设置抽奖环节。直播间抽奖是主播常用的互动玩法之一,但很多主播对抽奖的效果并不满意。有的主播认为,每次抽奖都要花费10分钟,严重影响卖货节奏;有的主播认为,用户抽奖倒是很活跃,但抽完奖就会退出直播间,几乎不买货,感觉抽奖就是在浪费时间。这两种说法其实都失之偏颇,产生这种想法的根本原因在于他们没有理解抽奖的精髓,即互惠互利法则。

用户能为抽奖环节停留,这本身就是一种互惠互利,因为用户的时间也是宝贵的。只要用户在直播间里停留,本质上就是在用自己的时间与奖品进行交换。要知道并不是所有用户在抽完奖之后都离开直播间,其实有很大一部分用户会被吸引,关注主播,并产生后续的购买行为。

对于主播来说,用户平均停留时间体现了用户黏性,而这种黏性是需要慢慢“养成”的。只要有利于增加用户的平均停留时间,使用户黏性增加,都是值得采用的方法,谈不上浪费时间。不过,主播一定要设计好抽奖环节,虽然奖品是利他性的,但最终结果一定要利己,这才能真正做到互惠互利。

抽奖要遵循三个原则:一是奖品最好是直播间里推荐过的商品,可以是爆品,也可以是新品;二是抽奖不能集中抽完,要将抽奖环节分散在直播中的各个环节;三是主播要尽量通过点赞数或弹幕数把握直播的抽奖节奏。

主播在直播间抽奖环节经常犯的错误要尽量避免,应该更好地引导用户进行互动,更充分地发挥抽奖环节的作用,主播在抽奖环节常犯的错误及正确应对方式见表9-2所示。

表9-2　抽奖环节常犯错误及正确方式

常犯的错误	正确方式
无明显告知,用户在进入直播间时无法在第一时间知道抽奖信息	通过口播、小喇叭公告、小黑板等多种组合方式说明抽奖规则和参与方法
无规则、随意	明确抽奖的参与方式,用点赞量达到某个标准为规则开始抽奖,避免整点抽奖
抽奖环节无任何互动	主播提醒用户刷指定的弹幕和评论,以活跃直播间的氛围,然后启动后台抽奖界面,提醒用户关注主播,提高中奖概率
抽奖只有一次,没有节奏	抽奖要有节奏,抽奖一次以后,需要先公布中奖用户,并告知下一次抽奖的条件,以延长直播时长,增加粉丝量

(3)与主播、名人合作“增流”。主播可以在直播间与其他主播或名人合作直播,合作直播一般分为与其他主播“连麦”、邀请名人进直播间两种形式。

①与其他主播“连麦”。抖音、快手这两个平台中,主播之间“连麦”已经成为一种常规的玩法。“连麦”就是指正在直播中的两个主播连线通话。

②邀请名人进直播间。一般来说,有能力邀请名人进直播间的主播大多是影响力较大的头部主播,且名人进直播间往往与品牌宣传有很大的关联。名人与主播的直播间互动可以实现双赢,因为名人的到来会进一步增加主播的粉丝量,并且名人与主播共同宣传,对于提升主播的影响力会有很大的帮助。与此同时,主播也会利用自己的影响力为名人代言的商品进行宣传推广。

(三)企业领导助播“增流”

很多企业领导看准了直播的影响力和营销力,纷纷开始站到直播镜头前“侃侃而谈”,大多数企业领导参与的直播都获得了成功。企业领导亲临直播间为主播“站台”,也在一定程度上增加了主播的影响力。

(四)设计促销活动

直播带货时,主播的本质角色就是销售人员,其最大的目的就是把商品销售出去。对于电商直播来说,开展促销活动是提升直播间销量的有效方式。主播可以根据自身情况设计以下类型的促销活动。

1. 纪念促销

现在很多人都崇尚仪式感,纪念促销利用的就是人们对于特殊日期或节日的一种仪式感心理。纪念促销的形式大致有四种,如表 9-3 所示。

表 9-3 纪念促销的形式

形式	举例
节日促销	春节、六一儿童节、情人节
会员促销	VIP 特价、会员日活动、满 ×× 成为会员
纪念日促销	生日特惠、店庆特惠
特定周期促销	每周二上新、每月一天半价

2. 引用举例式促销

引用举例式促销是指在促销时重点介绍商品的优势、功能和特色,或对商品的使用效果进行介绍,对比使用前后的效果。介绍新品时,主播往往会以折扣价销售,“新品九折”“买新品送 ××”等。

3. 限定促销

限定促销是利用人们“物以稀为贵”的心理,为用户创造一种该商品比较稀少的氛围,使用户认为该商品与众不同,或限定购买的时间,使用户产生紧迫感,从而尽快做出购买行为。限定促销的形式大致有三种,如表 9-4 所示。

表 9-4 限定促销的形式

形式	举例
限时促销	秒杀、仅限今日购买

续表

形式	举例
限最促销	仅剩100件、限量款
单品促销	只卖一款、孤品限定

4. 组合促销

组合促销是指将商家可控的基本促销措施组成一个整体性活动。用户作为消费者，其需求是多元化的，主播在开展促销活动时合理地组合商品，充分发挥整体性优势和作用。组合促销的形式大致有三种，如表9-5所示。

表9-5　组合促销的形式

形式	举例
搭配促销	套装半价起售、冬季温暖优惠组合装
捆绑式促销	买护肤品送面膜、加10元送袜子
连贯式促销	第二份半价

5. 奖励促销

主播做直播促销时，要让用户在接收营销信息的同时获得奖励，他们在获得奖励以后，心理上会产生一种满足感和愉悦感，对主播的信任度和购买欲望也会大幅度提升。奖励促销的形式大致有三种，如表9-6所示。

表9-6　奖励促销的形式

形式	举例
抽奖式促销	购买商品抽奖、关注主播抽奖、抽取幸运粉丝
互动式促销	签到有礼、收藏有礼、下单有礼
优惠券促销	赠送优惠券、抵价券、现金券、包邮券

6. 借力促销

借力促销是指借助外力或别人的优势资源来实现自己制定的营销目标的促销活动。相对于广告等传播手段，借力促销可以起到以小搏大、事半功倍的效果。借力促销的形式大致有三种，如表9-7所示。

表9-7　借力促销的形式

形式	举例
利用热点事件促销	华为启动6G研究
名人促销	某名人同款
依附式促销	某综艺节目官方指定品牌

7. 临界点促销

临界点促销主要是买卖双方围绕价格开展的心理战。主播采用临界点促销形式，可以给用户营造一种占便宜的感觉。当用户发现自己只需少量的投入就能换来巨大的收益，或解决巨大的痛苦时，成交过程中的关键临界点就会被突破，进而让用户对商品动心并产生购买行为。临界点促销的形式大致有三种，如表 9-8 所示。

表 9-8　临界点促销的形式

形式	举例
极端式促销	全网最低价、找不到更低的价格
最低额促销	低至 5 折、最低 2 折起
定时折扣促销	定时打折清货

8. 主题促销

促销主题是整个促销过程的灵魂，如果促销活动师出无名，就会缺乏说服力和吸引力。好的促销主题可以给用户一个充分的购买理由，有效地规避价格战对品牌的伤害。促销主题要符合促销需求，用简洁、新颖、有亲和力的语言来表达，在保持品牌形象的基础上做到易传播、易识别、时代感强、冲击力强。主题促销的形式大致有三种，如表 9-9 所示。

表 9-9　主题促销的形式

形式	举例
首创式促销	"双十一"购物狂欢节、"6·18"购物节
公益性促销	拯救大熊猫、保护水资源
特定主题式促销	感恩大回馈

9. 时令促销

时令促销分为两种，一种是季节性清仓销售，在季节交替间隙进行一波大甩卖，或针对滞销商品，以"甩卖""清仓"的名义吸引喜欢占便宜、凑热闹的用户。另一种是反时令促销。有些商家会在盛夏时节销售滞销的冬季服装，这就是反时令促销。主播在直播时可以与这些商家合作，推广商家的反时令商品，很多用户往往会因为商品便宜而购买。

当然，促销的方法不止以上九种，还有悬念式促销（不标价、猜价格）、通告式促销（规定销售日期、× 月 × 月新品首发）等其他类型的促销方式。只要有效果，任何促销方法都可以试一试，主播要学会不走寻常路，这样才会出奇制胜。

任务 9.3　直播后的回顾与粉丝维护方法

（一）直播后的回顾

直播后的回顾与粉丝维护是直播电商中非常重要的一环。在直播结束后，对直播过程进行全面的回顾，不仅能帮助识别出直播中的亮点和不足，还能为后续的直播提供宝贵的经验。通过收集直播数据，如观看人数、互动次数、转化率等，可以对直播效果进行客观评估。例如，如果某次直播的转化率较低，可以分析是产品选择不当、主播表达不够吸引人还是互动环节设计不合理，从而针对性地改进。

直播后的回顾是提升直播效果、优化后续策略的重要手段。它主要包括以下几个方面。

1. 直播回放与分析

（1）回放观看：直播团队可以在直播平台进行回放（如果平台支持），或者自行录制直播视频进行观看。通过回放，可以更加客观地审视直播过程。

（2）数据分析：利用直播平台提供的数据分析工具，对直播的观看人数、互动情况（如评论数、点赞数）、商品点击率、转化率等关键指标进行深入分析。这些数据可以帮助团队了解直播效果，发现潜在的问题。

2. 总结直播的优劣

（1）优点提炼：对于直播过程中的亮点和成功之处，要进行提炼和总结，以便在后续的直播中继续保持和发扬。

（2）问题梳理：针对直播中的不足之处，要进行详细梳理，并列出具体的解决方案，防止在后续的直播中再次犯同样的错误。

3. 用户行为分析

（1）活跃时间：观察用户在直播期间最活跃的时间段，结合主播的表现和互动情况，分析哪些因素能够触达用户并引起他们的兴趣。

（2）用户反馈：收集并整理用户的评论和反馈，了解他们对直播内容、产品以及主播的满意度和建议，为后续的直播改进提供依据。

4. 给直播打分

（1）自我评估：直播团队成员可以对自己和本场直播的表现进行打分，以便对整场直播有一个总体的认知和评价。

（2）比较与提升：将本次直播的打分与之前的直播进行比较，分析进步和不足之处，为未来的直播制定更加合理的目标和策略。

（二）粉丝维护

在粉丝维护方面，需要建立有效的粉丝互动机制。通过定期发布直播预告、互动话题、优惠活动等信息，保持与粉丝的紧密联系。同时，对于粉丝的反馈和建议，要及时响应和处理，让粉丝感受到被重视和尊重。此外，还可以利用数据分析工具，对粉丝的观看习惯、购买偏好等进行深入分析，为粉丝提供个性化的推荐和服务，提高粉丝的忠诚度和满意度。

粉丝维护是直播电商中保持用户黏性、促进复购的关键环节。以下是一些有效的粉丝维护策略。

1. 提供优质内容

（1）持续更新：定期为粉丝提供新鲜、有价值的直播内容，如新品介绍、使用教程、行业资讯等。

（2）个性化推荐：根据粉丝的兴趣和购买历史，为他们推荐符合其需求的商品和内容。

2. 互动交流

（1）积极回应：及时回复粉丝的评论和私信，解答他们的疑问和困惑。

（2）互动活动：定期举办抽奖、问答、投票等互动活动，增加粉丝的参与感和黏性。

3. 社群建设

（1）建立社群：通过微信群、QQ群、小程序等渠道建立粉丝社群，促进粉丝之间的交流和互动。

（2）定期活动：在社群中定期举办线上线下的活动，如新品体验会、粉丝见面会等，增强粉丝的归属感和忠诚度。

4. 售后服务

（1）完善体系：建立完善的售后服务体系，包括退换货政策、客服支持等，确保粉丝在购买商品后能够得到及时、有效的服务。

（2）主动关怀：在粉丝购买商品后主动关怀他们的使用体验和满意度，及时收集反馈并进行改进。

5. 激励机制

（1）积分制度：建立积分制度，鼓励粉丝参与直播互动、分享商品等行为，并根据积分给予相应的奖励和优惠。

（2）会员制度：设立会员等级制度，为不同等级的会员提供不同的权益和服务，增强他们的购买欲望和忠诚度。

直播后的回顾与粉丝维护是直播电商中不可或缺的一环。通过细致的回顾和总结，可以不断优化直播策略和提升直播效果；而通过有效的粉丝维护策略，则可以保持用户黏性、促进复购并推动直播电商的持续发展。

以某知名美妆品牌为例，他们在直播结束后会进行详细的直播回顾，分析直播中的各个环节，并根据数据反馈调整直播策略。同时，他们还建立了完善的粉丝互动机制，通过社交媒体、邮件、短信等多种渠道与粉丝保持联系，及时回应粉丝的反馈和建议。此外，他们还利用数据分析工具对粉丝进行细分，为不同粉丝群体提供个性化的推荐和服务。这些措施不仅提高了直播效果，还大大增强了粉丝的忠诚度和购买意愿。

项目十 直播复盘与数据分析

华为技术有限公司(以下简称华为)是全球领先的信息与通信技术解决方案供应商,为了应对全球业务和维持企业的良好运转,华为开始实施数字化转型,采用场景、算法、算力、数据四位一体的方式,在华为云底座上基于数据湖、数据工坊和数据治理,提供智能运营、智能助手、智能机器人等一系列智能服务,全面打造华为智能大脑。这种四位一体方式的核心,就是强大的数据采集、处理和分析系统。这种系统能够将复杂的各类数据串联,构筑出可信、一致、及时的数据“底座”,然后采用大数据边缘计算、边缘整合、数据图谱等先进的计算方法构建统一的数据模型,将各个数据节点用人工智能衔接,在数据与数据链之上构建感知和智能,最终实现利用大数据来完成业务的智能运营。

得益于数据的帮助,华为能够更轻松地开展各种电子商务活动,利用数据来分析商品销售情况、客户喜好等。大家耳熟能详的“华为商城”就是华为的电子商务平台,客户可以在平台上购买华为的各种商品,华为也可以在数据的帮助下为客户提供更好的购物体验。

任务 10.1 直播数据的全面收集与分析

在直播电商的实战策略中,直播数据的全面收集与分析扮演着至关重要的角色。通过精准的数据收集,能够洞察用户行为、评估直播效果,并为后续的直播策划提供有力的支持。首先,数据的收集要全面而细致,包括观看时长、用户互动、转化率等关键指标。这些数据不仅能帮助了解直播的实时表现,还能揭示潜在的市场趋势和用户需求。

以某知名美妆品牌的直播为例,该品牌通过收集直播过程中的观看人数、点赞数、评论数等数据,发现用户在特定时间段内的互动最为频繁。基于这一发现,品牌调整了直播时间,并在高峰时段增加了互动环节,如抽奖、问答等,有效提升了用户参与度和转化率。

其次,在数据分析方面,可以运用各种分析模型来挖掘数据背后的价值。例如,通过对比不同直播间的数据,可以发现哪些直播主题、内容或主播更受用户欢迎,从而优化直播策划。同时,还可以利用数据分析工具来预测未来的市场趋势,为产品开发和营销策略提供决策依据。

10.1.1 数据分析的认知

用数据驱动决策是当前大数据环境下做好直播运营的必选策略之一。数据分析应贯穿直播运营的始终,做好数据分析,能对直播间的趋势进行预判,对直播效果进行优化。

(一)数据分析的定义

数据分析是指收集、处理数据,并从数据中获取信息的过程。具体来说,数据分析是指运用分析工具使用适当的统计分析方法对获取的数据进行处理,将这些数据加以汇总和理解,最大化开发数据的功能,发挥数据作用的过程。

数据分析是直播电商重要的运营工作,既要分析运营账号的直播数据,了解账号的运营状况,又要分析直播行业的相关数据,了解直播数据反映的用户购买需求,了解当前热门的直播带货商品等,为优化直播内容、提升直播质量和效果提供精确化支持。

(二)数据分析的类型

数据分析可以分为描述型分析、诊断型分析、预测型分析和指导型分析。

1. 描述型分析

描述型分析解决的是“发生了什么”的问题,通过将大量杂乱的数据进行提炼、整理,进而说明事物的整体情况及事物之间的关系。

图 10-1 所示为某网店运营数据,这些数据展示了网店运营的相关情况,运营者可以从中发现异常,但无法获悉导致这些情况发生的原因。

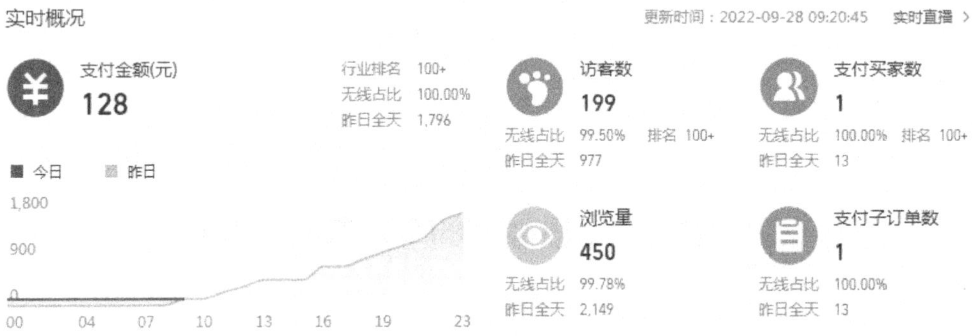

图 10-1 网店运营数据

2. 诊断型分析

诊断型分析解决的是“为什么会出现某种情况”的问题,其目的是帮助运营者了解导致某件事情发生的原因。例如,为什么本场直播的观看人数增加了,直播间商品转化率却下降了 2%。运营者通过分析直播数据发现,本场直播的直播间商品点击人数为 1.2 万人,直播间商品成交人数为 3 905 人。也就是说,很多用户虽然点击并浏览了直播间商品,但他们并没有下单购买。此时,运营者可以猜测导致直播间商品转化率下降的原因可能是直播间的选品不符合用户需求,或者是商品价格不具备吸引力等。

3. 预测型分析

预测型分析是进行某种预测,解决的是“可能会发生什么”的问题,预估某场直播的销售额,预测直播电商行业的发展趋势等。预测型分析用到的各种数据与预测结果是存在某种关系的。直播用户的不断增多可能会推动直播电商的发展,因此就可以说网络用户规模与直播电商发展具有相关性。此时,运营者可以将体现网络用户规模的数据与体现直播电商发展的数据放在一起进行分析,从而挖掘这些数据背后的关系。

4. 指导型分析

指导型分析是在描述型分析、诊断型分析和预测型分析的基础上,帮助电商运营者制订更合理的运营方案或策略。运营者在选择直播间上架的商品时,需要综合分析商品价格、商品在店铺中的销量、商品与直播主题的契合度等情况，选出最适合上架的商品。

10.1.2　数据分析的原则

（一）数据分析的作用

数据分析在直播中的地位是不可忽视的，只有对直播的数据进行全面深入的分析，才能真正把握用户的心理和行为，为直播的优化提供方向和依据。直播中的数据分析有以下作用。

1. 了解消费者需求

数据分析是反映一个作品或者一场直播的效果和观众状态最直观、真实的一种方式。点赞和评论在什么时候达到最高，和粉丝的增长趋势是否一致等。通过这些数据，可以深入了解消费者的兴趣点、购买意愿以及产品喜好等信息，这对于制定精准的营销策略和调整产品方向有着重要的指导意义。

2. 发现账号问题

数据分析可以发现账号存在的一些问题，如数据突然流失很多，分析是否违规、为什么不受欢迎，以便及时做出调整。

3. 指导运营策略

数据分析还可以指导运营策略，分析竞争店铺的选品、直播时间、用户喜欢的内容、偏好等，发现自身产品的不足之处，从而制定更有针对性的运营策略。

4. 调整直播策略

数据分析还能帮助商家调整直播策略，提高直播效果。通过研究直播间互动数据，发现观众的兴趣点和关注点，调整直播内容和方式。还可以发现自身直播团队的不足之处，调整关键因素，提高直播间的吸引力和转化率。

5. 优化产品策略

通过分析市场动态和消费者反馈，商家可以优化产品策略，根据直播间的高频问题和观众的负面反馈，调整产品功能、价格、外观等，以满足消费者不断变化的需求。

6. 提高广告投放效果

对于大部分直播带货商家而言，广告投放是提升销售效果的重要手段。通过数据分析，商家可以更准确地掌握广告投放的效果和 ROI，优化广告策略。通过分析广告投放数据，发现不同广告渠道的效果差异和受众特点，调整广告投放策略，提高广告效果和 ROI。

7. 精细化运营

直播带货想要寻求更好的发展以及更大的利润增长，需要做精细化运营，应该重视数据分析工作。当遇到某个视频播放量急剧下滑时，可以通过数据分析查出原因，然后做出相应的调整。

综上所述，数据分析在直播带货中有非常重要的作用。通过运用数据分析工具和方法，可以帮助商家更好地理解消费者需求和市场趋势，优化产品策略和营销策略，提升市场竞争力。

（二）数据分析的原则

运营者在收集数据的过程中，需要遵守一定的原则，才能确保数据的可用性和科学性。

1. 数据真实性

真实性是指运营者要对数据的真伪进行辨别，以保证数据的可靠性。运营者可以从数据来源、数据细节两个方面对数据的真实性进行辨别。

（1）数据来源。数据来源的真实是保证数据真实的首要条件。数据来源主要分为官方来源和非官方来源。一般来说，从官方渠道获得的数据更具真实性和客观性，而从非官方渠道获得的数据可能会因为数据统计方的主观倾向而存在不真实、不客观的情况，这就需要运营者在收集数据时仔细甄别。

（2）数据细节。在对数据进行分析的过程中，一个不准确的数据有可能导致数据分析结果出现极大的偏差。为了避免这种情况的出现，运营者在收集数据时要特别关注与重视数据的细节。运营者要分析直播电商行业的发展趋势，收集数据时应将数据的时间跨度设置得大一些，可以设置收集近 1~3 年的数据，不宜设置收集近 1 天至 1 个月的数据，因为时间跨度大的数据能够更好地从宏观上反映直播电商行业的发展趋势。

2. 数据的时效性

运营者要对数据的时效性进行分析，确定收集到的数据所产生的时间，判断其是否适用于当前的状况。例如运营者要分析 2022 年直播电商行业的发展规模，就应收集 2022 年与直播电商相关的数据，几年前的数据显然不适用于当前状况，自然也就没有价值。直播环境是实时变化的，因此数据分析需要实时监控。及时收集和分析数据，反映最新的市场和用户行为变化，以便及时调整直播策略。通过实时监控，可以及时发现数据异常和问题，快速做出反应和优化。

3. 数据的支持性

数据能否为论证某个研究主题或观点提供有效支持是判断数据价值性的一个重要方面。有些数据虽然没有任何问题，但它不能为论证某个研究主题或观点提供任何帮助，在该主题或观点下，这样的数据就是没有价值的。例如运营者想要了解店铺的会员增量变化趋势，那么表现店铺商品销量的数据就是没有价值的。

4. 数据的全面性

有些数据能够为某个研究主题或观点提供支持，但仅用这些数据并不能充分地说明问题，需要更多的数据作为背景或支撑，才能更加充分、全面地揭示研究主题或观点。

开展数据分析时，运营者全面利用特定主题下的相关数据，才能使数据的价值得到最大限度的体现。运营者要想分析店铺的会员情况，仅收集会员性别构成比例数据是不够的，还需要结合会员地域分布、会员年龄分布、会员购买频率、会员购买金额、会员数量变化、会员使用终端类型等数据进行分析，这样才能全方位地揭示研究主题。

5. 数据的可比对性

为了更好地评估直播效果和销售转化，需要将数据分析结果与其他数据或基准进行对比。与历史数据对比，了解观众数量、互动率和销售转化率的变化趋势；与竞品数据对比，了解自身优劣势和市场竞争力。通过可比对性，可以更准确地评估直播效果和制定优化策略。

数据分析的逻辑

数据分析是从数据到信息的过程,数据本身没有什么价值,有价值的是我们从数据中提取出来的信息。

1. 对比

对比在现实中的应用非常广,如选款测款、监控店铺数据等,这些过程就是在做对比,分析人员拿到数据后,如果数据是独立的,无法进行对比的话,就无法判断,无法从数据中读取有用的信息。

2. 分析

分析这个词从字面上来理解,就是拆分和解析。经过对比店铺的数据,发现今天的销售额只有昨天的50%,这个时候,我们再怎么对比销售额这个维度,已经没有意义了。

这时需要对销售额这个维度做分解,拆分指标。

销售额 = 成交用户数 × 客单价,成交用户数 = 访客数 × 转化率。

3. 降维

数据维度太多的时候,不可能每个维度都拿来分析,一些有关联的指标,可以从中筛选出代表的维度即可。如表10-1所示的这么多维度,其实不必每个都分析。成交用户数 ÷ 访客数 = 转化率,当维度可以通过其他两个维度计算转化出来的时候,就可以降维。一般只关心有用的数据,当某些维度的数据跟分析无关时就可以筛选掉,达到降维的目的。

表10-1　数据维度

日期	浏览量	访客数	访问深度	销售额	销售量	订单数	成交用户数	客单价	转化率
2014/2/1	2 584	957	2.7	9 045	96	80	67	135	7%
2014/2/2	3 625	1 450	2.5	9 570	125	104	87	110	6%
2014/2/3	2 572	1 286	2	12 780	130	108	90	142	7%

4. 增维

增维和降维是对应的,有降必有增。当前的维度不能很好地解释问题时,就需要对数据做一个运算,增加一个指标,见表10-2所示。

表10-2　数据增维

序号	关键词	搜索人气	搜索指数	占比	点击指数	商城点周占比	点周率	当前宝贝数
1	毛呢外套	242 162	11 119 253	58.81%	512 673	30.76%	45.08%	2.448.482
2	毛呢外套女	33 285	144.688	7.29%	80.240	48.88%	54.79%	2.448.368
3	韩版毛呢外套	7.460	29.714	1.45%	15.076	21.38%	50.04%	1 035.325

一个搜索指数和一个宝贝数这两个指标一个代表需求,一个代表竞争,有很多人运用搜索指数 ÷ 宝贝数 = 倍数公式,用倍数来代表一个词的竞争度,这种做法,就是在增维。

增维和降维必须对数据的意义有充分了解后,为方便进行分析,有目的对数据进行转换运算。

5. 假说

当拿不准怎样分析的时候，可以应用假说，假说是统计学的专业名词，俗称假设。当不知道结果，或者有几种选择的时候，那么就运用假说，先假设有结果，然后运用逆向思维。

从结果到原因，要有怎么样的因，才能产生这种结果。这有点寻根的味道。那么，可以知道，现在满足了多少因，还需要多少因。如果是多选的情况下，就可以通过这种方法来找到最佳决策。

10.1.3 数据分析的维度

（一）数据分析的时间维度

时间维度是指以时间为分析、描述研究对象的度量尺度。按照时间进程分析研究对象，看研究对象在每个时间段内有什么特点，或者随着时间的推移，看研究对象会发生什么变化等。运营者可以以“日”“周”“月”“季度”“年”为统计周期，统计 1 天、1 周、1 个月、1 个季度、1 年内店铺的各项运营数据，以了解店铺每天、每周、每个月、每个季度、每年的运营状况。

（二）数据分析的空间维度

空间维度泛指除时间维度以外的其他维度。运营者要确定参与“双十一”营销活动的商品，就可以从目标用户群体的需求、店铺内各款商品的销量、商品的好评率等方面进行分析。

实际应用中，如果运营者要重点分析研究对象的发展趋势、发展规模等，应采用时间维度；如果运营者要分析研究对象的构成要素、各要素的表现等，则应采用空间维度。通常情况下，实施商务数据分析时，运营者需要同时运用时间维度和空间维度进行分析，这样有利于确保数据分析的全面性和完整性。

任务 10.2 直播效果的客观评估与反馈

在直播电商的实战中，直播效果的客观评估与反馈是不可或缺的一环。通过全面收集和分析直播数据，能够深入了解直播的表现，并据此进行针对性的优化。例如，通过对比不同直播场次的观看人数、互动率、转化率等数据，可以发现哪些直播主题和内容更受观众欢迎，哪些时间段的直播效果更佳。同时，结合用户反馈和评论，可以进一步了解观众的需求和偏好，为后续的直播策划提供有力的支持。

10.2.1 明确数据分析的目的

（一）数据分析的基本思路

直播数据分析的重要性日益凸显，成为运营工作的关键环节。直播团队要想优化直播运营效果，提高直播营销的转化率，就需要深耕数据，对数据进行精细有效地分析。直播数据分析的基本思路，如图 10-2 所示。

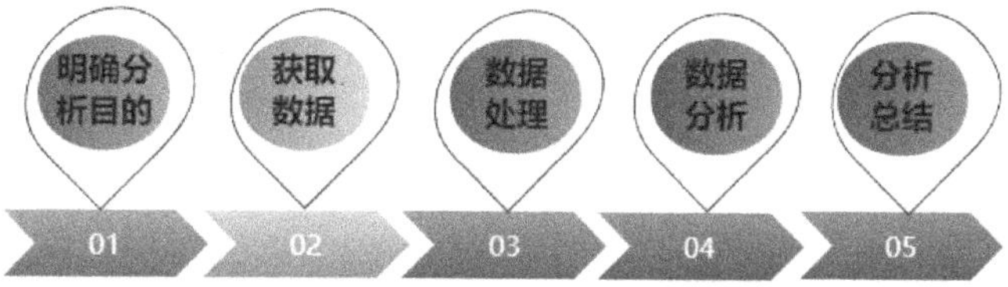

图 10-2　直播数据分析的基本思路

（二）数据分析的目的

随着直播电商行业的快速发展，数据分析已经成为直播行业中的重要资产，被广泛应用于盈利分析、市场趋势预测、直播流量、用户行为、互动情况、产品质量、运营成本、客户关系管理、合规性监管等业务当中，运营者必须充分认识到数据分析对直播电商发展的重要性，重视数据分析工作，提高数据分析质量，保障数据分析的精准度。要进行数据分析，就要明确数据分析的目的。通常来说，数据分析的目的主要有以下六种。

①查找问题：通过数据分析快速找到直播营销存在的问题，将直播营销过程中存在的问题具体化、量化。

②找到方法：通过数据分析有针对性地找到解决问题的方法。

③挖掘需求：通过数据分析深度挖掘用户的需求。

④分析原因：寻找直播间数据波动（数据上升或下降都属于数据波动）的原因。

⑤优化内容：通过数据分析寻找优化直播内容、提升直播效果的方案。

⑥优化方案：在发现问题、分析问题并找到解决方案后，直播团队就需要将方案应用到下一场直播中，不断提高直播质量和直播效果。直播运营者通过数据规律推测平台算法，然后从算法出发检验直播营销团队提供的解决方案是否有效，并对直播内容进行优化。

10.2.2　获取直播数据的渠道

直播带货结束后，需要对整场直播的数据进行分析。进行数据分析前，为确保数据的真实性与科学性，首先要获得更多的有效数据，直播平台的商家们可以通过平台账号后台和平台提供的数据分析工具来获取数据，也可以利用第三方数据分析工具来获得更多有效的电商数据。

（一）账号后台获取数据

直播平台的账号后台通常有直播数据统计，主播可在直播带货的过程中或结束后，通过平台的后台获取相关数据。虽然不同的直播平台查询数据与获取数据的方式不同，但都具有一定的相似性。这里以抖音平台为例，主播可从抖音直播的控制台、直播大盘以及抖音小店后台、抖音 APP 获取数据，如图 10-3 所示。

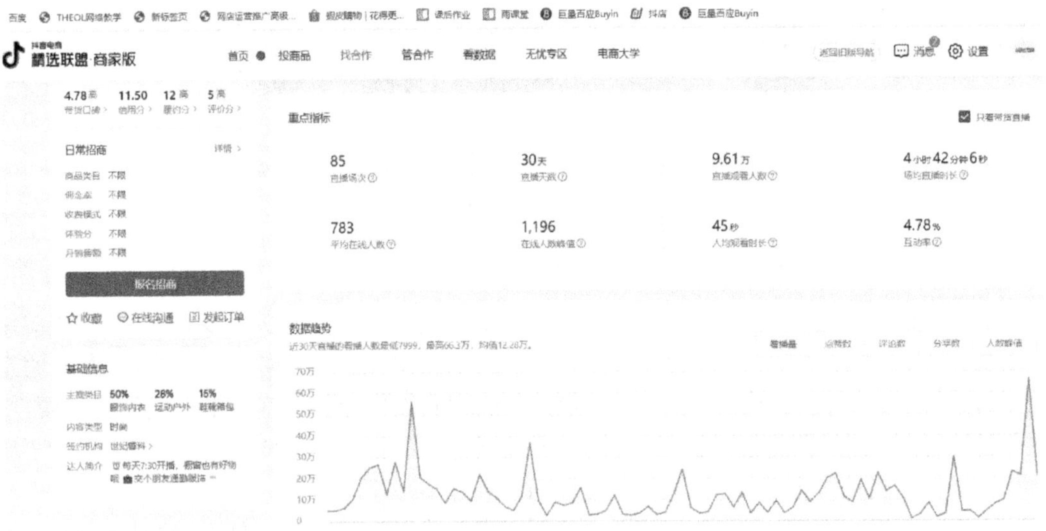

图 10-3 抖音后台查看的销售数据

1. 利用电脑端查看数据

如果直播团队想在抖音创作服务平台中获取直播数据，可以通过抖音账号在 PC 端登录抖音创作服务平台（https://creator.douyin.com），然后在平台左侧导航窗格中选择【直播数据】→【数据总览】，可以查看账号的基础数据、观看数据和互动数据，如图 10-4 所示。如果是企业账号，PC 端登录企业服务平台（https://e.douyin.com），在平台左侧导航窗格【数据中心】可以查看数据概览、粉丝画像、主页分析、门店数据分析等数据，如图 10-5 所示。

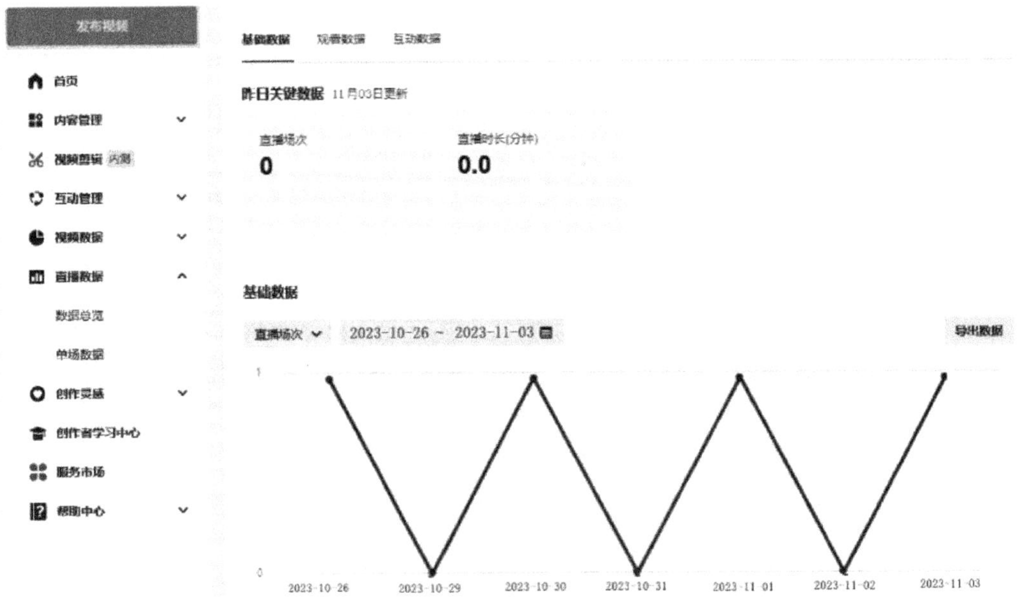

图 10-4 直播数据总览

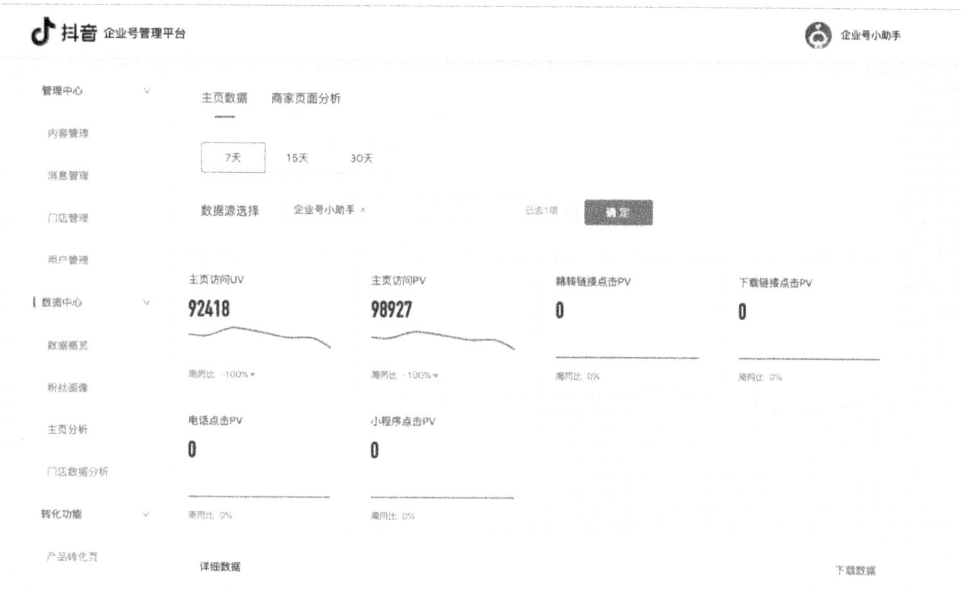

图 10-5　企业号管理平台

2. 利用直播平台 APP 查看数据

使用手机 APP 查看相应的直播数据，可以在直播平台 APP 上登录相应的账号，通过直播动态进入直播中心，点击数据分析即可查看直播带货的详细数据，还可查看相应数据图表与趋势图等。

以抖音直播为例，抖音直播数据的获取步骤如下。

（1）打开抖音 APP 并登录，点击“我”，在打开的侧边栏中选择“抖音创作者中心”，如图 10-6 所示。

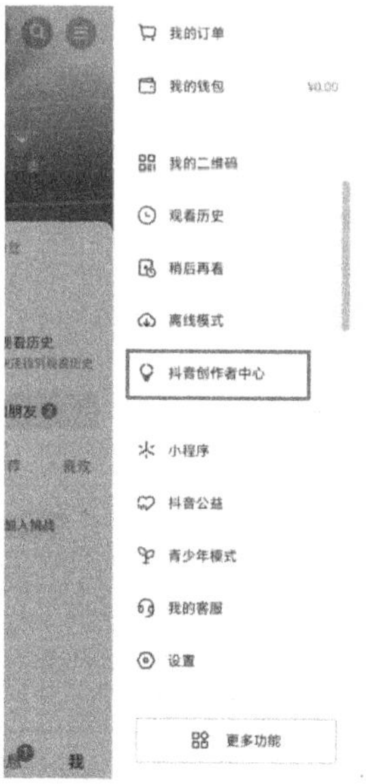

图 10-6　选择“抖音创作者中心”

（2）在打开的“创作者中心”界面点击“主播中心”，如图 10-7 所示。

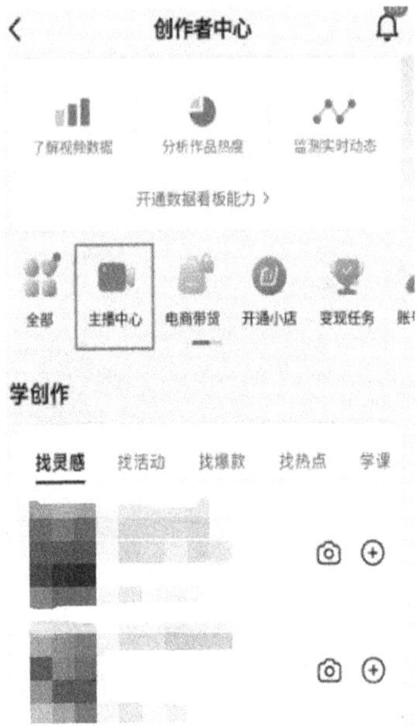

图 10-7　点击“主播中心”

（3）进入“主播中心”界面后，就可以看到近期直播的相关数据，如图 10-8 所示。

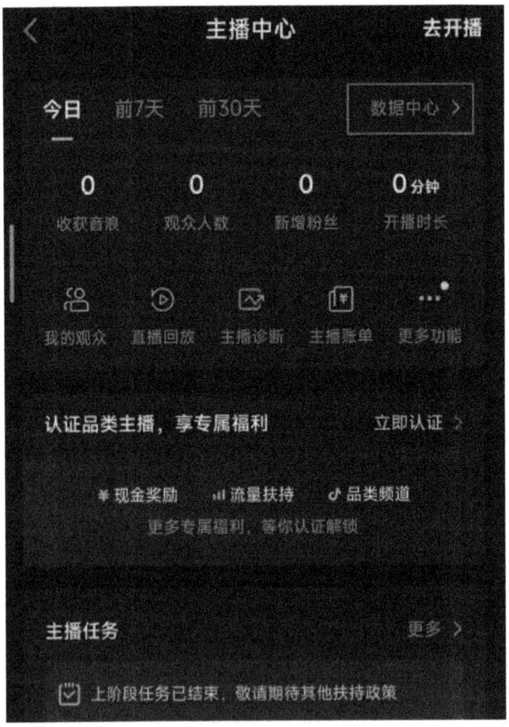

图 10-8　主播中心相关数据

（4）点击“数据中心”进入“数据中心”界面，点击“数据总览”可以查看整体的数据，如图 10-9 所示。

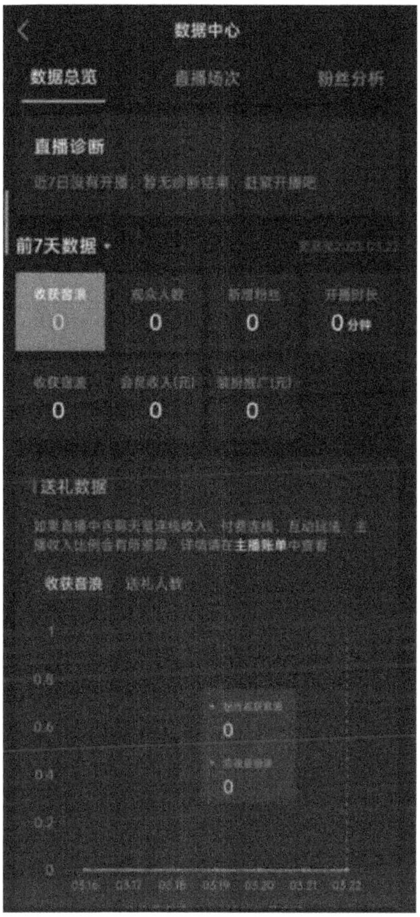

图 10-9　查看数据总览

（二）平台提供的数据分析工具

直播平台为了更好地帮助商家们了解行业情况、产品情况、竞店情况、竞品情况及个人店铺的经营情况等，平台提供了多项运营工具，帮助店家进行店铺经营管理。以淘宝平台为例，淘宝平台为商家提供了一些运营分析工具，生意参谋、品牌数据银行、达摩盘等，这些工具能为商家提供直播的相关数据。商家可以使用这些工具了解自己店铺的直播情况。

生意参谋是阿里巴巴打造的首个商家统一数据平台，面向全体商家提供一站式、个性化、可定制的商务决策体验。生意参谋提供了一系列工具和服务，市场行情、竞争情报、数据监控、营销推广等，帮助商家更好地运营和管理他们的店铺。通过这些工具和服务，商家可以更好地了解市场和竞争对手，制定更有效的营销策略，提高销售额和客户满意度。此外，生意参谋中的实时直播数据对店铺的运营发展有很大的帮助。一方面商家可以跟踪商品的推广引流效果，观测实时数据，发现问题并及时优化调整策略；另一方面商家可以实时查看商品推广效果，如果转化率较低和点击量较少，可以及时调整推广力度。图 10-10 所示为生意参谋中的直播数据。

图 10-10 生意参谋中的直播数据

（三）第三方数据分析工具

目前直播电商数据分析市场上有很多第三方数据分析工具，可供直播团队搜集相关直播带货数据，分析行业数据与产品数据等，直播团队可以使用这些直播数据分析工具，收集平台内其他直播间的销售情况、粉丝画像、流量来源及客单价等数据，有利于直播团队更好地了解其他优秀直播间的直播数据，根据分析结论，发现自己直播间的问题，并解决问题，提升直播间数据。这一类的第三方数据分析工具包括蝉妈妈、飞瓜数据、达多多、灰豚数据、新抖等。

1. 蝉妈妈

蝉妈妈旨在协助国内达人机构和商家提升业务效率，实现精准的品牌营销和服务能力。基于强大的数据分析技术，利用专业的数据挖掘技术和分析能力，蝉妈妈提供了短视频、直播全网大数据开发平台，建立了多维数据算法模型。用户可以通过数据查询、商品分析、用户画像研究与视频监控等服务，进行数据研究和短视频小工具管理。这为直播达人、MCN 机构提供了电商带货一站式的解决方案，如图 10-11 所示。

图 10-11　第三方平台首页界面

在蝉妈妈榜单数据中，直播榜单为平台使用者提供准确、详尽的直播间数据信息，包含直播间人数、人气趋势、送礼人数、商品销售额和产品销量。蝉妈妈还提供了今日直播榜、达人带货榜、直播商品榜、礼物收入榜、送礼榜和直播分享榜六大榜单，如图 10-12 所示 。

图 10-12　第三方数据分析平台直播榜界面

直播带货的主播们参考直播榜、达人带货榜、直播商品榜，通过详细的数据了解最有效的直播时间和直播商品的选择，以达到更好的直播效果。

直播榜又被分为三个子榜单：直播带货榜、人气榜和抖音小时榜。主播可以根据各自在竖直领域的优势，在这些榜单里查看自己的排名情况，排序的维度包括：直播销售额、直播销量、人气高峰和粉丝数。

达人带货榜反映的是前一段时间的达人带货排名，主播能查看日、周和月榜单，按照直播销售额、直播销量、销售额单价等方面进行排名，如图 10-13 所示。主播还可以在直播详情页看到达人的直播数据，包括人气和带货情况。这些数据可以根据在线人数、音浪收入、粉丝团人数、弹幕热词、用户画像等方面进一步分析。

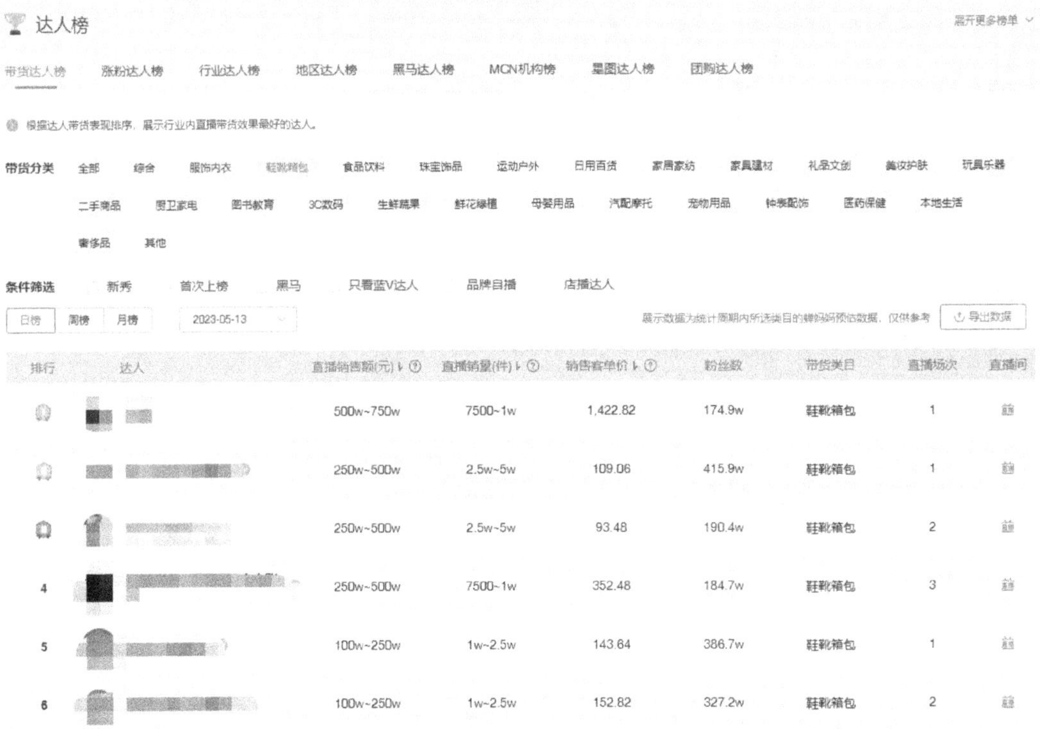

图 10-13 第三方数据分析平台达人榜界面数据

直播商品排行榜，根据商品昨日及以前的销量和销售额进行排名，考虑了价格、佣金比例和关联直播等多个维度。主播还可以在淘宝、天猫、京东小店、洋码头、严选等多个电商平台中进行筛选，如图 10-14 所示。

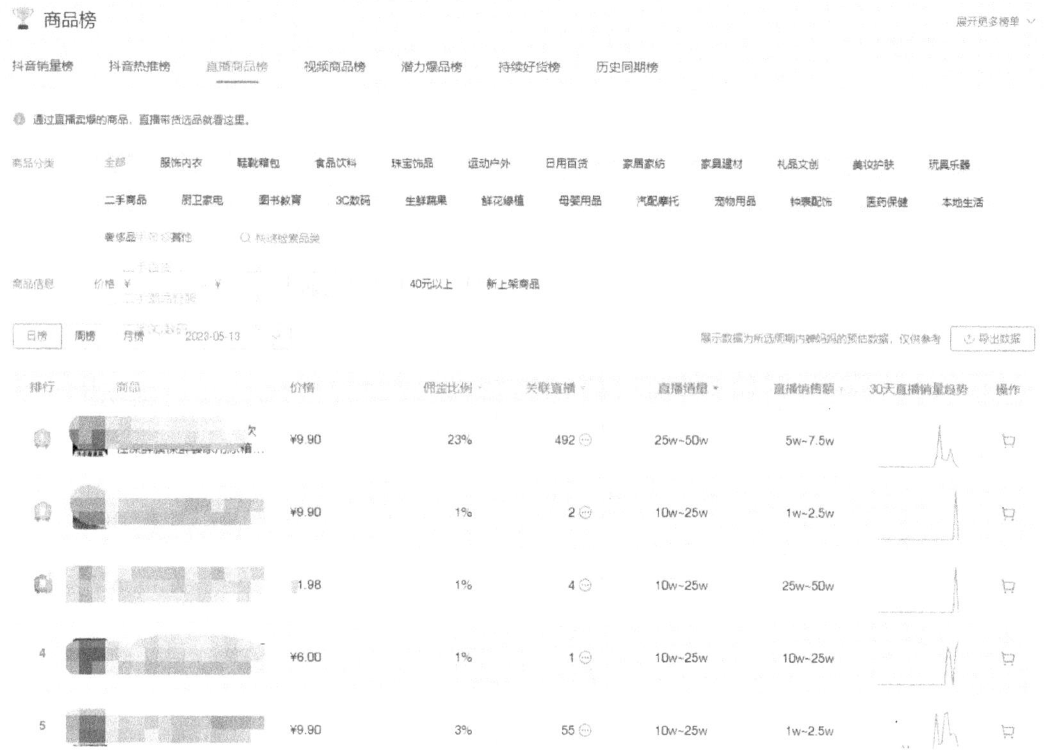

图 10-14　第三方数据分析平台直播商品榜界面数据

2. 飞瓜数据

飞瓜数据是一个短视频和直播营销数据分析平台，可以为抖音、快手和 B 站等平台上的短视频创作者和主播提供数据分析服务，如图 10-15 所示。

图 10-15　飞瓜数据官网首页

飞瓜智投是飞瓜数据旗下专注品牌直播的智能营销工具，通过数据驱动直播营销，提升直播间流量和成交率,如图 10-16 所示。以抖音直播为例,主播可以通过飞瓜智投查看抖音直播营销数据,并进行数据分析。当发现直播数据有下滑趋势时,直播团队要及时找出原因,尽快调整直播运营策略,以提高直播带货销售额,保证直播带货效果的稳定性。直播时,主播可选择查看不同时段内直播间的进场人数、进场人数均值、在线人数、在线人数均值,再结合用户近 10 分钟进场停留的时间,可以判断直播间的留存情况和流量承接情况,如图 10-17 所示。如果在线人数大于进场人数,说明直播间的用户留存做得很好,主播可以结合直播间的人气、流量数据,适当调整商品讲解策略。

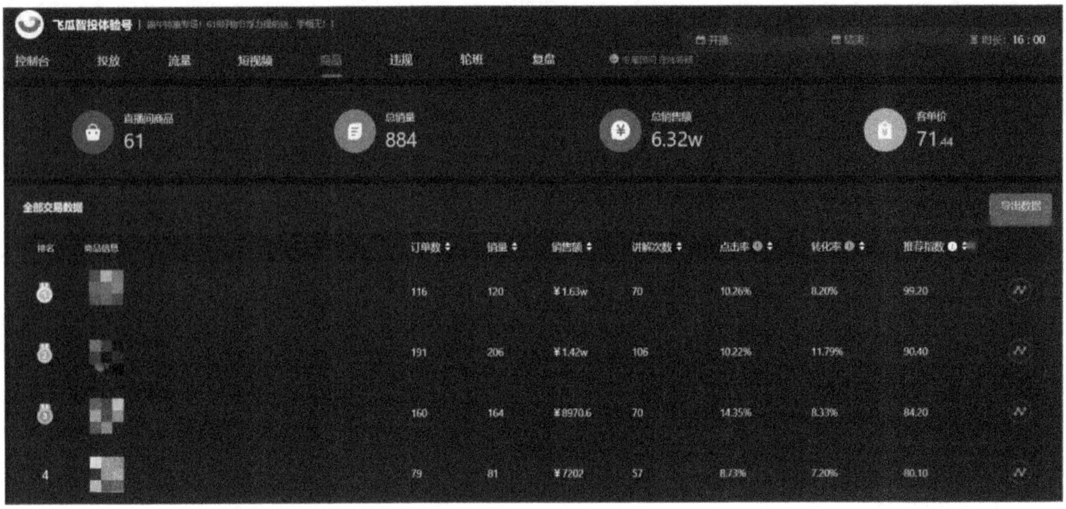

图 10-16 飞瓜智投

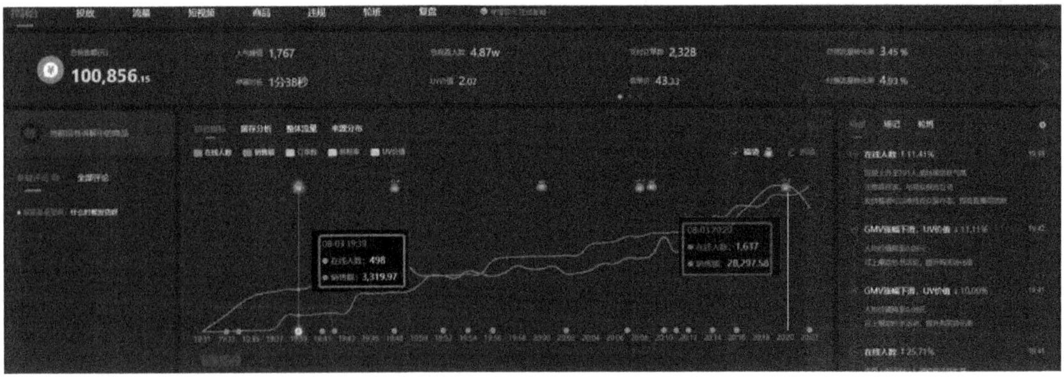

图 10-17 飞瓜智投综合指标分析

3. 达多多

直播营销团队可以通过实时掌握全网商品销售状况,第一时间发现高人气商品。在达多多,可以查看热门直播间、抖音热销商品、热门达人等。商家可以借助达多多及时跟进应季新品,提升店铺运营效率,达多多如图 10-18 所示。

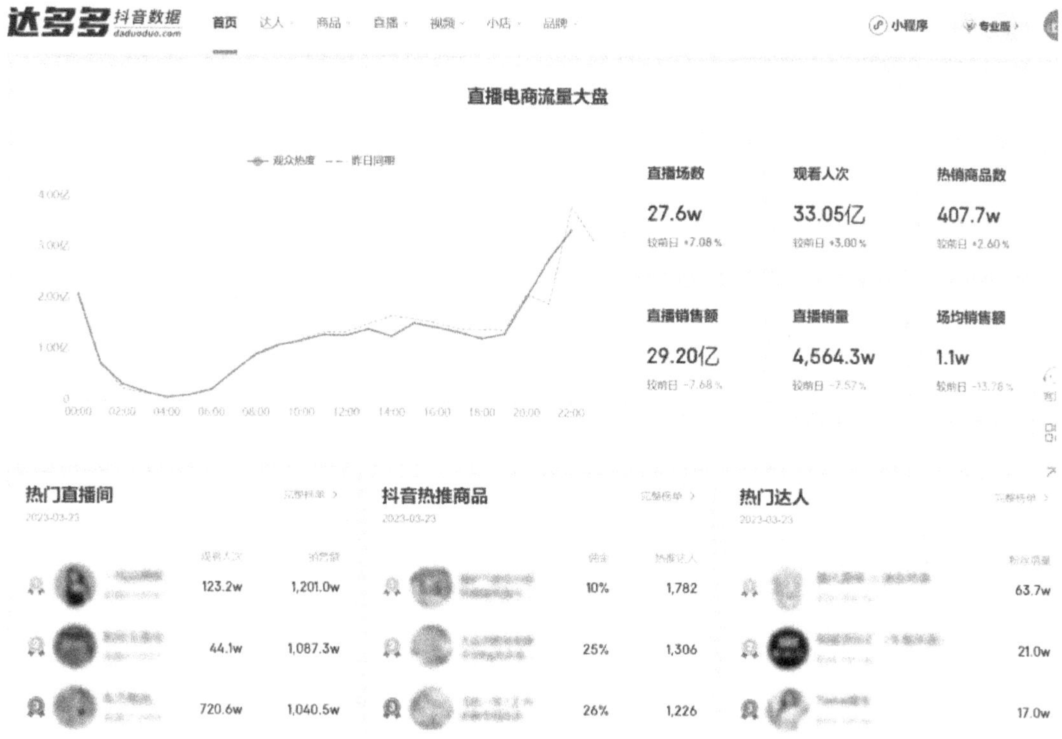

图 10-18　达多多

4. 灰豚数据

灰豚数据提供数据大盘、直播分析、商品分析等功能，如图 10-19 所示。直播团队可以利用这些功能进行流量大盘分析；直播间的整体效果分析；直播间人气、成交和互动指标实时变化分析；主播详情分析；粉丝分析；商品分析；商品详情分析等。它是一个将直播数据可视化的数据分析监测云平台，能够精准、可靠、高效地提供直播平台的数据分析服务。

图 10-19　灰豚数据

5. 新抖

新抖是新榜旗下的抖音全场景 AI 数据工具。提供热门视频、音乐 BGM、话题挑战赛、“神评论”“魔法道具”等创意素材,以及抖音号排行查找、种草带货、LBS(基于位置服务)打卡探店、品牌声量查询、运营数据下载、DOU+ 投放实时监测等全面的在线数据服务。在新抖,还可以找到丰富的情报、深度的报道,以及知识百科、导航、交流社群等。

数据分析是直播电商运营中的重要任务之一。主播可以利用蝉妈妈、飞瓜、新抖等第三方数据平台,根据数据在短时间内的差异及走势不同分析预测用户的购买需求,从而在激烈的直播带货竞争中快速准确地捕捉用户的注意力,增强用户的购买欲望,构建自己的核心竞争力。

10.2.3 整理和处理数据

整理和处理数据是指将搜集来的数据进行排查、修正和加工,便于后续分析。数据处理包括两个环节:第一个环节是数据修正;第二个环节是数据计算。

(一)数据的核对修正

无论是从主播账号后台抓取的数据、第三方数据分析工具上下载的数据,还是人工统计的数据,都有可能出现失误,因此,首先需要对搜集来的数据进行排查,发现异常数据,然后对其进行修正,以保证数据的准确性和有效性,从而保证数据分析结果的科学性和可参考性。

例如,在搜集的原始数据中,某一天某款产品的直播销售数据是 0,但是通过查看店铺的销售记录,发现当天该款产品在直播中是有销售数量的,所以收集的原始数据就有错误,需要对其进行修正。

(二)数据的统计计算

通过数据修正,确保了数据的准确性以后,直播团队还要根据数据分析的目标对数据进行统计计算,以获得更丰富的数据信息,提出更多的改进思路。数据统计计算包括数据求和、平均数计算、最大值计算、最小值计算、比例计算、趋势分析等。为了提高工作效率,直播团队可以使用 Excel、Power BI 等工具的相关功能对数据进行统计计算。

在评估直播效果时,可以运用多种分析模型,如 SWOT 分析、用户行为分析等,来深入挖掘直播的优势、劣势、机会和威胁。通过 SWOT 分析,可以清晰地看到直播在市场竞争中的位置,以及需要改进和优化的方向。而用户行为分析则可以帮助了解观众在直播过程中的行为轨迹和偏好,从而优化直播内容和形式,提高观众的参与度和转化率。

此外,还可以借鉴一些成功的直播案例,如通过某知名主播的直播带货经验,来分析其成功的关键因素和策略。通过对比不同案例的数据和表现,可以发现一些共性和规律,为自己的直播电商实战提供有益的参考和借鉴。同时,也需要关注行业内的最新动态和趋势,及时调整和优化自己的直播策略,以适应市场的变化和需求。

10.2.4 分析数据的方法

直播团队在完成数据采集和处理后,进行数据分析工作。分析数据是一个发现问题、分析问题和解决问题的过程，在某种程度上，分析数据是一种方法论。下面介绍几种常用的分析数据的方法。

（一）直接观察法

直接观察法就是直接观察数据的大小、发展趋势，或者是找到异常数据等。有些数据比较简单，运营者可以采用直接观察法。店铺账号后台、电子商务平台或第三方平台提供的数据分析工具会展示数据分析结果，运营者通过直接观察数据分析结果能得出一些结论。

图 10-20 所示为某数据分析工具展示的四个不同品牌的交易指数情况。运营者通过直接观察就可以对比四个品牌的交易指数在所选时间范围内的变化趋势，从而了解这四个品牌在所选时间范围内的交易情况，为制订运营策略提供参考。

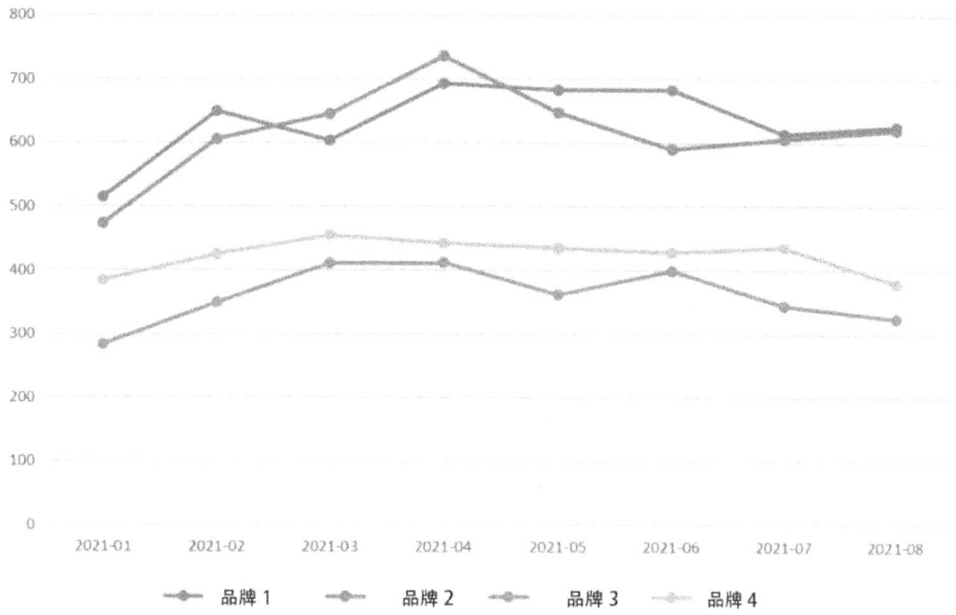

图 10-20　品牌交易指数的变化趋势

（二）逻辑分析法

逻辑树又称演绎树、问题树或分解树，其操作原理就是将要研究的问题拆解成若干个子问题，将子问题分层罗列，逐步向下扩展。逻辑树分析法就是将要研究的问题作为“树干”，然后分析与这个问题相关的分支问题，每想到一个分支问题，就可以给“树干”添加一个“树枝”，并标明这个“树枝”代表的含义，“树枝”上还可以再分化出小的“树枝”，依此类推，直到将每个问题细化到最小的程度，形成一棵“树”，找出与要研究的问题相关的所有因素为止。逻辑树分析法的基本结构如图 10-21 所示。

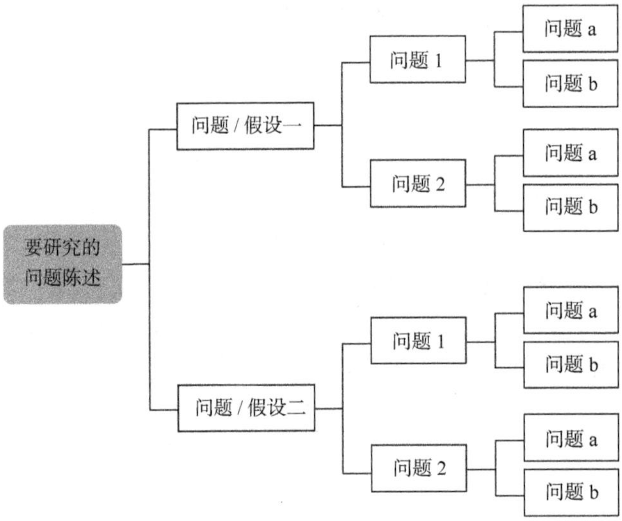

图 10-21 逻辑树分析法的基本结构

运营者在运用逻辑树分析法时,需要遵循以下三个原则。

①一致性:细分问题时,每一层级的问题的划分标准应保持一致。

②关联性:各个子问题应与上一层级的问题密切相关。

③穷尽化:遵循不重、不漏的原则,尽量把涉及的问题考虑周全。

(三)对比分析法

对比分析法也称比较分析法,就是将两个或两个以上的数据进行对比,分析它们之间的差异,进而揭示这些数据背后隐藏的规律的分析方法。对比分析法中最常用的是同比分析、环比分析和定基比分析。

1. 同比分析法

同比是指今年第 N 月与去年第 N 月相比较。同比发展速度主要是为了消除季节变动的影响,用以说明本期发展水平与去年同期发展水平对比达到的相对发展速度。

同比增长率 =(本期数据 - 上期同期数据)÷ 上期同期数据 ×100%

如某店铺中的一款商品, 2022 年 8 月的销售额为 51 790 元, 2023 年 8 月的销售额为 70 860 元,则这款商品的销售额同比增长了 36.8%。

2. 环比分析法

环比是指本期水平与其上一期水平之比,表明现象逐期的发展变动速度。

环比增长率 =(本期数据 - 上期数据)÷ 上期数据 ×100%

如某店铺 2023 年 10 月的总销售额为 303 567 元, 2023 年 11 月的总销售额为 53 769 元,则该店铺总销售额环比下降了 16.4%。

3. 定基比分析法

定基比发展速度也叫总速度,是报告期水平与某一固定时期水平之比,表明这种现象在较长时期内总的发展速度。

定基比率 = 现值 ÷ 基期值 ×100%

假设某企业2000年的净利润为100万元，2001年的净利润为120万元，2002年的净利润为150万元。以2000年为固定基期，分析2001年、2002年定基比率。

则：

2001年的定基动态比率 =120 ÷ 100=120%

2002年的定基动态比率 =150 ÷ 100=150%

4. 对比分析法的应用

在实际操作中，对比分析法的应用主要有以下四种方式。

（1）将实际完成值与设定的目标进行对比。店铺运营中，运营者每年都会设定全年的业绩目标，可以将当前达成的业绩与设定的全年业绩目标做对比，以了解店铺的发展进度和业绩完成率，分析目标业绩的设定是否合理、是否需要调整等。

（2）在行业内做对比。将自身发展水平与同行业的竞争对手或行业的平均水平做对比，这样有利于了解店铺的发展水平在行业中处于何种位置，了解店铺设定的指标是否具有先进性，为制订店铺的发展策略提供参考依据。

（3）将不同类型商品做对比。例如，在开展某项推广活动后，运营者可以将店铺内的拉绒打底衫的销售额与无拉绒打底衫的销售额进行对比，这样能够了解各个商品分类的销售状况，从而及时调整营销。

（4）将活动效果做对比。店铺开展某项营销推广活动后，运营者可以将活动前后的相关运营数据进行对比，了解营销推广活动的效果，分析营销推广活动是否达到预期目标。

使用对比分析法时，运营者首先必须确定所选的对象之间有可比性，这样所做的对比才有意义；其次，运营者要注意选取的比较口径、计量单位、计算方法必须一致。

通过比较和分析，直播团队可以发现直播过程中的异常数据。异常数据并不意味着是不良数据，异常数据通常是指偏离平均水平的数据信息。主播团队成员需要仔细分析这些异常数据，发现造成数据异常的原因。

（四）漏斗图分析法

漏斗图分析法是一种以漏斗图的形式来展示分析过程和结果的分析方法。这种分析方法适用于业务流程比较规范、流程周期较长、各流程环节涉及复杂业务过程较多的情况。运营者在使用漏斗图分析法时，一般需要重点关注以下三点：一是从开始到结束，整体转化率为多少；二是每一个步骤的转化率是多少；三是哪个步骤的转化率最低，导致该步骤转化率低的原因可能是什么？

运营者运用漏斗图分析法分析店铺内的交易情况，能够了解用户从浏览商品到购买商品的整个过程中每一个环节的转化情况，如图10-22所示。可以看出，虽然该店铺的下单支付转化率为100%，但店铺的访客人数较少，且下单转化率和支付转化率都仅为4.62%，处于较低水平。此时，运营者应重点分析导致访客数量少、下单买家数量少的原因，如商品不符合用户购买需求、商品定价不合理、商品优惠力度低。找到原因后，才能有针对性地提出优化策略，提高整体转化率。

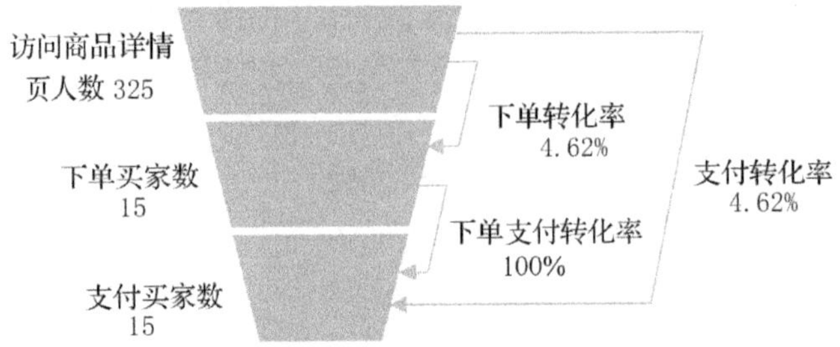

图 10-22 漏斗图分析法

（五）特殊事件分析法

大部分的实时数据异常可能与特定事件相关，比如平台活动的变更、主播改变直播的标签和主播直播时间的变化，所以主播在记录每日数据时，也应注意记录这些特殊事件，便于分析直播间实时数据异常时，发现数据变化和特殊事件之间的关系。淘宝首页或频道改版、标签变化、开播时段更改或主播离开的时长，都会产生数据异常。

10.2.4 直播大盘数据分析

直播大盘数据是指整个直播行业的排行及各种指数，能够科学地反映整个直播市场的行情。直播大盘数据主要包括主播排名、大盘数据转化、主播活跃度、地域分布和产品信息等，部分直播平台官方会汇总给出数据，主播可直接查找观看，也可从某些第三方数据平台（飞瓜数据、蝉妈妈、灰豚数据等）获得该类数据，这些平台和服务可以帮助你了解整个直播行业的趋势和数据，也可以帮助你分析具体的直播间数据，更好地优化自己的直播内容和策略。

通过直播大盘数据，主播能更清楚地了解排名动态，排名靠前的直播行业情况、直播间活跃度、粉丝数等，观看直播的人群特征，年龄段分布及性别比例等，以及直播行业的实时动态，如直播排名靠前的相关商品类目。通过分析直播平台的全网流量、频道流量、标签流量、标题流量等数据，帮助了解直播电商平台的整体表现和发展趋势。

（一）直播大盘数据

直播大盘包含了直播电商多维度的实时数据，可以帮助运营者了解正在直播带货的直播内容和数据情况，以及掌握自己的直播间在整个电商直播行业中所处的位置。下面以飞瓜快手对直播大盘的分析为例，了解直播实时大盘的动态数据及各项指标分析。直播大盘包含多个功能板块，每 60 秒统计当前时间下的快手直播热度、带货直播热度、实时观众热度及上架商品热度等数据，并可查看快手直播间各品类商品的数据趋势图，了解直播间卖货风向。

1. 实时直播动态

实时直播动态数据每 60 秒更新，分钟级查看快手直播间热度，并可查看实时带货直播间、直播间观众、上架商品热度比值及实时观众画像，实时掌握快手直播间的流量趋势，如图 10-23 所示。

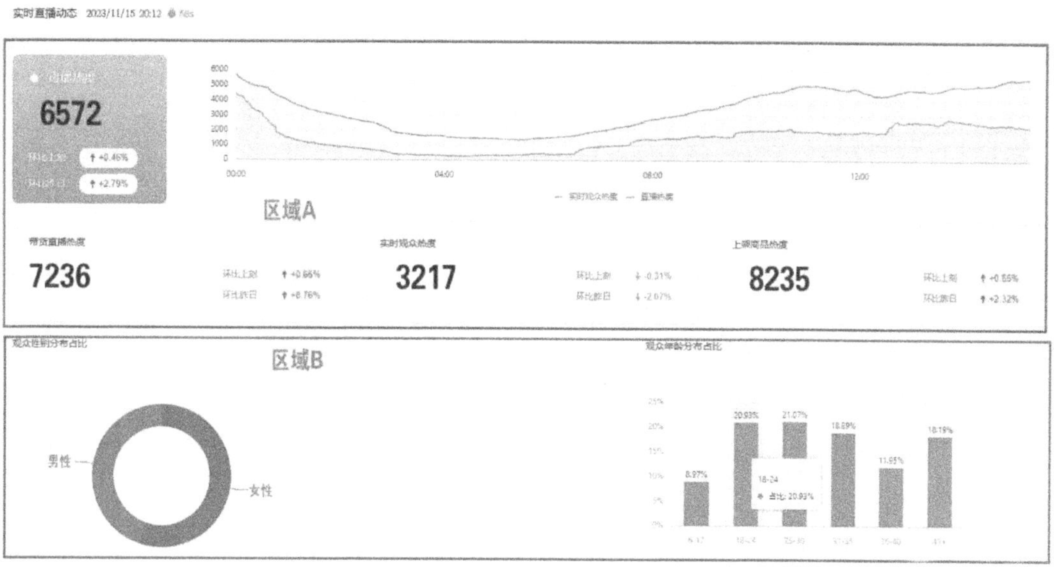

图 10-23　实时直播大盘

【区域A】:大盘实时热度。

【热度值】:当前周期内,快手直播热度的综合评分。

【数据维度】:直播场次、带货直播场次、实时直播间观众人数及推广商品数。

【参考价值】:若今天的带货直播热度和实时观众等热度值同比昨日高,说明今天有更多的用户在看快手直播,那么今天开播就有可能获得更多的观众流量。

【热度值分布】:结合具体类目近24小时的销售数据,可判断商品的最佳推广时间。热度值参考如图10-24所示 。

图 10-24　热度值参考

【区域B】:大盘实时观众画像。

帮助用户实时了解当前周期内大盘观众的性别、年龄及地域的占比情况。从图中分析到女性用户居多,年龄主要集中在18~24和25~30这两个年龄段。

2. 类目分析

类目分析收录了21个快手直播商品种类,可以选择日、周、月的维度进行查看。从大盘数据里可以了解快手直播商品种类的占比。可以从类目分析—商品品类中看到2023年11月15日直播中,日用百货商品品类占比是最多的,达到了32.59%,如图10-25所示。

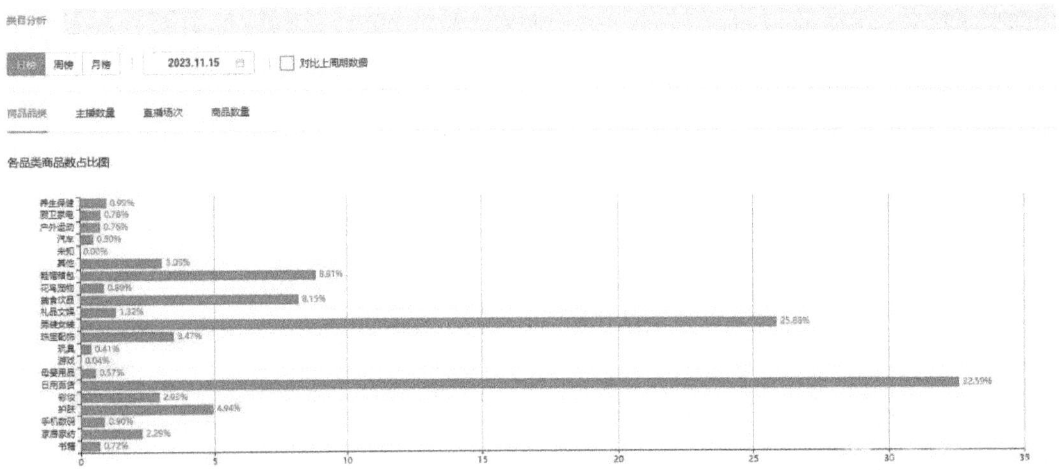

图 10-25 类目分析

这个数据说明快手直播商品的种类比例,不代表就是直播中最常见的商品,需要结合更多的大盘数据分析进行对照,比如带货主播数和直播场次。可以切换类目分析下的标签进行查看验证商品类目下的主播数量、直播场次及商品数量的情况。

3. 商品来源分析

商品来源可以查看快手直播日、周、月的 21 个品类商品的商品来源分布图,并同上周期的数据进行对比。通过对比发现在日用百货品类中 2023 年 11 月快手小店的带货量同 10 月对比相差并不是很大,如图 10-26 所示。

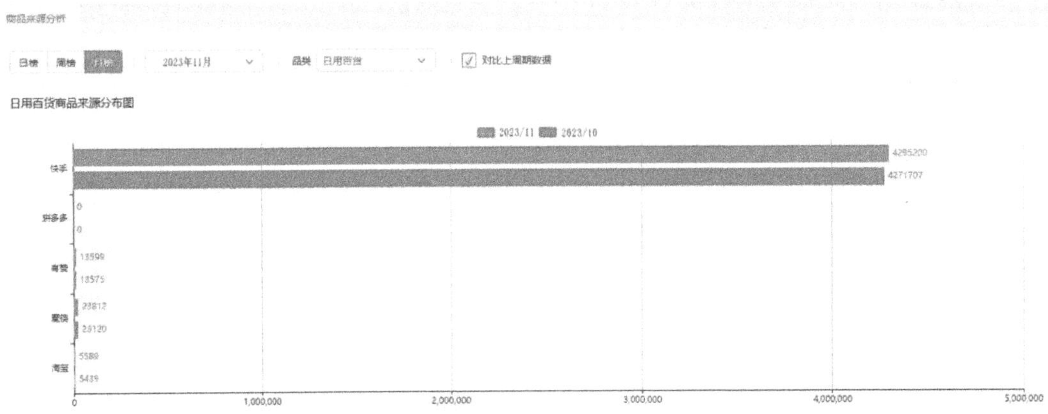

图 10-26 商品来源分析

4. 类目趋势图

类目趋势图中可以查看 21 个商品品类周、月维度下的主播数量、直播场次、商品数量、商品销量及商品销售额的情况,发现最近直播间热卖的商品。

选择"男装女装"的分类,可以看到商品在"双十一"之前相关直播场次有所增加,"双十一"之后几乎与十月的直播场次持平且有时候直播场次还少于 10 月份的直播场次,说明"双十一"过后男装女装的直播带货场次有所减少。也可以通过切换品类下的主播数量、商品数量、商品销售及商品销售额的标签进行详细的分析，如图 10-27 所示 。

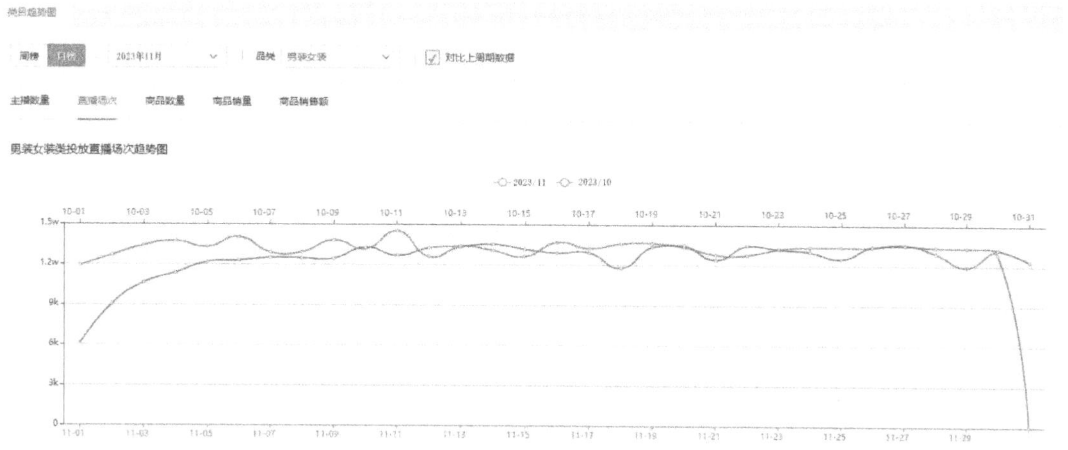

图 10-27　类目趋势图

（二）复盘历史数据分析

直播间内的每个行为都会产生数据，对于运营团队来说，分析直播带货数据的价值和意义都是巨大的。它可以帮助运营团队发现规律，让直播流程变得更加精细；纠正错误，避免继续犯错，将经验转化为能力。

数据平台的账号“直播分析”页面可以查看非常详细的历史直播数据。“直播趋势分析”“平均停留时长趋势”“UV 价值趋势”“带货产出趋势”“GPM 趋势”等数据将直播的关键数据以图表的方式直观地展现出来。

运营者通过分析直播数据的趋势图，能够有效地衡量直播和带货的效果。用户行为趋势图中，用户的平均停留时长是一个关键指标，直播团队关注的不应该是进来的人数多或少，而应该关注用户的平均停留时长，平均停留时间越长，粉丝黏性越高，转化率也就越高。

“直播分析”页面中的“直播记录”板块可以看到之前每一场直播的数据总结，包括“直播场次”“观看人次”“销量”“销售额”等。

10.2.5　直播竞品数据分析

直播竞品分析是对与本店铺直播存在竞争关系的主播、商品、店铺的直播数据进行对比分析。通过直播竞品的分析，可以为后期直播选品结构、开播时间、开播主题等的调整提供数据支撑。对直播竞品分析的维度越多，分析的结果就会越准确，对后期直播调整也就越有针对性。

（一）竞店对比分析

竞争店铺分析是指可以对比分析竞争店铺各项指标的趋势和数据，与本店铺的数据进行实时对比，还可以查看竞争店铺热销商品的交易指数、流量指数、交易构成等情况，如图 10-28 所示，从两个店铺在指定时期内关键指标的对比情况可以看出，本店前期的交易指数不及竞争店铺，后期逐步追上了。

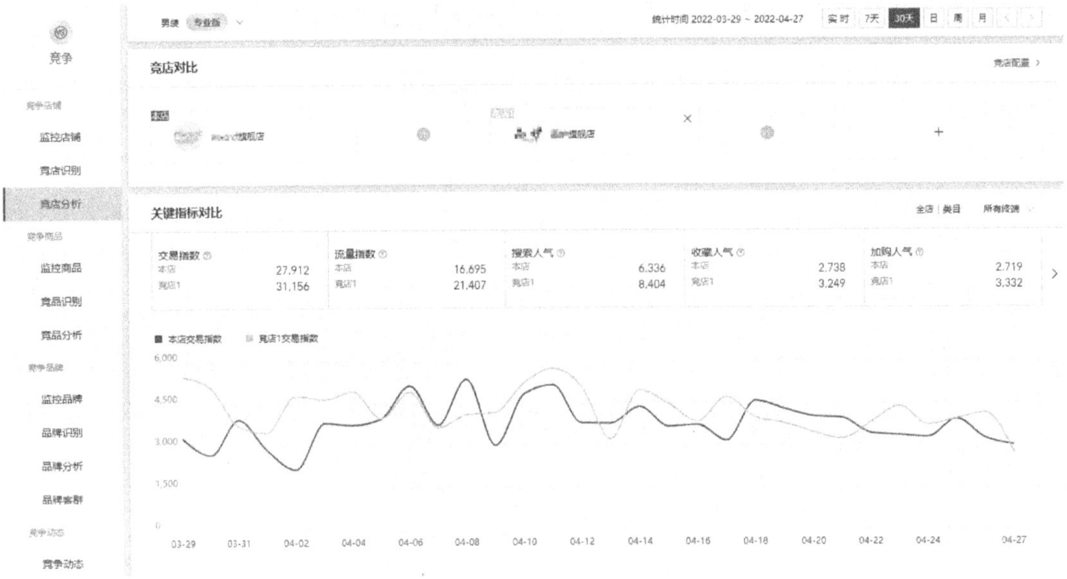

图 10-28　对比分析竞争店铺的关键指标

竞店直播商品的指标还可以从流量指数、支付转化指数、交易指数、客群指数(体现支付的用户数量,该指数越高,说明支付的用户数量多)等来进行变化趋势对比分析,如图 10-29 所示。

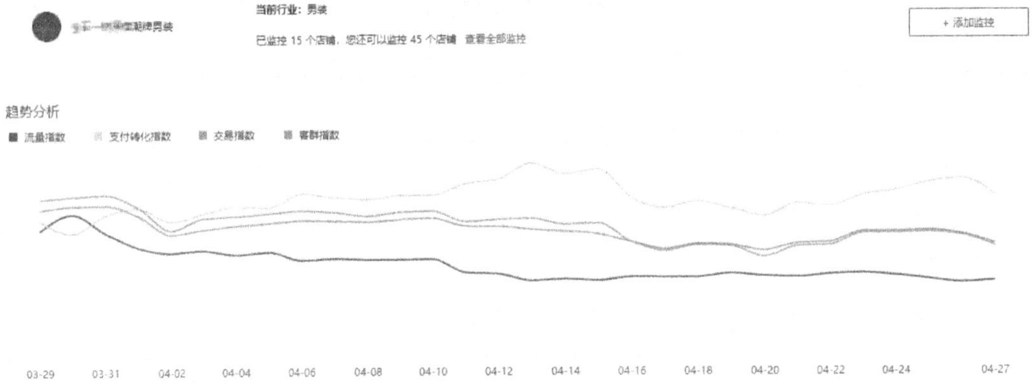

图 10-29　竞店指标变化趋势

(二)商品竞品分析

商品竞品是与自己的产品构成竞争关系的商品。选择合适的商品,对提升直播销量、用户满意度等方面均有帮助。选择商品的过程中,可以从以下几个方面进行商品竞品分析。

1. 根据直播主题分析直播商品

店铺直播的主要内容为该店铺销售的商品,由于店铺销售的商品品类比较固定,因此直播的主题也比较固定,而达人主播在直播中的主题相对来说不固定,可以根据市场趋势、粉丝需求等因素来确定。

根据直播主题进行直播商品的选择，可以保证整场直播的统一性，使直播所带的商品与粉丝相互匹配，如本期直播的内容是“运动 / 户外”，那么直播的商品就可以选择“运动设备”，用户对“运动 / 户外”感兴趣，才会进入到直播间，同样也是这类商品的最佳适用群体。

2. 根据性价比分析直播商品

直播的最终目的是销售商品，高性价比的商品对观看直播的粉丝更有吸引力。在保证商品质量的前提下，低价的商品往往是最佳的引流方式，更大的优惠力度能激发粉丝的消费欲望。挑选商品时需要调查商品的口碑和用户对商品的评价。

目前直播带货的实质还是低价促销，低价仍然是刺激消费者购物的第一因素，低价的同时，选择高性价比的商品，将会大幅提升直播的销量。这一点，在各直播平台的热销榜上都能得到论证，如图 10-30 所示。

排行	商品	商品分类	单价	关联直播数	销量 销售额
01 New	[illegible]	美食饮品	¥79.90	365	31.3w 2497.2w
02 New	[illegible]	美食饮品	¥698.00	1	31.0w 1692.9w
03 New	[illegible]	美食饮品	¥199.00	1	7.0w 1398.7w
04 New	[illegible]	美食饮品	¥69.90	662	16.2w 1291.5w
05 New	[illegible]	美食饮品	¥1699.00	1	4624 1248.0w

图 10-30　直播商品排行榜

3. 根据品牌优势分析直播商品

品牌知名度在一定程度上能够影响用户的购买行为，选择直播商品时，应该尽量选择较有知名度的品牌。

知名品牌的天然优势是消费者更愿意购买熟悉的产品而非陌生的产品，消费者对品牌存有认同感，有品牌背书，消费者对商品的信任度较高；品牌还有社会监督成本，有品牌的产品意味着更能接受社会的监督、承担更大的风险；品牌对于商品而言，是质量的保证，同时品牌商品价格透明。

4. 根据高热度分析直播商品

高热度商品即网红爆品，选择高热度商品，主要是因为消费者对全网热点或事件非常熟悉，可以吸引消费者的兴趣。紧跟全网爆款，时刻为自己的直播间“打广告”，能够在极短时间内拿下用户的关注度。如图 10-31 所示，通过某直播平台可以监测到每日甚至每天不同时段的热销商品，根据爆品热度分析直播竞品，可以保证自己能够紧随全网带货潮流。

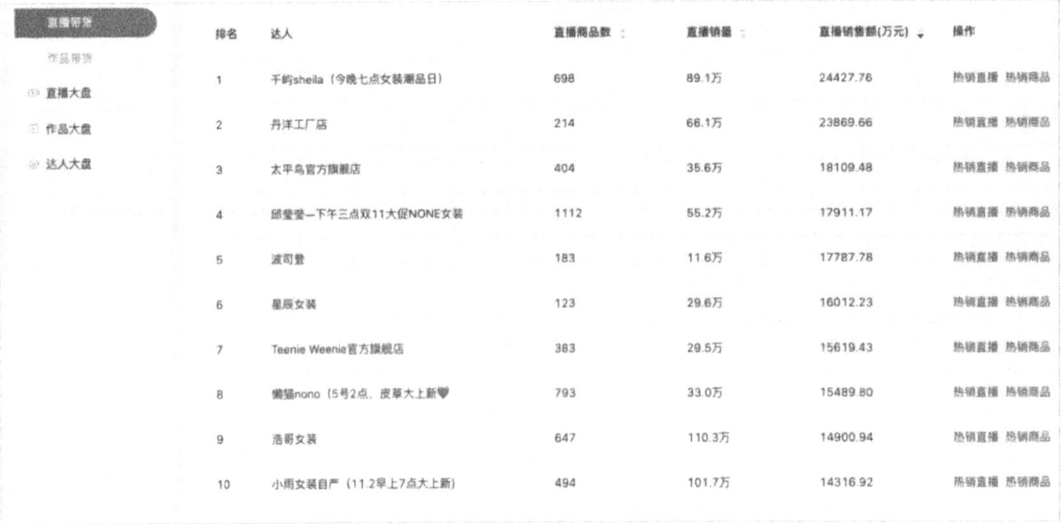

排名	达人	直播商品数	直播销量	直播销售额(万元)	操作
1	千屿sheila（今晚七点女装潮品日）	698	89.1万	24427.76	热销直播 热销商品
2	丹洋工厂店	214	66.1万	23869.66	热销直播 热销商品
3	太平鸟官方旗舰店	404	35.6万	18109.48	热销直播 热销商品
4	邱莹莹—下午三点双11大促NONE女装	1112	55.2万	17911.17	热销直播 热销商品
5	波司登	183	11.6万	17787.78	热销直播 热销商品
6	星辰女装	123	29.6万	16012.23	热销直播 热销商品
7	Teenie Weenie官方旗舰店	383	29.5万	15619.43	热销直播 热销商品
8	懒猫nono（5号2点，皮草大上新❤	793	33.0万	15489.80	热销直播 热销商品
9	浩哥女装	647	110.3万	14900.94	热销直播 热销商品
10	小雨女装自产（11.2早上7点大上新）	494	101.7万	14316.92	热销直播 热销商品

图 10-31　直播热销商品排行榜

（三）主播竞品分析

主播的竞品分析，是指同一层次的主播之间的对比分析，主要从流量对比、粉丝画像和地域三个方面展开，这里以头部主播的相关数据进行对比，如图 10-32 所示，三组数据分别隶属主播 A、主播 B、主播 C。

流量对比			
	主播 A	主播 B	主播 C
带货销量对比 / 件	2014.36 万	2985.42 万	478.19 万
粉丝增量 / 人	26.78 万	-63.67 万	139.78 万
转粉率	0.00%	-1.00%	1.00%
总开播场次 / 场	21	23	37
场均直播时长 / 小时	3.83	3.81	4.78
场均观看人数（UV）/ 人	418.85 万	578.21 万	498.36 万
场均观看次数（PV）/ 人	1227.46 万	1897.67 万	824.51 万
流量对比（PV）/ 人	2.31 亿	4.39 万	2.67 亿
流量对比（UV）/ 人	9735.63 万	1.07 亿	1.74 亿
流量对比点赞数 / 人	1.95 亿	2.35 亿	3789.48 万

图 10-32　主播流量对比

（1）从流量对比来看。主播 B 在带货销量对比、场均观看人数、场均观看次数、流量对比（PV）和流量对比（UV）中处于领先水平；主播 C 在粉丝增量、转粉率、总开播场次、场均直播时长、流量对比（UV）中更具有优势。该数据中，主播 C 的粉丝增量和转粉率在三位主播的对比中处于领先地位，而且均为正数，可以初步推断出主播 C 后期发展前景比较广。

（2）从粉丝画像对比来看。主播 B 的粉丝人数最多，达 7 325 万；主播 A、主播 C 分别为 4 120 万和 2 153 万人。年龄分布方面，三位主播的粉丝都集中于 90 后和 00 后，占比均达到八成以上，粉丝中女性比例在七成左右，说明女性粉丝群体为三位主播的主要消费群体，如图 10-33 所示。

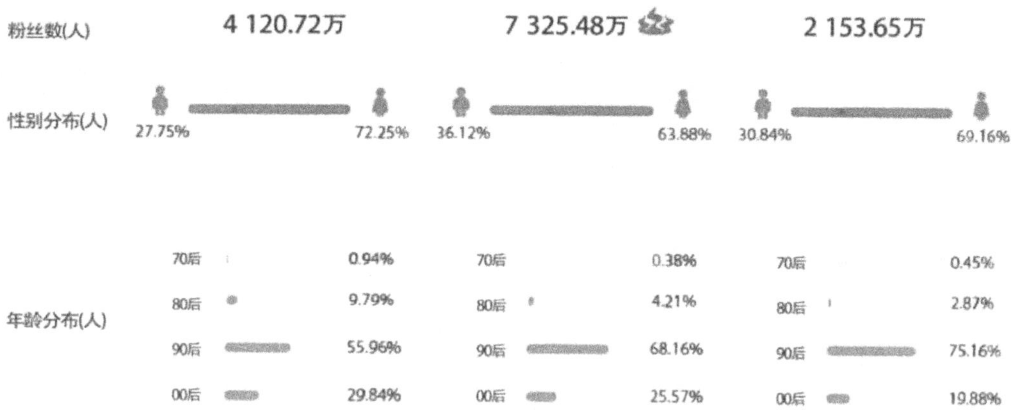

图 10-33　粉丝年龄分布、性别比例

（3）从地域方面来看。如图 10-34 所示三位主播的地域分布比较均匀，说明直播团队在粉丝维护上比较合理。以上数据可以为后期直播商品和直播主题选择提供参考依据。

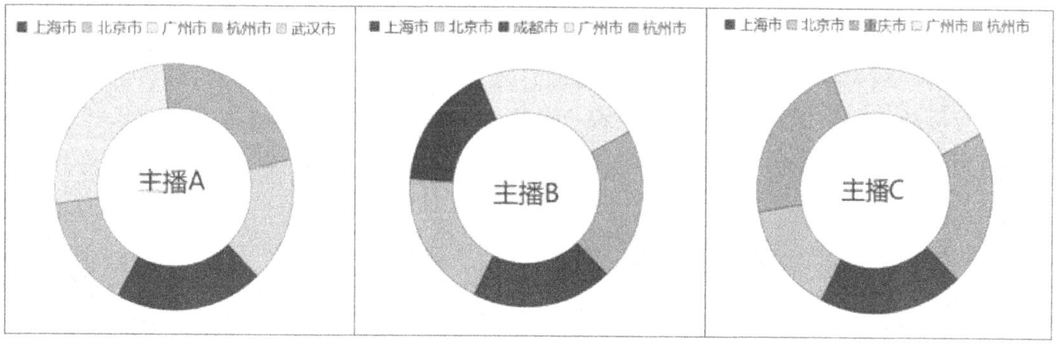

图 10-34　粉丝地域对比

10.2.6　单场直播数据分析

每一场直播都可以在相应的平台上查看直播数据，对直播数据的分析（简称复盘）可以帮助运营分析本场直播的优势和问题。结合直播大盘数据，强化自身优势，及时解决直播中发现的问题（如调整直播竞品、调整直播时间、调整直播风格等）有助于提升直播效率，促进直播转化率。

每一场直播的数据纷繁复杂，将庞杂的数据分类整理，剔除无效数据，能大幅度提升工作效率。一场直播的数据中，特别需要关注的是本场概况、人气数据、带货数据、流量数据、用户数据、商品带货列表中的数据等指标，这些指标是制定直播优化策略的基础。虽然直播数据平台较多，但数据分析内容大同小异，这里选用新抖数据平台进行分析，新抖平台的数据分析页面，如图 10-35 所示。

图 10-35 新抖数据平台直播数据分析

（一）本场概况

本场概况模块可以查看开播时间、直播时长、音浪收入和商品销售额四个数据。

开播时间为该场直播开始的时间，直播时长为该次直播总时长。这两个数据主要反映本场直播的起止时间。

音浪是抖音平台使用的虚拟货币，可以兑换成现金，是粉丝在观看抖音直播时的打赏，几乎所有直播平台都有粉丝打赏功能，只是名称不同。在抖音平台，主播获得的音浪越多证明人气越高。

直播销售额为本场直播所有商品销售的总额，是单场直播中最重要的数据，也是最能体现直播带货能力的数据指标，但是需要综合分析一段时间内的数据走向，才能更真实地反映主播的直播带货能力。

（二）人气数据

人气数据模块可以查看音浪收入 / 音浪、送礼人数、累计观看数、在线人数（峰值）和单场涨粉数。

（1）本场音浪由该次直播粉丝打赏而来，关联数据为送礼人数，可以结合实时数据大屏查看粉丝打赏排行榜，实时数据大屏每 60 秒更新一次，适用于直播过程中查看。

（2）累计观看人数是粉丝在直播期间进入直播间观看直播的总数量。

（3）在线人数（峰值）是指该次直播中某一时间同时在线人数的最大值。累计观看人数、在线人数（峰值），这两项数值越长，说明主播人气越高，吸引力越大，区别在于在线人数（峰值）往往与某件商品有直接关系。

（4）观众平均停留时长指粉丝观看直播时所花费的平均时长。用来表示粉丝对主播或直播商品的关注度。观众平均停留时长越长，说明主播直播内容质量越高，能够更久地抓住用户的眼球。

单场涨粉数 = 该次直播结束时的粉丝数 − 直播开始时的粉丝数

转粉率 = 单场涨粉人数 ÷ 累计观看人数

以上两个公式可以用来衡量本场直播观众的转粉情况。

（三）带货数据

带货数据模块可以查看预估销售额、预估销售量、上架商品、最高单价、最高销量、最高销售额等数据。

预估销售额和预估销售量不是由直播团队制定的，而是新抖平台根据数据监测所得，预估销售额由直播价和销售量计算所得。预估销售量由新抖平台监测到的末点商品销量与初始商品销量的差值来评估，可能与实际值存在一定差异。预估销售额和预估销售量需要结合直播团队制定的销售目标综合分析。

上架商品和最高单价是直播团队在开播前确定的。最高销量是指某商品最终的销售数量。最高销量和最高销售额数值越大，说明直播的效果越好。复盘时需要将这两项数据与团队制定的销售目标结合进行分析。

任务 10.3　直播经验的总结与改进策略

在直播电商的实战中，经验的总结与改进策略是持续成功的关键。通过对过往直播数据的深入分析，可以发现哪些策略有效，哪些需要调整。例如，在一次美妆产品的直播中，采用了“明星 + 专家”的组合模式，通过明星的流量效应和专家的专业解读，成功吸引了大量观众，并显著提升了转化率。然而，在后续的直播中，注意到观众在互动环节的参与度逐渐降低，这提示需要进一步优化互动策略。

为了改进这一状况，引入数据分析模型，对直播过程中的观众行为进行了细致分析。通过对比不同时间段的观众参与度、跳出率等数据，发现观众在直播开始后的前 30 分钟参与度最高，但随后逐渐下降。针对这一问题，决定在直播中增加更多的互动环节，如抽奖、问答等，以激发观众的参与热情。同时，也对直播脚本和话术进行了优化，确保内容更加紧凑、有趣，能够持续吸引观众的注意力。

此外，还借鉴了其他成功直播电商的经验，如引入 KOL（关键意见领袖）进行产品推荐、利用社交媒体进行直播预热等。这些策略不仅帮助我们扩大了直播的影响力，还提高了观众的忠诚度和复购率。在直播电商中，始终将观众的需求和体验放在首位，通过不断总结和改进策略，努力提供更加优质的直播内容和服务。

直播数据复盘是店铺运营的一项重要工作，一场直播只盯着销量是不够的，还需要通过数据的变化情况来把控整体直播的节奏，即使是头部主播，每场直播后也需要对直播表现进行复盘。没有一场直播是完美的，每场直播都有值得反思的地方。

（一）流量指标的复盘及优化

流量指标复盘结果不佳的原因通常有两种：在线人数少和在线人数不稳定。

1. 在线人数少

直播间在线人数长期在 100 人以内,可以判定为在线人数少。在线人数太少,直播就很难有变现盈利的可能。一般用户在直播间的平均停留时长为 30~60 秒,而好的直播间的用户平均停留时长在 2 分钟以上。

增加直播间在线人数的策略如下。

①优化直播场景中的背景。如清晰地写出直播间的亮点及活动,让新用户快速了解。

②调整主播的话术引导。主播可不断通过口播、公告、小黑板等方式,实时说明抽奖、发券、发红包等活动的规则和参与方式。

③强调对新用户的关注。及时与进入直播间的新用户进行互动,让用户有参与感,提醒用户发指定评论或关注主播等,活跃直播间气氛。

④短视频引流。在开播前一天或前几个小时发布短视频进行直播预告,也可以打造爆款短视频,如果正好在开播,用户可以从爆款短视频右上角直接进入直播间,带来更多流量。

⑤私域社群。开播前几分钟可以在自己的私域社群里进行直播通知转发,预告直播,通知自己的粉丝进入直播间,也可以进行微信朋友圈转发。

⑥付费推广。提升在线人数最直接的办法就是进行付费推广,推广目标可以在前期选择进入直播间,先提升直播间人气,也可以选择转化的推广目标,提升直播间 ROI。抖音、快手、视频号等直播平台都有自己的推广工具。

2. 在线人数不稳定

直播间的在线人数中老用户的比例是在线人数稳定的保障,要确保老用户能持续地回来看直播,增加用户的停留时长。

稳定的在线人数,源于主播对直播节奏的把控,这也是专业主播和业余主播的最大区别。图 10-36 所示是两场不同直播间的在线人数监测,直播间 1 的 在线人数非常不稳定,在线人数达到人气峰值后一直处于下滑状态,直至下播。直播间 2 的在线人数相对稳定,一直稳定在 4 600 人左右。

稳定在线人数优化策略具体如下。

①固定开播时间。对于自己所喜欢的主播,用户会特别注意直播时间,只要时间合适,一般都会观看。直播时间固定有利于用户形成固定的观看习惯,在习惯的作用之下,用户会在直播时进入直播间。

②强化直播预告。直播预告可以提醒用户直播时间,加强用户对直播时间的记忆;更重要的是帮助用户提前了解直播内容。在直播预告中展示直播要分享的商品,有助于精准匹配对直播内容感兴趣的用户。

③把控直播节奏。节奏的把控是影响在线人数稳定程度的一个重要因素。而节奏的把控关键在于脚本,因此直播团队在直播前一定要做好直播脚本的策划。

④进行社群运营。运营人员通过私信的方式,组建粉丝社群,逐步引导老用户添加运营人员的微信,组建粉丝社群,方便老用户在直播期间可以快速进入直播间。

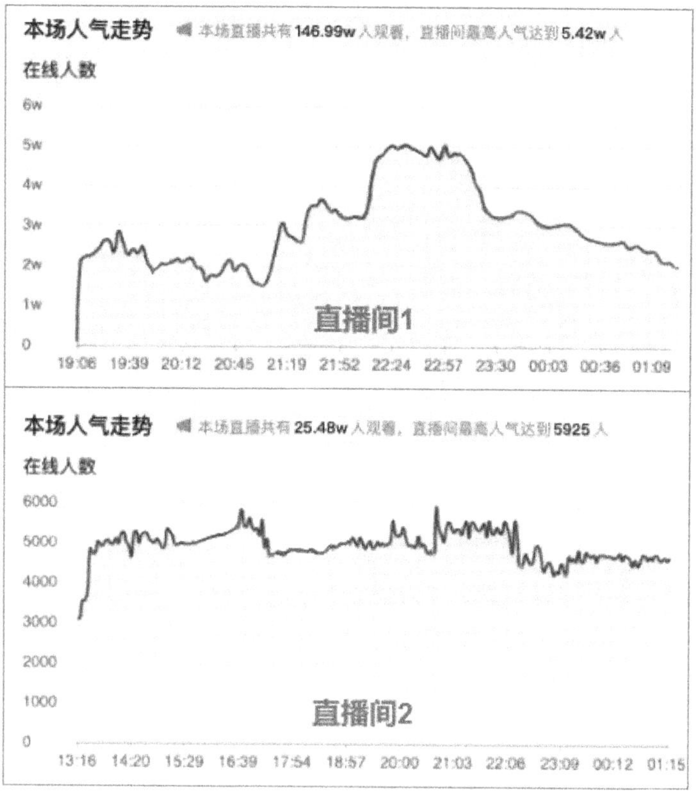

图 10-36　不同直播间在线人数监测

（二）互动指标的复盘及优化

互动指标复盘结果不佳的原因通常为新老用户互动量低。

1. 新用户互动量低

直播间的新用户在进入直播间后，没有退出直播间，但是也没有参与评论互动，意味着新用户互动量低。

新用户互动量优化策略如下。

（1）强化直播间运营人员的互动引导。经过运营人员的互动引导让进入直播间的新用户可以找到参与直播互动的方式。

（2）调整参与互动的方法。通过调整参与互动的方法能够避免新用户不知道如何参与互动。

（3）连麦。这是与用户互动的有效技巧之一，特别是和铁杆粉丝连麦，可以调动粉丝的积极性。

（4）利用福袋互动。这可以提升直播间的人气和最终转化率。

图 10-37 所示这个直播间，在发放福袋时，直播间在线人数有 78 人，设置福袋开奖时间为 10 分钟，开奖时，直播间在线人数上升至 167 人，可以直观地看到福袋对提升直播间互动量和人气的效果。

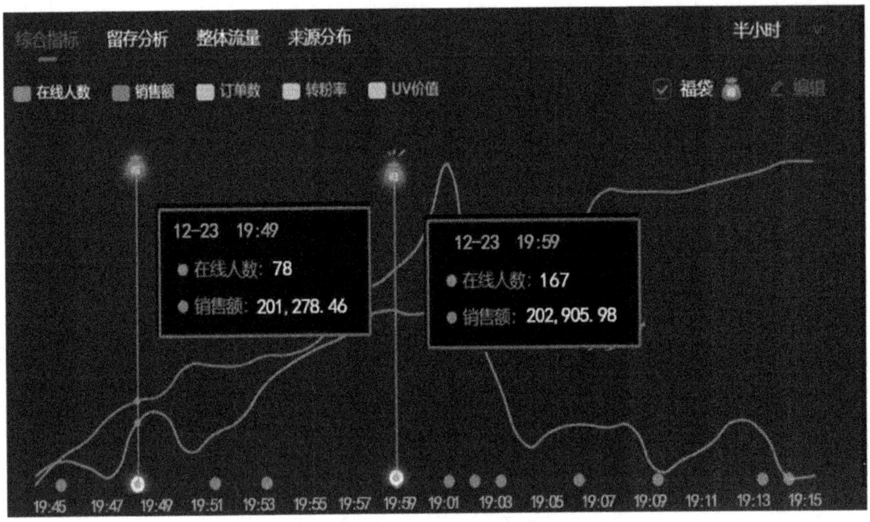

图 10-37 发放福袋时直播间人数增加

直播营销不是一蹴而就的,而是一个循序渐进的过程。直播团队需要不断地引导用户,让其经历从陌生到熟悉,到信任,再到购买的过程。直播互动在这个过程中起着非常关键的作用,可以直接影响直播间的人气和最终的购买转化率。

2. 老用户互动率低

老用户互动率低是指老用户虽然进入直播间观看,但几乎不参与互动。老用户互动率低主要是直播间缺少对老用户的福利,老用户感觉不到优越感。

老用户互动率低的优化策略如下。

①给予福利奖励,刺激老用户参与互动。

②积极引导直播间的老用户加入粉丝群。

③调整老用户的引流方式,避免吸引过多不喜欢互动的用户进入粉丝群。

④积极引导直播间的老用户加群。主播要给老用户有一定的优越感与存在感,给参与互动的老用户更多的优惠。

(三)转化指标的复盘与优化

转化指标复盘通常可以分为成交率复盘和退货率复盘。最容易出现的问题就是成交率低和退货率高。下面分别分析成交率低和退货率高的原因及对应的改进策略。

1. 成交率低

成交率是指直播间的成交单量与直播间在线人数的比值,计算公式如下:

成交率 = 直播间的成交单量 ÷ 直播间在线人数 × 100%

成交率直接反映选品策略是否正确,如果直播电商成交率持续走低,且持续保持在两位数以内,意味着选品和直播间的用户匹配度不高,需要进行调整。

2. 退货率高

退货率是指退换单数与成交单数的比值,计算公式如下:

退货率 = 退换单数 ÷ 成交单数 × 100%

直播营销中,多数用户是出于冲动或对主播的信任而购买直播间商品的。主播想要赢得用户的长期信任，就必须对直播间销售的商品负责，不仅要保证送货及时，还要保证商品的质量。直播营销的客户群体大多是主播或品牌的粉丝，靠的是粉丝效应以及口碑，如果商品出现质量问题，口碑就会下降，很容易流失粉丝，导致销量下滑。因此直播营销供应链要保证粉丝只会因为款式和尺寸等非质量问题退换货，而不能因为质量问题退换货。

抖音电商罗盘为提高商家对退款订单的分析能力降低商品的退款率，上线了退款分析模块，助力商家定位主要退款原因和退款品类，分析售后不同环节的退款分布状况，进行退款状况分析诊断和商品优化。

退款原因板块显示主要的退款原因及其占比。图 10-38 所示为某直播间的退款原因分析。据退款原因分析结果了解不同退款原因对应的详细退款商品信息，从而进行服务的改进和优化。

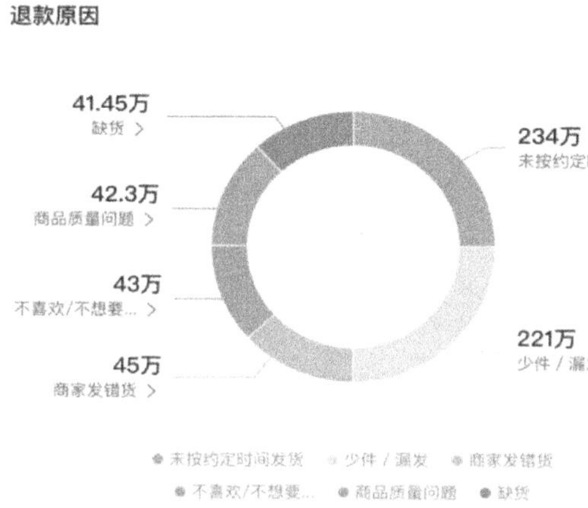

图 10-38　某直播间的退款原因分析

退货率最高的优化策略如下。

（1）商品调整。重新分析直播间的用户数据，调整上架产品或改变产品的外在属性，产品的包装材料、产品亮点、产品价格等。

（2）体验调整。对发货和客服等与用户息息相关的细节上进行优化。

（3）价格调整。重新分析在产品价格上是否做好了价格保护，或调整产品组合策略，进行差异化定价。

（4）转化策略调整。活动策划上强化互动元素，不要让用户在直播间成为路过的观众。

（5）商品的类目匹配：商品的性价比、价格要与目标人群相匹配。

通过直播带货的精细化复盘，获取直播复盘的数据后，对数据进行整理分类，根据掌握的数据，对平台流量推送规则进行推测，并在后期的直播带货过程中逐步验证结论。通过测试与验证，获取相应的数据规则后，再根据数据规则对直播带货进行优化，提升直播间的销售额，由于平台数据规则是动态变化的，直播复盘数据分析也应根据平台规则的变化规律进行及时更新，根据测试与验证的新数据规则，进一步持续优化直播内容与直播方案。

总之，直播电商的成功离不开经验的总结和策略的改进。通过深入分析数据、优化直播内容、引入新的营销策略等手段，可以不断提升直播电商的效果和质量。在未来的发展中，将继续探索和创新直播电商的实战策略，为观众带来更加精彩的直播体验。

项目十一　直播电商的法律法规与合规性

任务 11.1　直播电商的法律风险与合规挑战

在直播电商的迅猛发展中，法律风险与合规挑战不容忽视。随着《中华人民共和国电子商务法》《中华人民共和国广告法》（以下简称《广告法》）等相关法律法规的出台与完善，直播电商行业面临着日益严格的监管环境。据统计，近年来因直播电商违规操作而引发的法律纠纷呈上升趋势，其中涉及虚假宣传、侵犯知识产权、不正当竞争等问题尤为突出。

一、法律风险

1. 违法广告风险

直播作为一种高度互动的营销手段，其传播速度快、影响范围广，一旦涉及违法广告，将对消费者、主播及电商平台造成严重的负面影响。

直播推销产品时，必须确保所宣传的内容真实合法。这包括产品描述、性能介绍、价格信息等，都必须与实际情况相符，不得夸大其词或隐瞒重要信息。同时，直播内容需遵守《广告法》及相关法律法规的规定，不得发布虚假广告，不得误导消费者。虚假广告不仅侵犯了消费者的知情权，还可能对消费者的财产和人身安全造成损害。

在直播中，主播应避免使用"国家级""最高级""最佳"等绝对化用语来描述产品或服务。这些用语往往缺乏客观依据，容易误导消费者，也违反了《广告法》的相关规定。此外，主播还应避免贬低其他生产经营者的商品或服务，以维护公平竞争的市场环境。

直播推荐的商品或服务，最好是主播亲自使用或体验过的。这样不仅能增强消费者对主播的信任感，还能有效避免因虚假宣传而引发的法律纠纷。主播应基于真实的使用感受来推荐产品，不得为了追求销量而夸大其词或虚假宣传。

2. 产品质量风险

产品质量是直播电商的生命线。电商平台及主播需对带货的产品质量负责，确保产品符合国家或行业标准，以保障消费者的合法权益。

电商平台应建立严格的产品筛选与审核机制，对入驻商家及上架商品进行严格的资质审查和品质把控。主播在选择带货产品时，也应进行充分的调查和了解，确保产品来源可靠、质量过关。

"三无"商品（即无生产日期、无质量合格证以及无生产厂家）和假冒伪劣商品是直播电商中的毒瘤。这些商品不仅损害了消费者的合法权益，还破坏了市场的公平竞争秩序。因此，电商平台及主播应坚决杜绝销售此类商品。

商家应依法保障消费者的合法权益，积极履行自身做出的承诺。这包括提供退换货保障、维修服务等售后支持。主播在直播过程中也应明确告知消费者相关售后服务政策，以便消费者在需要时能够及时获得帮助。

3. 知识产权侵权风险

知识产权侵权是直播电商中常见的法律风险之一。直播过程中可能会涉及音乐、影视作品、商标等多种知识产权的使用问题，一旦处理不当就可能引发侵权纠纷。

主播在直播过程中应尊重他人的知识产权，未经授权不得擅自使用他人的音乐、影视作品或商标等。如需使用，应事先获得权利人的许可并支付相应的费用。同时，主播还应加强对自身知识产权的保护意识，及时申请专利、商标等知识产权保护措施。

主播在直播中应避免侵犯他人的肖像权和名誉权。在展示商品或服务时，如需使用他人的肖像或提及他人的名字等信息时，应事先征得对方的同意并尊重其意愿。同时，主播还应避免散布虚假信息损害他人的声誉和名誉。

电商平台和主播应加强对知识产权相关法律法规的学习和宣传，提高自身的法律意识和风险防控能力。通过定期培训、案例分享等方式，增强主播对知识产权侵权风险的识别和应对能力。同时，电商平台还应建立健全的知识产权保护机制，为商家和主播提供必要的支持和帮助。

4. 隐私保护风险

在直播电商环境中，隐私保护是至关重要的一环。随着直播活动的频繁进行，大量个人信息可能会被无意或故意地暴露，从而引发严重的隐私泄露问题。

直播过程中，观众与主播的互动可能涉及身份证号码、手机号码、住址等敏感信息的交换。这些信息一旦泄露，不仅可能侵犯个人隐私权，还可能被不法分子利用进行诈骗、骚扰等违法活动。因此，加强隐私保护，确保用户隐私安全，是直播电商行业必须重视的问题。

直播平台作为信息传播的载体，应建立健全的隐私保护机制，明确用户信息的收集、使用、存储和销毁等环节的规范。同时，平台还需加强对主播的监管和培训，确保主播在直播过程中不泄露他人的个人信息。主播作为直播活动的直接参与者，也应自觉遵守隐私保护规定，不随意询问或公开他人的隐私信息。

为了更有效地保护用户隐私，直播平台可以采用先进的技术手段进行加密和匿名化处理。例如，通过加密技术保护用户数据的传输安全；通过匿名化处理减少个人信息在直播过程中的直接暴露；通过数据脱敏技术降低敏感信息泄露的风险。

5. 不正当竞争风险

直播电商行业的快速发展也伴随着不正当竞争的风险。不正当竞争行为不仅破坏了市场的公平竞争秩序，还损害了其他经营者和消费者的合法权益。

直播平台和主播应自觉遵守诚实守信原则，不进行虚假宣传、夸大其词等误导消费者的行为。同时，还应避免采用恶意评价、诋毁竞争对手等不正当竞争手段来损害他人的商业信誉和商品声誉。

商业诽谤是不正当竞争的一种表现形式。直播平台和主播应加强对直播内容的审核和监管，及时发现并制止商业诽谤行为的发生。同时，对于已经发生的商业诽谤事件，受害方可以通过法律途径维护自己的合法权益。

维护良好的市场秩序是直播电商行业持续健康发展的基础。直播平台和主播应积极参与行业自律和监管工作，共同维护市场的公平竞争秩序。通过加强沟通、合作和共治等方式，推动直播电商行业的规范化和标准化发展。

6. 税务风险

随着直播电商行业的兴起，税务风险也逐渐成为行业关注的焦点之一。直播主作为纳税人，需按规定申报和缴纳相关税款，以避免税务风险的发生。

直播主应增强税务合规意识，了解并掌握相关税收法律法规和政策规定。在直播过程中产生的收入应及时申报并缴纳税款，确保自身行为的合法性和规范性。

为了降低税务风险并优化税务成本，直播主可以寻求专业的税务筹划和咨询服务。通过合理的税务筹划方案可以合法地降低税负并提高经济效益；而通过专业的税务咨询服务则可以及时了解最新的税收政策和法规动态以规避潜在的税务风险。

直播主应加强与税务机关的沟通与合作，及时了解和掌握最新的税收政策和法规要求。同时，在遇到税务问题时应积极寻求税务机关的帮助和支持，以确保自身权益得到保障。

二、合规挑战

1. 法律法规不健全

在直播电商这一新兴且快速发展的领域中，法律法规的滞后性成了一个显著的问题。目前，尽管有一些基本的法律框架和规定可以适用于直播电商活动，但专门针对该领域的法律法规尚不完善，存在诸多法律空白和模糊地带。

由于直播电商的商业模式、运营方式及涉及的利益关系都较为特殊，传统的法律法规往往难以直接适用。例如，关于直播内容的审核标准、主播行为的规范、消费者权益的保护等方面，都缺乏明确且具体的法律规定。这种法律空白使得在处理相关争议和纠纷时缺乏明确的法律依据，增加了监管的难度和不确定性。

除了法律空白之外，直播电商领域还存在一些模糊地带。这些地带往往涉及多个法律部门的交叉和重叠，如广告法、消费者权益保护法、电子商务法等。然而，由于各法律部门之间的衔接不够紧密或存在冲突，导致在处理具体问题时难以形成统一的法律适用标准。这种模糊性不仅给监管带来了困扰，也给直播电商的从业者带来了法律风险。

2. 监管难度大

直播电商的复杂性和多样性使得监管工作面临诸多挑战，难以全面覆盖和有效实施。

直播电商涉及多个参与主体，包括直播平台、主播、经营者、消费者等。这些主体之间的利益关系错综复杂，相互交织。在监管过程中，需要同时考虑多个主体的权益和义务，确保监管措施能够平衡各方利益。然而，由于各主体之间的利益诉求和行为方式存在差异，使得监管工作难以做到面面俱到。

直播电商具有虚拟性和跨地域性的特点。直播活动往往在互联网平台上进行，不受地域限制。这种虚拟性和跨地域性使得监管工作难以直接接触到实际的交易行为和商品质量。同时，由于互联网技术的快速发展和普及，直播电商的违法违规行为也更加隐蔽和难以察觉。因此，监管部门需要借助先进的技术手段和专业的监测工具来加强对直播电商的监管力度。

部分直播平台与主播、经营者之间存在利益捆绑关系。这种关系可能导致直播平台在监管过程中存在偏袒或包庇行为，降低了监管的公正性和有效性。为了维护自身的商业利益和市场份额，直播平台可能会放松对主播和经营者的监管要求，甚至默许或纵容其违法违规行为。这种利益捆绑关系不仅损害了消费者的合法权益，而且破坏了市场的公平竞争秩序。因此，监管部门需要加强对直播平台的监管力度，确保其独立性和公正性。

3. 技术挑战

直播电商的快速发展带来了海量的信息数据，这些数据具有规模大、实时性强、随机性高等特点，给监管和执法带来了严峻的技术挑战。

直播电商活动中产生的信息数据量极其庞大，包括但不限于直播视频、弹幕评论、商品链接、交易记录等。这些数据量的快速增长使得传统的数据处理和分析方法难以应对，需要采用更加先进的大数据处理技术来进行存储、分析和挖掘。然而，大数据处理技术的复杂性和高成本也给监管和执法部门带来了很大的压力。

直播电商的违法行为往往具有随机性和突发性。主播和商家可能随时在直播过程中发布虚假宣传、夸大产品功效等违法信息，而这些信息往往难以预测和捕捉。此外，由于直播电商的跨地域性和匿名性，使得违法行为的追踪和取证更加困难。因此，监管和执法部门需要借助先进的技术手段来实时监控直播内容，及时发现并固定相关证据。

在直播电商中，证据抓取与固定是执法过程中的关键环节。然而，由于直播内容的实时性和易逝性，使得证据的抓取变得尤为困难。一旦直播结束，相关的视频和评论等信息就可能被删除或篡改，导致证据灭失。因此，监管和执法部门需要采用高效、准确的技术手段来抓取和固定证据，确保案件的调查和审理能够顺利进行。

4. 消费者保护不足

在直播电商中，部分主播和商家为了追求销售额和流量，不惜损害消费者的合法权益，这严重违背了市场经济的公平交易原则。

虚假宣传是直播电商中常见的违法行为之一。主播和商家为了吸引消费者的眼球和提高销售量，往往会夸大产品的功效、性能或质量等方面的信息。这些虚假宣传不仅误导了消费者，还可能对消费者的财产和人身安全造成损害。因此，监管和执法部门应加强对直播内容的审核和监管力度，严厉打击虚假宣传行为。

除了虚假宣传外，夸大产品功效也是直播电商中常见的违法行为之一。主播和商家为了推销产品，往往会夸大产品的功效，甚至编造虚假的用户评价和反馈。这些夸大其词的行为不仅欺骗了消费者，还破坏了市场的公平竞争秩序。因此，监管和执法部门应加强对产品宣传和广告的监管力度，确保宣传内容的真实性和合法性。

在直播电商中，消费者的合法权益往往难以得到有效保障。一些主播和商家在销售过程中存在欺诈、虚假宣传、假冒伪劣等违法行为，导致消费者在购买商品或接受服务时遭受经济损失或精神损害。此外，由于直播电商的跨地域性和匿名性等特点，使得消费者在维权过程中面临诸多困难。因此，监管和执法部门应加强对消费者权益的保护力度，建立健全的投诉举报机制和消费者权益保护体系。

三、应对措施

1. 完善法律法规

随着直播电商行业的迅猛发展，完善相关法律法规体系已成为当务之急。这不仅有助于明确各方责任和义务，还能为行业的健康发展提供坚实的法律保障。

针对直播电商的特殊性，应加快制定专门的法律法规或规章制度。这些法规应涵盖直播电商的各个环节，包括平台运营、主播行为、商品销售、消费者权益保护等，确保每个环节都有明确的法律规范和指导。

在法律法规中，应明确直播平台、主播、商家以及消费者等各方的责任和义务。例如，直播平台应承担起内容审核、监管和投诉处理的责任；主播应遵守职业道德和法律法规，不得进行虚假宣传、夸大产品功效等违法行为；商家应确保所售商品的质量和安全，不得销售假冒伪劣产品；消费者则享有知情权、选择权、公平交易权等合法权益。

为了有效遏制违法行为的发生，法律法规中还应明确相应的处罚措施和力度。对于违反法律法规的行为，应依法予以严厉的处罚，包括罚款、吊销营业执照、禁止从事相关行业等，以形成有效的震慑作用。

2. 加强监管力度

构建多部门、多区域、多层次的监管体系是加强直播电商监管的关键。通过形成监管合力，可以实现对直播电商行业的全面覆盖和有效监管。

直播电商的监管涉及多个部门，包括市场监管、税务、公安、网信等。各部门应建立协作机制，加强信息共享和联合执法，形成监管合力。例如，市场监管部门可以负责直播内容的审核和监管；税务部门可以负责税收征管；公安部门可以负责打击网络犯罪等。

直播电商具有跨地域的特点，因此监管工作也需要跨区域联动。各地监管部门应建立信息共享和协作机制，共同打击跨区域的违法行为。同时，还可以利用互联网技术实现远程监管和协作办案，提高监管效率和准确性。

直播平台作为直播电商的重要载体，应承担起内容审核和监管的主要责任。监管部门应要求直播平台建立健全的内容审核和监管机制，加强对主播和商家的管理和监督。对于存在违法行为的平台，应依法予以处罚并责令整改。

3. 提升技术水平

运用大数据、人工智能等先进技术手段是提升直播电商监管水平的重要途径。通过技术手段的应用，可以实现对直播内容的实时监测和过滤，提高监管效率和准确性。

利用大数据技术可以对直播电商的海量数据进行挖掘和分析，发现潜在的违法行为和趋势。监管部门可以建立大数据监管平台，对直播内容进行实时监测和分析，及时发现并处理违法信息。

人工智能技术在图像识别、语音识别等方面具有显著的优势。监管部门可以运用人工智能技术建立智能监管系统，对直播内容进行自动过滤和审核。通过设定关键词、图像特征等参数，系统可以自动识别并过滤掉违法信息，减轻人工审核的负担并提高监管效率。

智能监管系统应具备实时性、准确性和可扩展性等特点。系统应能够实时接收和处理直播内容数据，通过算法分析和模型预测等手段发现潜在的违法行为。同时，系统还应具备可扩展性，能够随着技术的不断发展和监管需求的变化进行升级和扩展。通过智能监管系统的应用，可以实现对直播电商行业的全面覆盖和有效监管。

4. 加强行业自律

行业协会应制定行业自律公约和规范标准，引导行业健康发展。直播平台应加强对主播和商家的培训和教育，提高其合规意识。

5. 保护消费者权益

保护消费者权益是直播电商行业可持续发展的基石。通过建立健全消费者投诉举报机制、加大处罚力度等措施，可以有效维护消费者权益和市场秩序。

监管部门和直播平台应建立健全消费者投诉举报机制，畅通投诉举报渠道，及时受理和处理消费者投诉和纠纷。同时，还应加强对投诉举报信息的分析和研判，及时发现和处理潜在的违法违规行为。通过建立健全投诉举报机制，可以保障消费者的合法权益，增强消费者对直播电商行业的信任度和满意度。

对于违反法律法规和平台规定的行为，监管部门应依法依规进行严厉处罚。处罚措施可以包括罚款、吊销营业执照、禁止从事相关行业等。通过加大处罚力度，可以形成有效的震慑作用，遏制违法违规行为的发生。同时，还可以对典型案例进行公开曝光和警示教育，提高整个行业的合规意识和法律意识。

除了加强监管和处罚外，还应注重提升消费者的教育和保护意识。通过宣传教育、媒体曝光等方式，向消费者普及直播电商的相关知识和法律法规，引导消费者理性消费、合法维权。同时，还可以建立消费者保护组织或机构，为消费者提供法律咨询、法律援助等服务，帮助消费者维护自身权益。

总之，直播电商的法律风险与合规挑战不容忽视。只有加强监管、完善制度、增强意识，才能确保直播电商行业的健康、稳定和可持续发展。

任务 11.2　直播平台与主播的法律责任与义务

1.3.2　直播从业人员入行须知

（一）遵守网络直播规则

自 2016 年国家广电总局制定首个网络直播监管政策以来，相关部门在网络直播领域已出台十几个专项管理文件，政策出台之密、参与部门之广、管理环节之细，凸显了网络直播监管的复杂性。为此，国家相关部门出台多个文件，持续规范网络直播行为，强化协同监管，完善综合治理体系，基本确立以下规则。

1. 强化准入备案管理

强化准入备案管理主要包括开展互联网新闻信息、网络表演直播服务、网络视听节目直播服务必须持证或备案准入。涉及直播业务的网络直播服务提供者应当分别向相关部门申请取得相关许可，并到属地公安机关履行公安备案手续。即开展网络视听节目服务的直播平台须持有《信息网络传播视听节目许可证》（或在全国网络视听平台信息登记管理系统中完成登记)并进行网络内容提供商(Internet Content Provider, ICP)备案;开展经营性网络表演活动的直播平台须持有《网络文化经营许可证》并进行ICP备案;开展互联网新闻信息服务的直播平台须持有《互联网新闻信息服务许可证》。

网络视听平台只能在许可范围内开展直播服务。未经批准,任何机构和个人不得在互联网上使用“电视台”“广播电台”“电台”“TV”等广播电视专有名称开展业务。

2. 明确开展网络视听节目直播活动报审报备管理要求

开展重大政治、军事、经济、社会、文化、体育等活动、事件的实况直播前5天,开展一般社会团体文化活动、体育赛事等组织活动的实况直播前48小时,应将拟直播的活动相关信息上报所在地省级广电行政部门备案。

开设网络直播答题节目,应提前5天将拟直播的具体节目信息通过“网络视听节目直播服务备案系统”备案,备案通过方可上线播出。

以直播节目形式举办电商节、电商日、促销日等主题电商活动,应提前14个工作日将活动嘉宾、主播、内容、设置等信息上报广播电视主管部门备案。

游戏直播节目上线、播出及版面设置应按直播节目相关要求报送广电行政管理部门;网络视听平台(包括在相关平台开设的各类境内外个人和机构账号)直播境外游戏节目或比赛应经批准后方可开展相关活动。社会知名人士及境外人员开设直播间,应提前向广电主管部门报备。

3. 确保导向正确和内容安全

网络直播平台应当坚持把社会效益放在首位,社会效益和经济效益相统一,大力弘扬社会主义核心价值观,有效提升直播平台“以文化人”的精神气质和文化力量。要将导向管理贯穿到节目制作、审核、播出等各个环节中,扩大优质内容生产供给。大力扶持优质主播,培养网络主播正确的世界观、价值观和人生观。

相关部门要加强互联网新闻信息、网络视听节目、电子商务和广告节目、游戏直播节目的管理。互联网新闻信息直播服务不得超许可范围发布新闻信息;应当设立总编辑,对直播及其互动内容实施先审后发的管理;发布和转载新闻信息,应当真实准确、客观公正,不得歪曲新闻信息内容,并在显著位置注明来源,保证新闻信息的来源可追溯。开展网络视听节目直播活动,应坚持健康的格调品味,直播节目不得含有国家法律法规规定所禁止的内容,不得传播低俗媚俗、格调品位低下的内容;不得过度娱乐化,不得宣扬拜金主义和奢靡之风,严禁丑闻劣迹者发声出镜。网络视听电子商务直播节目和广告节目用语要文明、规范;不得夸大其词,不得欺诈和误导消费者。网络电商直播平台不得超出电子商务范围违规制作、播出与商品售卖无关的评述类等视听节目。网络视听平台严禁传播违规游戏,网络影视剧、网络综艺、网络直播、短视频等,各类网络视听节目均不得直播未经主管部门批准的网络游戏,不得通过直播间等形式为各类平台的违规游戏内容进行引流;加强对网络游戏直播节目的管理,建立健全游戏直播节目相关的信息发布、跟帖评论、应急处置等管理制度,完善节目监看和舆情监测机制。

案例链接

网红陈某为了引起更多粉丝的关注,利用“牛肉哥”账号发布对牛排和红酒的各类点评视频，在拍摄的上海某公司合成牛排的短视频中使用“想让我家孩子得老年痴呆症吗”“要把儿童害死的牛排”等用语，迅速引起百万粉丝围观和热议。后经过监管部门认定，因该网红与对手公司存在同类产品竞争关系，在没有任何证据的情形下，利用短视频编造、传播虚假或者误导性信息，损害了竞争对手的商业信誉，构成了不正当竞争行为，被责令停止违法行为、消除影响，并罚款 10 万元。

4. 压紧压实平台主体责任

具体包括完善管理制度、强化内容审核。加强对弹幕、评论等互动环节的管理，严格执行账号分级分类管理。网络秀场直播和电商直播平台每季度应向省级广电主管部门报备直播间数量、主播数量和审核员数量，建立健全信息安全管理制度；互联网直播服务提供者应当严格落实信息内容安全管理责任制，具备与其服务和创新发展相适应的技术保障和防范措施。

5. 明确网络直播发布者的法律责任

互联网直播服务提供者应当按照“后台实名、前台自愿”的原则，对互联网直播用户进行基于移动电话号码等方式的真实身份信息认证，对互联网直播发布者进行基于身份证件、营业执照、组织机构代码证等的认证登记。对同一主体注册网络主播、短视频账号数量设定上限。直播营销平台应当建立直播营销人员真实身份动态核验机制，在直播前核验所有直播营销人员身份信息，对与真实身份信息不符或按照国家有关规定不得从事网络直播发布的，不得为其提供直播发布服务。

有关部门建立违法网络直播服务提供者黑名单，网络接入服务提供者不得为黑名单中的网络直播服务网站、APP 提供网络接入服务；应用商店不得为黑名单中的网络直播服务 APP 提供分发服务。互联网直播服务提供者应建立黑名单管理制度，将严重违法违规的直播人员及因违法失德造成恶劣社会影响的人员列入黑名单，对纳入黑名单的人员禁止重新注册账号，不允许其更换“马甲”或更换平台后再度开播，并向有关主管部门报告。

网络直播不得从事危害国家安全、破坏社会稳定、扰乱社会秩序、侵犯他人合法权益、传播淫秽色情信息等法律法规禁止的活动；不得接受未经其监护人同意的未成年人充值打赏；不得从事平台内或跨平台违法违规交易；不得组织、煽动用户实施网络暴力；不得组织赌博或变相赌博等线上线下违法活动。对违反相关法律法规的网络直播账号，依法依规采取警示提醒、责令限期改正、限制账号功能、暂停账号使用、永久关闭账号、禁止重新注册等处置措施，保存有关记录并按要求向有关部门报告。

网络直播平台在主播、嘉宾、直播对象选用上要严格把关，坚持把政治素养、道德品行、艺术水准、社会评价作为选用标准，对政治立场不正确、违反法律法规、违背公序良俗的失德失范人员坚决不用。网络主播应坚持健康的格调品味，自觉摒弃低俗、庸俗、媚俗等低级趣味，自觉反对流量至上、畸形审美、“饭圈”乱象、拜金主义等不良现象，自觉抵制有损网络文明、有悖网络道德、有害网络和谐的行为。

6. 规范网络直播经营行为

（1）健全直播“打赏”服务管理规则。对网络主播和“打赏”用户实行实名制管理，未实名制注册的用户不能打赏。平台向用户提供的打赏服务为信息和娱乐的消费服务，应当对单个虚拟消费品、单次打赏额度合理设置上限，对单日打赏额度累计触发相应阈值的用户进行消费提醒，必要时设置打赏冷静期和延时到账期。对发现相关主播及其经纪代理通过传播低俗内容、有组织炒作、雇佣水军刷礼物等手段，暗示、诱惑或者鼓励用户大额“打赏”，或引诱未成年用户以虚假身份信息“打赏”的，平台须对主播及其经纪代理进行处理，列入关注名单，并向主管部门书面报告。不得通过造谣、虚假营销宣传、自我打赏等方式吸引流量、炒作热度，诱导消费者打赏和购买商品。

（2）维护用户合法权益。一是保护用户个人信息，网络直播平台应当严格遵守个人信息保护相关规定，规范收集和合法使用用户身份、地理位置、联系方式等个人信息行为。二是应当全面、真实、准确地披露商品或者服务信息，充分保障用户知情权、选择权和隐私权等合法权益，建立便捷有效的投诉、举报和争议在线解决机制，为商家和消费者维权提供必要的信息、数据等支持。三是加大对各类侵害网民权益行为的打击力度，落实网络直播营销民事责任，包括直播营销平台自营责任、无法提供直播间运营者真实信息时的连带责任、未尽食品经营资质审核义务的连带责任以及明知或者应知不法行为情况下的连带责任、因平台工作人员做出虚假宣传要承担的赔偿责任等。

（3）规范税收服务和征缴。网络直播平台、网络直播服务机构应依法履行个人所得税代扣代缴义务，不得策划、帮助网络直播发布者实施逃避税；应当提示直播间运营者依法办理市场主体登记或税务登记，如实申报收入，依法履行纳税义务和享受税收优惠。网络直播发布者开办的企业和个人工作室，应按照国家有关规定设置账簿。依法查处偷逃税等涉税违法犯罪行为，对情节严重、性质恶劣、社会反映强烈的典型案件进行公开曝光。

7. 加强未成年人保护

网络直播服务提供者不得为未满十六周岁的未成年人提供网络直播发布者账号注册服务，年满十六周岁的未成年人则需征得其监护人同意；直播营销人员或者直播间运营者为自然人的，应当年满十六周岁；十六周岁以上的未成年人申请成为直播营销人员或者直播间运营者的，应当经监护人同意。

直播平台应当向未成年人用户提供“青少年模式”，防范未成年人沉迷网络直播，屏蔽不利于未成年人健康成长的网络直播内容。网络直播营销中包含可能影响未成年人身心健康内容的，直播营销平台应当在信息展示前以显著的方式做出提示。

禁止未成年人充值打赏，并为未成年人打赏返还建立专门处置通道。建立未成年人专属客服团队，优先受理、及时处置涉及未成年人的相关投诉和纠纷。

知识链接：抖音直播规则

1. 严禁侵害未成年人权益的行为

平台严禁以任何形式为未成年人提供直播经纪服务，教唆引导或帮助未成年人进行单独直播；教唆、引导、威胁未成年人进行直播消费的行为。

2. 严禁色情低俗的行为

平台严禁展示色情低俗内容以及承诺展示色情低俗资源、服务作为回报诱导用户消费等行为，包括但不限于：传播或出售色情资源、展示含有色情低俗内容的出版物、承诺进行色情服务等行为；制作或传播“拜金、审丑、炒作、暴力”等违背道德价值观、引发他人不适的低俗内容。

3. 严禁诈骗行为

平台严禁利用虚假承诺、虚构事实或隐瞒真相等方式诱导用户消费、欺诈用户的行为，包括但不限于：利用虚假身份演绎剧本、伪装他人身份、教唆他人等方式诱导用户消费或实施诈骗；假冒平台官方身份或合作关系，虚构编造、夸大合作事实，进行第三方商业合作、主播招募、培训教育、信息发布等行为。

4. 严禁诱导用户过度消费的行为

平台严禁以文字、语言、表演等形式诱导用户进行过度消费的行为，包括但不限于：通过私信、直播内容、文字符号等方式欺骗、鼓吹、刺激、诱惑用户进行高额或明显超出其能力范围的消费；暗示、引导用户通过借贷、透支、挪用他人款项等不良方式进行过度消费的违规行为。

5. 严禁涉黑产行为

平台严禁将犯罪或其他违法行为所获得的收入，通过直播消费掩饰、隐瞒、转化，使其在形式上合法化的违规行为。

6. 严禁数据造假

平台严禁以任何手段虚构或者篡改直播间人气、点赞量等数据，从严治理虚评、刷榜、流量造假等违法违规行为。

7. 严禁涉赌博行为

平台严禁一切涉赌博行为，包括但不限于：通过承诺以高价值产品、服务或现金作为回报，诱导用户付费参与机会性游戏进行赌博、获取不当收益；宣扬赌博或博彩类游戏、网站等非法渠道。

8. 严禁行贿行为

平台严禁直接或间接向官方工作人员，提供现金、实物或服务等高价值财物进行商业贿赂的违规行为。

（二）职业化认知

直播带货属于一个新的工作领域，因此对于新入职的主播从业人员来讲，主播职业化认知就很有必要，因为只有把直播当成职业的人才会用心去探索。那么对于主播的职业化认知培养需要注意以下几点。

1. 直播行业的价值

直播的价值在于分享和传播，让不在场的人们可以看到比赛、看到演出、看到美丽的风景，这是一种很有意义的分享；有的地方政府、乡村干部通过网络直播，让外界的人们知道了藏在深闺无人熟识的原始风景区、知道了地地道道的土特产、知道了哪里的农产品严重滞销，对于旅游业的发展、对于土特产变成致富的“金凤凰”、对于解决滞销农户的燃眉之急，都是不无裨益的。

2. 职业化的形象

主播是聚光灯下的公众人物，一场直播是一场表演的话，那么主播至少需要在衣着打扮上凸显自己，光鲜亮丽的同时也要尊重观众。

3. 职业化的态度

作为主播从业人员首要注意的就是端正态度,凑时长、磨洋工不适合主播职业,主播职业是一个需要不断努力的行业,因为态度会直接反映在最后的收益上,因此不管是主播、辅播还是运营人员都应该相互配合,保证直播内容和直播质量。

4. 职业化的习惯

固定的时间档和持续新颖的直播内容是对直播从业人员的基本要求。

知识拓展

为了保障自身合法权益不被侵害,直播从业人员在与MCN机构合作之前要明确双方的法律责任和义务,具体表现为以下几点。

1. 明确双方约定的法律关系

目前,MCN机构与带货主播或达人所签署的合同一般为经纪合同。随着MCN机构主动孵化网红达人这一模式的发展,MCN机构与直播从业人员更需要明确自身的需求及目的,从而确定双方拟建立的法律关系。

如果双方签署合作协议,则应尽可能量化双方的权利及义务,对收益分配方式、知识产权的权属进行清晰的约定,并明确双方的违约责任。如果双方签署劳动合同,则应当满足劳动合同必备条款的规定。

2. 谨慎选择合作方式

MCN机构与直播从业人员签署书面协议后,在双方实际合作过程中应当注意采取符合法律关系的合作方式。如果MCN机构与直播从业人员之间建立的是经纪服务合同,则MCN机构在合同履行过程中应尽可能降低对直播从业人员的管理强度,避免采取如考核、考勤、奖惩等明显具有用人单位管理特征的措施。同时,MCN机构与直播从业人员之间的收入分配也应当尽可能不与工作时长、出勤天数等直接关联,而与直播活动的成果或收益(如观看人数、销售额)等挂钩。如果双方建立的是劳动关系,则MCN机构应当依法制定配套的劳动人事管理制度,并依据相关制度对直播从业人员进行管理;同时,MCN机构也应当履行作为用人单位的其他法定或约定义务。

3. 清晰筹划账号权属

尽管MCN机构与直播从业人员之间对直播账号权属存在约定,但主流观点认为基于直播账号有较强的人身属性这一特征,不能单纯依照合同约定将账号认定为MCN机构所有。目前大多数平台均实行账号实名制且使用人必须为初始注册人,甚至明确不得转让。因此,MCN机构与直播人员应当对竞业限制义务及其违约责任进行清晰的约定。

4. 合理确定违约金额

由于直播从业人员参与直播活动等义务具有人身性质的给付义务,并不能强制要求其履行,因此,在出现违约情形时,需要根据双方约定的违约条款进行追责。双方约定的违约金需要具有合理性,具体考虑因素包括:MCN机构投入的成本、合同剩余履行期限内的预期可得利益损失、直播从业人员本身的偿付能力等。

任务 11.3　直播电商的合规性建设与风险防范

在直播电商的迅猛发展中，合规性建设与风险防范显得尤为重要。随着相关法律法规的逐步完善，直播平台与主播的法律责任与义务日益明确。据《电子商务法》规定，直播平台需对平台内经营者进行实名登记，并审核其发布的商品或服务信息。例如，某知名直播平台因未严格履行审核义务，导致平台内出现大量假冒伪劣商品，最终被监管部门处以高额罚款。这一案例警示我们，合规性建设不仅是法律要求，更是企业持续发展的基石。

在合规性建设方面，直播平台应建立完善的审核机制，对主播资质、直播内容、商品信息等进行严格把关。同时，平台还需加强技术投入，利用大数据、人工智能等技术手段，对直播内容进行实时监控，确保直播内容符合法律法规和平台规定。此外，平台还应建立用户举报机制，鼓励用户对违规内容进行举报，形成全社会共同监督的良好氛围。

风险防范同样不容忽视。直播电商涉及商品交易、支付结算等多个环节，存在诸多潜在风险。平台应建立风险评估机制，对直播电商业务进行全面评估，识别潜在风险点，并制定相应的风险防范措施。例如，平台可与金融机构合作，建立安全的支付结算系统，确保用户资金安全。同时，平台还应加强用户信息保护，防止用户信息泄露和滥用。

在合规性建设与风险防范的过程中，平台与主播应共同承担责任。主播作为直播电商的重要参与者，应自觉遵守法律法规和平台规定，不得发布虚假信息、误导消费者。同时，主播还应加强自律意识，提高专业素养，为消费者提供优质的直播内容。平台则应对主播进行培训和指导，提高主播的合规意识和风险防范能力。

广电总局　文化和旅游部
关于印发《网络主播行为规范》的通知

广电发〔2 022〕36 号

各省、自治区、直辖市文化和旅游厅（局）、广播电视局，新疆生产建设兵团文化体育广电和旅游局：

为进一步规范网络主播从业行为，加强职业道德建设，促进行业健康有序发展，国家广播电视总局、文化和旅游部共同制定了《网络主播行为规范》。现印发给你们，请结合实际认真贯彻执行。

广电总局
文化和旅游部
2022 年 6 月 8 日

网络主播在传播科学文化知识、丰富精神文化生活、促进经济社会发展等方面，肩负重要职责、发挥重要作用。为进一步加强网络主播职业道德建设，规范从业行为，强化社会责任，树立良好形象，共同营造积极向上、健康有序、和谐清朗的网络空间，制定本行为规范。

第一条　通过互联网提供网络表演、视听节目服务的主播人员，包括在网络平台直播、与用户进行实时交流互动、以上传音视频节目形式发声出镜的人员，应当遵照本行为规范。利用人工智能技术合成的虚拟主播及内容，参照本行为规范。

第二条　网络主播应当自觉遵守中华人民共和国宪法和法律法规规范，维护国家利益、公共利益和他人合法权益，自觉履行社会责任，自觉接受行业主管部门监管和社会监督。

第三条　网络主播应当遵守网络实名制注册账号的有关规定，配合平台提供真实有效的身份信息进行实名注册并规范使用账号名称。

第四条　网络主播应当坚持正确政治方向、舆论导向和价值取向，树立正确的世界观、人生观、价值观，积极践行社会主义核心价值观，崇尚社会公德、恪守职业道德、修养个人品德。

第五条　网络主播应当坚持以人民为中心的创作导向，传播的网络表演、视听节目内容应当反映时代新气象、讴歌人民新创造，弘扬中华优秀传统文化，传播正能量，展现真善美，满足人民群众美好生活新需要。

第六条　网络主播应当坚持健康的格调品位，自觉摈弃低俗、庸俗、媚俗等低级趣味，自觉反对流量至上、畸形审美、“饭圈”乱象、拜金主义等不良现象，自觉抵制违反法律法规、有损网络文明、有悖网络道德、有害网络和谐的行为。

第七条　网络主播应当引导用户文明互动、理性表达、合理消费，共建文明健康的网络表演、网络视听生态环境。

第八条　网络主播应当保持良好声屏形象，表演、服饰、妆容、语言、行为、肢体动作及画面展示等要文明得体，符合大众审美情趣和欣赏习惯。

第九条　网络主播应当尊重公民和法人的名誉权、荣誉权，尊重个人隐私权、肖像权，尊重和保护未成年人、老年人、残疾人的合法权益。

第十条　网络主播应当遵守知识产权相关法律法规，自觉尊重他人知识产权。

第十一条　网络主播应当如实申报收入，依法履行纳税义务。

第十二条　网络主播应当按照规范写法和标准含义使用国家通用语言文字，增强语言文化素养，自觉遏阻庸俗暴戾网络语言传播，共建健康文明的网络语言环境。

第十三条　网络主播应当自觉加强学习，掌握从事主播工作所必需的知识和技能。

对于需要较高专业水平（如医疗卫生、财经金融、法律、教育）的直播内容，主播应取得相应执业资质，并向直播平台进行执业资质报备，直播平台应对主播进行资质审核及备案。

第十四条　网络主播在提供网络表演及视听节目服务过程中不得出现下列行为：

1. 发布违反宪法所确定的基本原则及违反国家法律法规的内容；

2. 发布颠覆国家政权，危害国家统一、主权和领土完整，危害国家安全，泄露国家秘密，损害国家尊严、荣誉和利益的内容；

3. 发布削弱、歪曲、否定中国共产党的领导、社会主义制度和改革开放的内容；

4. 发布诋毁民族优秀文化传统，煽动民族仇恨、民族歧视，歪曲民族历史或者民族历史人物，伤害民族感情、破坏民族团结，或者侵害民族风俗、习惯的内容；

5. 违反国家宗教政策，在非宗教场所开展宗教活动，宣扬宗教极端主义、邪教等内容；

6. 恶搞、诋毁、歪曲或者以不当方式展现中华优秀传统文化、革命文化、社会主义先进文化；

7. 恶搞、歪曲、丑化、亵渎、否定英雄烈士和模范人物的事迹和精神；

8. 使用换脸等深度伪造技术对党和国家领导人、英雄烈士、党史、历史等进行伪造、篡改；

9. 损害人民军队、警察、法官等特定职业、群体的公众形象；

10. 宣扬基于种族、国籍、地域、性别、职业、身心缺陷等理由的歧视；

11. 宣扬淫秽、赌博、吸毒，渲染暴力、血腥、恐怖、传销、诈骗，教唆犯罪或者传授犯罪方法，暴露侦查手段，展示枪支、管制刀具；

12. 编造、故意传播虚假恐怖信息、虚假险情、疫情、灾情、警情，扰乱社会治安和公共秩序，破坏社会稳定；

13. 展现过度的惊悚恐怖、生理痛苦、精神歇斯底里，造成强烈感官、精神刺激并可致人身心不适的画面、台词、音乐及音效等；

14. 侮辱、诽谤他人或者散布他人隐私，侵害他人合法权益；

15. 未经授权使用他人拥有著作权的作品；

16. 对社会热点和敏感问题进行炒作或者蓄意制造舆论“热点”；

17. 炒作绯闻、丑闻、劣迹，传播格调低下的内容，宣扬违背社会主义核心价值观、违反公序良俗的内容；

18. 服饰妆容、语言行为、直播间布景等展现带有性暗示、性挑逗的内容；

19. 介绍或者展示自杀、自残、暴力血腥、高危动作和其他易引发未成年人模仿的危险行为，表现吸烟、酗酒等诱导未成年人不良嗜好的内容；

20. 利用未成年人或未成年人角色进行非广告类的商业宣传、表演或作为噱头获取商业或不正当利益，指引错误价值观、人生观和道德观的内容；

21. 宣扬封建迷信文化习俗和思想、违反科学常识等内容；

22. 破坏生态环境，展示虐待动物，捕杀、食用国家保护类动物等内容；

23. 铺张浪费粮食，展示假吃、催吐、暴饮暴食等，或其他易造成不良饮食消费、食物浪费示范的内容；

24. 引导用户低俗互动，组织煽动粉丝互撕谩骂、拉踩引战、造谣攻击，实施网络暴力；

25. 营销假冒伪劣、侵犯知识产权或不符合保障人身、财产安全要求的商品，虚构或者篡改交易、关注度、浏览量、点赞量等数据流量造假；

26. 夸张宣传误导消费者，通过虚假承诺诱骗消费者，使用绝对化用语，未经许可直播销售专营、专卖物品等违反广告相关法律法规的；

27. 通过“弹幕”、直播间名称、公告、语音等传播虚假、骚扰广告；

28. 通过有组织炒作、雇佣水军刷礼物、宣传“刷礼物抽奖”等手段，暗示、诱惑、鼓励用户大额“打赏”，引诱未成年用户“打赏”或以虚假身份信息“打赏”；

29. 在涉及国家安全、公共安全，影响社会正常生产、生活秩序，影响他人正常生活、侵犯他人隐私等场所和其他法律法规禁止的场所拍摄或播出；

30. 展示或炒作大量奢侈品、珠宝、纸币等资产，展示无节制奢靡生活，贬低低收入群体的炫富行为；

31. 法律法规禁止的以及其他对网络表演、网络视听生态造成不良影响的行为。

第十五条　各级文化和旅游行政部门、广播电视行政部门要坚持以习近平新时代中国特色社会主义思想为指导，加强对网络表演、网络视听平台和经纪机构以及网络主播的监督管理，切实压紧压实主管主办责任和主体责任。发现网络主播违规行为，及时责成相关网络表演、网络视听平台予以处理。网络表演、网络视听平台和经纪机构规范网络主播情况及网络主播规范从业情况，纳入文化和旅游行政部门、广播电视行政部门许可管理、日常管理、安全检查、节目上线管理考察范围。

第十六条　各级文化和旅游行政部门、广播电视行政部门、文化市场综合执法机构要进一步加强对网络表演、网络视听平台和经纪机构的执法巡查，依法查处提供违法违规内容的网络表演和网络视听平台，并督促平台和经纪机构及时处置违法违规内容及相关网络主播。

第十七条　网络表演、网络视听平台和经纪机构要严格履行法定职责义务，落实主体责任。根据本行为规范，加强对网络主播的教育培训、日常管理和规范引导。建立健全网络主播入驻、培训、日常管理、业务评分档案和“红黄牌”管理等内部制度规范。对向上向善、模范遵守行为规范的网络主播进行正向激励；对出现违规行为的网络主播，要强化警示和约束；对问题性质严重、多次出现问题且屡教不改的网络主播，应当封禁账号，将相关网络主播纳入“黑名单”或“警示名单”，不允许以更换账号或更换平台等形式再度开播。对构成犯罪的网络主播，依法追究刑事责任。对违法失德艺人不得提供公开进行文艺表演、发声出镜机会，防止转移阵地复出。网络表演、网络视听经纪机构要加强对网络主播的管理和约束，依法合规提供经纪服务，维护网络主播合法权益。

第十八条　各有关行业协会要加强引导，根据本行为规范，建立健全网络主播信用评价体系，进一步完善行业规范和自律公约，探索建立平台与主播约束关系机制，积极开展道德评议，强化培训引导服务，维护良好网络生态，促进行业规范发展。对违法违规、失德失范、造成恶劣社会影响的网络主播要定期公布，引导各平台联合抵制、严肃惩戒。

参考文献

[1] 欧阳晓波，付磊，李嘉尉，等. 直播电商 [M]. 北京：清华大学出版社，2024.
[2] 马成华，张倩. 直播电商的发展现状、问题与对策研究 [S]. 现代商贸工业，2020（8），86-87.
[3] 张蕊，张磊，王冲. 直播营销与运营 [M]. 天津：天津大学出版社，2024.
[4] 王晓东，张伟. 直播电商的特点、模式与影响分析 [S]. 电子商务导刊，2019（11），118-119.